能源回弹效应
与能效提升政策研究

刘 朝 张 欢 覃昌雄 著

科 学 出 版 社

北 京

内 容 简 介

本书基于能源经济学、计量经济学及统计学等多学科理论和方法分析中国能源消耗和碳排放动态变化，通过对交通运输行业、农业等关键行业能源效率和能源回弹效应相关科学问题的研究，考察中国关键行业及部门的节能减排潜力，对推进中国节能减排工作，实现绿色发展具有重要的理论及现实意义。本书紧跟时代前沿，关注当前中国面临的实际问题；内容具体而全面，涵盖中国能源消耗和污染排放重点行业；模型方法翔实而丰富，为实证研究提供重要的借鉴。

本书聚焦于能源和环境两方面的约束和考量，适合从事资源与环境管理领域的专业人员、科研院校相关领域的科研人员及高等院校相关专业的师生参考，也适合从事能源政策研究和管理工作的行政事业单位人员参考。

图书在版编目（CIP）数据

能源回弹效应与能效提升政策研究 / 刘朝，张欢，覃昌雄著. —北京：科学出版社，2021.8

ISBN 978-7-03-065704-6

Ⅰ.①能… Ⅱ.①刘… ②张… ③覃… Ⅲ.①交通运输业-能源效率-研究-中国 Ⅳ.①F512

中国版本图书馆 CIP 数据核字（2020）第 128141 号

责任编辑：徐 倩 / 责任校对：贾娜娜
责任印制：张 伟 / 封面设计：无极书装

科 学 出 版 社 出版
北京东黄城根北街 16 号
邮政编码：100717
http://www.sciencep.com

北京建宏印刷有限公司 印刷
科学出版社发行 各地新华书店经销

*

2021 年 8 月第 一 版 开本：720×1000 B5
2023 年 1 月第二次印刷 印张：16 1/2
字数：330 000

定价：156.00 元
（如有印装质量问题，我社负责调换）

作 者 简 介

刘朝，博士，现任湖南大学工商管理学院工商管理系教授、博士生导师，主要从事能源效率与环境绩效评价方向的研究。近年来主持国家社会科学基金项目"交通运输行业能源回弹效应与能源效率提升政策有效性研究"（16BGL142）、国家社会科学基金重大项目"完善我国碳排放交易制度研究"（18ZDA106）子课题、湖南省自然科学杰出青年基金项目"交通运输业能源回弹效应关键影响因素、区域差异与政策模拟研究"（2018JJ1010）、教育部人文社会科学研究青年基金项目"情绪感染交互循环演化机理与信息干预仿真研究"（15YJC630071）、湖南省软科学基金项目、湖南省社会科学基金项目等 12 项研究课题；参与国家自然科学基金重点项目"高维度、非线性、非平稳及时变金融数据建模和应用"（71431008）和教育部创新团队项目"经济管理复杂系统中的建模、优化与决策研究"（No. IRT0916）等 8 项研究课题；此外，主持和参与了多项政府机关、企事业单位横向课题。截至 2020 年 6 月，以第一作者或通讯作者身份在 *Applied Energy*（SCI&SSCI，Q1，IF=8.426）、*Journal of Cleaner Production*（SCI，Q1，IF=6.395）、*Economic Modelling*（SSCI，Q2，IF=1.46）、*Ecological Indicators*（SCI，Q1，IF=3.89）、*Energy Policy*（SCI/SSCI，Q1，IF=4.14）、*Natural Hazards*（SCI/SSCI，Q2，IF=1.83）、*Management Decision*（SSCI，Q3，IF=1.963）、《中国软科学》、《管理学报》、《湖南大学学报》（社会科学版）、《财经理论与实践》等经济管理类专业学术期刊上发表学术论文 27 篇，3 篇论文 43 次上榜 ESI 数据库的热点论文或高被引论文。曾获 "教育部高等学校科学研究优秀成果奖（自然科学奖）二等奖"（排名第二）、"湖南省优秀硕士毕业生指导教师"、"湖南省青年教师教学能手"、"湖南大学刘銮雄本科教学优秀青年教师"和"湖南大学研究型教学比赛一等奖"等称号和奖励。

张欢，湖南大学工商管理学院管理科学与工程专业博士研究生，研究方向为能源效率与环境绩效评价。已在 *Applied Energy*、*Journal of Cleaner Production*、*Natural Hazards*、*Management Decision* 和《中国软科学》等期刊发表多篇论文，其中 1 篇论文多次上榜 ESI 数据库的高被引论文；曾获"教育部高等学校科学研究优秀成果奖（自然科学奖）二等奖"（排名第四）、研究生国家奖学金、湖南大学优秀毕业生、湖南大学优秀硕士毕业论文等奖励。

覃昌雄，湖南大学工商管理学院工商管理专业博士研究生，硕士毕业后曾就职于华为技术有限公司，目前研究方向为数据挖掘和大数据营销。已经在 *Energy Policy* 等国际一流期刊发表 SSCI/SCI 论文 5 篇，CSSCI 论文 1 篇，其中 1 篇 SCI 论文为 ESI 千分之一热点论文；在校期间曾获得研究生国家奖学金、湖南省优秀硕士毕业论文等奖励。

前　言

近年来，有关气候变化和全球变暖的问题占据了有关能源研究的核心地位。改革开放以来，中国经济快速发展，已成为世界第二大经济体，但"高投入、高消耗、高排放"的规模驱动型经济发展方式导致了一系列资源和环境问题。资源利用效率低及环境问题，给经济和社会的持续发展带来威胁。在中国处于推进节能减排、实现绿色发展的关键时期，制定和实施有效的措施提升各行业的能源效率，并控制和降低能源回弹效应来实现中国节能减排和高质量发展的目标变得十分必要和迫切。

鉴于此，本书基于能源经济学、计量经济学、统计学等多学科理论和方法，探讨中国关键行业能源效率和能源回弹效应的若干科学问题。具体来说，本书在对中国交通运输行业、居民部门、农业部门等能源消耗和污染排放重点行业发展状况分析的基础上，评估其能源消耗和碳排放情况，并以交通运输行业为例，探索影响碳排放的关键因素；在此基础上，采用多样而合适的模型对各行业的能源效率和能源回弹效应进行测算，分析各行业能源效率和能源回弹效应的区域差异和变化趋势；进一步地，本书对影响能源效率和能源回弹效应的关键因素及其作用机制进行详细的分析和定量评估。通过上述内容的研究，本书得出一系列重要的基本结论，为学者认识和掌握能源效率和能源回弹效应的基本理论和机制提供重要参考，也为政府相关部门制定节能政策与决策提供数量化信息和理论依据。

本书具有以下特点和贡献：①紧跟时代前沿，关注当前中国面临的实际问题。作为全球能源消耗和二氧化碳排放最多的国家，中国的节能减排工作任重道远。在此情况下，本书对中国关键行业能源效率和能源回弹效应的评估和研究，对于中国开展节能减排工作十分必要和有意义。②内容具体而全面，涵盖了中国交通运输行业、居民部门、农业部门等能源消耗和污染排放重点行业，有利于准确把握各行业的能源效率和能源回弹效应情况，为政策制定者根据不同行业的实际情况有针对性地制定和实施能效提升政策提供了理论基础和信息支持。③多模型和多方法相结合，为学者进行实证研究提供借鉴意义。本书基于不同的评估内容，采用多种计量方法进行实证检验，且详细列举了各模型或方法的计算方法和检验标准，为学者进行相关实证研究提供了理论技术和参考。

　　社会经济系统是一个复杂、紧密联系的网络，对于中国各行业能源环境问题的研究也不是一蹴而就的，需要根据不断变化的实际情况进行持续的探索和分析。本书为能源效率和能源回弹效应的研究提供了基础性的视角和理论，后续还需要从更宏观的视角，采用更前沿、有效的方法进行更深入、持续的探讨和分析。

　　本书在湖南大学工商管理学院刘朝教授团队近年研究成果的基础上撰写而成，适合资源与环境管理领域的专业人员、高等学校相关专业的师生阅读，也适合从事能源政策研究工作的政府部门人员参考。

　　在本书出版之际，特别感谢湖南大学工商管理学院的领导与同事对本书写作给予的大力支持与鼓励；感谢湖南省自然科学杰出青年基金项目"交通运输业能源回弹效应关键影响因素、区域差异与政策模拟研究"（2018JJ1010）、 国家社会科学基金重大项目"完善我国碳排放交易制度研究"（18ZDA106）、国家自然科学基金面上项目"中国碳排放配额交易对碳减排的影响机制建模及优化策略研究"（71774051）、教育部人文社会科学研究青年基金项目"情绪感染交互循环演化机理与信息干预仿真研究"（15YJC630071）对本书的支持；感谢湖南大学资源与环境管理研究中心的张跃军教授及全体团队成员的无私帮助；感谢博士研究生魏兰叶、曹蒲菊和付哲，硕士研究生何莎、段芳娥、周思明、朱于珂和周霄霄等参与撰写和针对本书各章节的具体内容提出的建议和意见，谢谢他们的辛勤劳动；感谢出版社编辑和老师为本书的撰写提出的宝贵建议。

　　由于本人知识范围有限，以及相关研究数据缺乏，本书部分实证内容的研究时间区间不够前沿。对于本书的不足，还请各位读者指出，以便在未来的版本中及时更新。

刘　朝

2021 年 1 月 6 日

目　　录

第1章 绪 论

1.1 中国能源消耗和能源效率动态

能源是维系一国现代经济运行的核心要素，对实现各国经济、社会和环境的可持续发展具有关键作用。近几十年来，随着经济的快速发展，中国的能源消耗和碳排放持续上升，已成为全球能源消耗和碳排放最多的国家。

为了履行节能减排义务，担负起控制全球气温上升的责任，2014 年 11 月，中国政府在《中美气候变化联合声明》中表示："中国计划 2030 年左右二氧化碳排放达到峰值且将努力早日达峰，并计划到 2030 年非化石能源占一次能源消费比重提高到 20%左右"。随后，中国政府在 2015 年第 21 届联合国气候变化大会上承诺，中国到 2030 年"单位国内生产总值二氧化碳排放比 2005 年下降 60%~65%"。因此，如何在保持经济平稳快速增长的同时实现 2030 年碳减排目标将成为中国可持续发展进程中的一个重要课题。居民生活、交通运输和农业等部门作为中国能源消耗和碳排放的重要部门，对其能源消耗和效率情况的分析和研究，是降低能源消耗以缓解中国能源供应紧张和环境治理压力的必然选择。

居民生活方面，1997~2016 年，中国居民能源消耗量逐年增加，成为中国第二大能源消耗部门（Lin and Liu，2013a）。《中国能源统计年鉴》的数据显示，1995~2010 年中国居民生活能源消耗量占终端能源消耗总量的比重已经达到11%，但居民能源消耗总量远不及发达国家（《中国家庭能源消费研究报告（2014）》）。2012 年，中国居民的生活能源消耗量仅为 2009 年美国家庭的 44%，占 2008 年欧盟 27 国家庭能源消耗总量的 38%。因此，中国居民能源消耗仍存在较大的增长空间。此外，中国仍然处在大力推进工业化、城镇化建设的攻坚期，国家对能源有较高的需求（Li et al.，2013）。"十三五"规划提到，到 2020 年常住人口城镇化率目标为 60%，而城镇化率每提高一个百分点，将带来约 8 000 万吨标准煤的能源消耗年增量，其根本原因是农村居民进入城市变为城镇居民后会造成生活用能结构的改变，进而增加能源消耗（陈关聚，2014）。同时，从发达国家的发展历程来看，工业结构的升级调整并不能缓解居民消费需求不断增长带来的节能压力。此外，相较于居民直接能源消耗，居民间接能源消耗占据了终端能源消耗总量的超大比例（赵晓丽和李娜，2011）。因此，在加快中国居民节能减排工作进展时，要更加关注居民对能源的间接消耗状况。

交通运输行业是社会经济中的基础性产业和服务型行业，是全社会物流和客流的主要载体，在中国社会经济发展中起着重要的支撑作用。同时，交通运输行业是资源占用型和能源消耗型行业，也是温室气体和大气污染排放的主要来源之一。近年来，伴随着中国交通运输基础设施的完善，客货运输量需求的不断增长，交通运输行业的能源消耗也随之呈现逐年上升的趋势。交通运输行业能源消耗的增速高于全社会能源消耗的增速，成为中国用能增长最快的行业之一，交通运输行业也成为仅次于工业和生活领域的第三大能源消耗行业（Zhang et al.，2015）。2017 年，中国交通运输、仓储和邮政业的能源消耗量为42 190.8 万吨标准煤，占全国能源消费总量的 9.7%。但是，在发达国家，交通运输行业的能源消耗占全国能源消耗总量的比重通常达到 25%~30%，远远高于中国的水平。因此，随着经济的发展和人民生活水平的不断提高，中国交通运输行业能源消耗占比还会进一步增加。

农业方面，传统农业已基本实现向现代机械化农业的转变，农业生产对能源、化肥、农药等生产资料的需求日益增大，使得农业生产活动产生的碳排放量呈直线上升趋势。研究表明，2011 年全球 13.5%的温室气体源于农业生产活动（Norse，2012）。田云和张俊飚（2013）对中国农业的碳排放量进行测算，结果表明，中国的农业碳排放量占全国碳排放总量的比重高达 16%~17%，远高于全球平均水平。中国和美国同为农业大国，其碳排放总量相差不大，但美国农业碳排放量仅占其碳排放总量的 6.3%（Johnson et al.，2007），远低于中国 16%~17%的农业碳排放水平。因此，中国农业部门仍具有较大的减排空间。

能源效率的提高是实现节能减排目标的重要手段和有效措施（Ang，2006），已成为各国政府、企业孜孜以求的目标。然而，中国的能源效率整体水平仍然比较低。中国单位 GDP 的能源消耗量为美国、日本等部分发达国家的 3~7 倍，并且也超过了巴西、墨西哥等发展中国家（孙玉环等，2016）。特别地，中国交通运输行业的能源效率是所有行业中最低的。鉴于此，中国政府积极采取措施提高能源效率、降低能源强度。例如，在交通运输行业，中国实施了成品油价格改革、以旧换新补贴与低碳车辆技术进步支持等政策来提高能源效率。图 1.1 展示了1997~2016 年中国能源强度的变化，我们可以看到，除 2002~2005 年小幅上升外，中国的能源强度整体呈下降趋势。但是，中国能源强度不断下降的同时，经济部门的能源消耗总量却呈增加趋势，如图 1.2 所示，1997~2016 年中国居民能源消耗量逐年增加。产生这一现象的原因是中国经济的持续增长及能源回弹效应的干扰

（Zhang and Peng，2017）。能源回弹效应是由于能源效率提升而产生的预期能源节约量却因扩张性的消费行为被部分甚至完全抵消的现象。因此，能源回弹效应的存在会导致能源效率提升的相关支持性政策达不到预期的效果甚至失效（薛澜等，2011）。

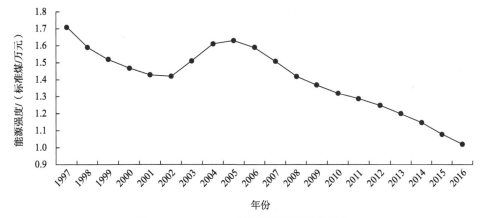

图 1.1　1997~2016 年中国能源强度的变化

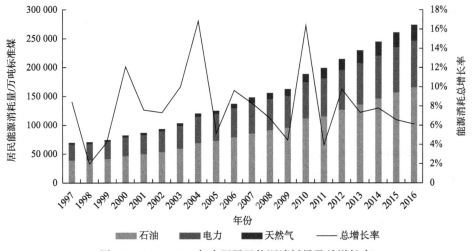

图 1.2　1997~2016 年中国居民能源消耗量及总增长率

事实上，能源回弹效应问题已经引起国内外学者和专家的广泛关注（薛澜等，2011）。能源回弹效应值的高低与能源效率提升产生的能耗降低量高度相关，并且前者对后者起决定性作用（邵帅等，2013）。发达国家的经验表明，能源效率提升所实现的实际节能效果可能与预期的节能潜力不一致，能源回弹效应的存在会导致实际节能量低于预期节能量，这增加了预测能源效率提升所产生的节能减排效果的难度（Bentzen，2004；曹秀芬等，2011）。能源回弹效应已经在能源经济领域被证实，但是在其来源和程度方面仍存在争议（Lin and Liu，2013b）。学者已经对不同国家的工业部门（国涓等，2010）、建筑部门（Cellura et al.，2013）、家庭部门（Brännlund et al.，2007）、交通部门（Matos and Silva，2011）及宏观经济部门（Barker et al.，2009；查冬兰等，2013）的直接、间接或长期、短期能源回弹效应程度进行了测算研究。能源回弹效应已成为影响能源效率提升政策有效性的最主要障碍之一，我们有必要采用科学的方法对能源回弹效应及能源效率提升政策的有效性进行系统性的研究和评估。

基于此，本书综合运用环境经济学、消费心理学和系统工程原理等交叉学科知识与方法，将理论分析和实证研究相结合，测算和分析中国能源消耗和碳排放的整体情况，寻找节能减排的关键因素；评估中国能源效率，为制定能源效率提升政策提供依据；从能源回弹的本质出发，构建有效反映中国现状的能源回弹效应测度模型，并在模型测算的基础上获得经济部门各类能源回弹效应的大小、区域差异程度与变化趋势；深度挖掘能源回弹效应产生机制与关键驱动因素，探索各因素的影响路径与程度；全面辨识能源回弹效应的类型，挖掘能源回弹效应的演变情况对区域环境的影响，从多维角度构建从动因到治理路径的理论分析框架。本书对我国制定有效能源效率提升政策、丰富和拓展能源回弹效应理论与方法具有重要的理论价值与现实意义。

1.2　本书内容体系

本书在对中国碳排放情况进行分析的基础上，采用差异化的方法对主要行业（部门）的能源效率及能源回弹效应情况进行评估，并对影响能源效率和能源回弹效应的因素及作用机制进行挖掘，进而提出有针对性的能源回弹效应管理措施。具体章节内容安排如下。

第 1 章主要介绍当前中国能源消耗和能源效率动态，同时对本书的内容体系进行简单介绍。

第 2 章介绍能源效率和能源回弹效应的相关理论基础及其研究进展。该章包括低碳经济与可持续发展理论、碳排放及能源效率理论、能源回弹效应理论，并从能源消耗与碳排放、能源效率及能源回弹效应三个角度对文献研究状况进行回顾和梳理。

第 3 章分别从行业总体状况、交通运输行业、农业及居民部门四个角度对中国主要行业发展状况和能源消耗情况进行介绍，从而帮助读者更好地理解中国当前的能源消耗状况。此外，该章还介绍了交通运输行业碳排放的时空特征，包括空间集聚特征和收敛性特征等内容。

第 4 章评估了碳排放的影响因素。该章首先利用环境库兹涅茨曲线（environment Kuznets curve，EKC）和空间回归模型等分析交通运输行业碳排放的影响因素；其次，对中国各地区的市场整合和碳排放进行测度与分析，通过固定效应模型先检验市场整合对碳排放的影响，再利用路径分析法找出市场整合对碳排放的作用路径；最后，分析市场整合对碳排放影响的区域差异性。

第 5 章介绍了交通运输行业能源效率与影响因素等情况。一方面，该章基于微观视角，结合数据包络分析（data envelopment analysis，DEA）模型测算中国各省（区、市）[①]公路、铁路等交通运输部门的能源环境效率，并对比分析其地区差异与变化趋势。另一方面，该章采用对数回归模型探索交通运输行业公路、铁路等部门能源环境效率的关键影响因素及各因素的作用机制。

第 6 章聚焦于农业部门，采用重力模型探讨中国农业部门碳排放重心变化趋势，然后基于松弛的数据包络分析模型（slack-based model-data envelopment analysis，SBM-DEA）测算中国各省（区、市）农业环境效率和碳排放影子价格，用对数平均迪氏指数（logarithmic mean Divisia index，LMDI）法评估影响农业碳排放的主要因素，重点分析碳排放成本较低省（区、市）的碳排放影响因素，以实现全国农业碳减排成本最小化。

第 7 章测算公路部门的能源回弹效应。首先，该章采用空间杜宾模型（spatial Dubin model，SDM）和空间误差修正模型（spatial error correction model，SECM）评估中国各省（区、市）公路部门的长期和短期能源回弹效应；其次，基于接近线性的理想需求系统（the linear approximation of the almost ideal demand system，LA-AIDS）模型测算中国各省（区、市）公路部门的直接和间接能源回弹效应；最后，基于空间杜宾模型和空间误差模型（spatial error model，SEM）评估中国公路部门能源回弹效应的空间溢出效应。

第 8 章基于 LA-AIDS 模型对家庭乘用车回弹效应及其区域差异进行分析。具体地，该章从区域层面测算中国各省（区、市）家庭乘用车的直接和间接、长期和短期回弹效应大小，分析各省（区、市）家庭乘用车回弹效应的变化趋势和区域差异，多维角度构建从动因到治理路径的回弹效应理论分析框架。

第 9 章分析交通运输行业能源回弹效应的影响因素。该章基于行为科学和资源环境科学的视角，从家庭异质性、出行特征、外部环境等方面探索交通运输行业能源回弹效应的解释性结构模型及形成机理；采用 LA-AIDS 模型、面板

---

① 数据均不含港澳台地区数据。

数据等方法量化各主要因素对交通运输子部门能源回弹效应的影响程度，进而识别关键影响因素，寻求提升能源效率支持政策有效性的策略，从根本上建立适用于中国国情的不同层面的交通运输行业能源回弹治理模式。

第 10 章评估居民能源回弹效应。该章一是采用消费者生活方式分析（consumer lifestyle analysis，CLA）法测算居民间接能源消费量及变化趋势，并探讨城乡居民间接能源消费量差异及居民不同类型能源间接消费量差异的原因；二是通过投入产出和再分配模型测算居民三种类型能源消费的间接回弹效应，并对城乡间的差异进行对比分析；三是利用敏感性分析，探究直接能源回弹效应与间接能源回弹效应之间的关系。

第 11 章是本书的结论与政策建议部分，整理和总结本书的主要研究结论，并在此基础上提出可供参考的政策建议。

近几十年来，中国经济快速发展，但"高投入、高消耗、高排放"的规模驱动型经济发展方式也导致了资源利用效率低下，大气污染、水污染和固体废物污染严重等一系列资源和环境问题，严重威胁经济和社会的持续发展。2020 年，习近平总书记在第七十五届联合国大会一般性辩论上的讲话中表示，"中国将提高国家自主贡献力度，采取更加有力的政策和措施，二氧化碳排放力争于 2030 年前达到峰值，努力争取 2060 年前实现碳中和"[①]。随后，中央经济工作会议将"做好碳达峰、碳中和工作"列为 2021 年八项重点任务之一。此外，党的十九大报告指出，"我国经济已由高速增长阶段转向高质量发展阶段"，且明确"必须树立和践行绿水青山就是金山银山的理念，坚持节约资源和保护环境的基本国策"[②]。能源是经济发展过程中的一项重要投入，是实现地区经济和社会发展的重要杠杆，提高能源效率、降低碳排放对中国碳达峰、碳中和目标的实现，以及经济向高质量发展转型具有重要的意义。但由于产业结构和能效提升技术的不同，各地区和部门的能源效率和强度也存在较大差异。居民生活、交通运输和农业等部门在国家经济发展中起着基础性、服务性的作用，但同时这些部门也是当前中国能源消耗和碳排放的重要部门。因此，加强对这些部门能源效率及其能源回弹效应的研究，是实现各部门绿色、可持续发展的必然要求，也是实现中国整体能源效率提升和节能减排目标的必要选择。鉴于此，本书构建了中国主要行业能源效率及能源回弹效应的系统分析框架，探索能源效率提升政策的实现路径。本书的内容体系如图 1.3 所示。

---

① 习近平在第七十五届联合国大会一般性辩论上的讲话（全文）. http://www.xinhuanet.com/2020-09/22/c_1126527652.htm，2020-09-22.

② 习近平. 决胜全面建成小康社会 夺取新时代中国特色社会主义伟大胜利——在中国共产党第十九次全国代表大会上的报告（2017 年 10 月 18 日）. http://www.gov.cn/zhuanti/2017-10/27/content_5234876.htm，2017-10-27.

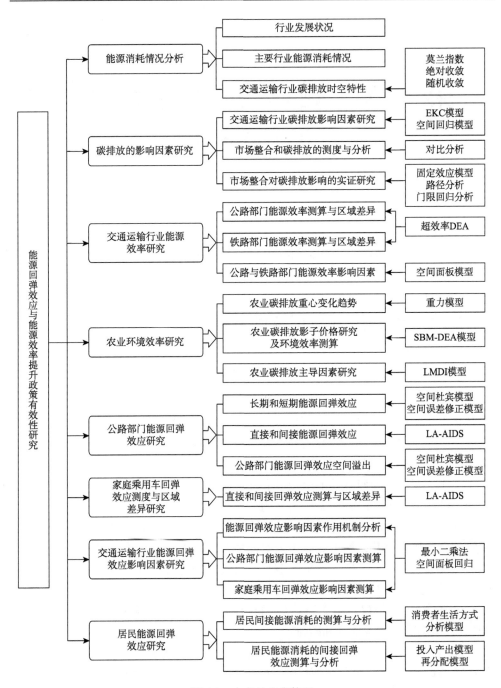

图 1.3 本书的内容体系

第 2 章　能源效率与能源回弹效应理论

2.1　能源问题的理论基础

2.1.1　低碳经济与可持续发展理论

1. 低碳经济理论

长期以来，人们一直在利用自然资源、生态环境服务于自己的生存和发展。尤其是工业革命后，大规模工厂化生产取代个体手工生产，人类就此步入能源大量消耗时代。迄今为止，人类的经济发展取得了重大进步，但同时，工业发展和能源的大量消耗伴随着资源问题、环境问题和能源问题席卷而来，严重地制约了人类文明的发展。如何有效解决资源和环境问题，如何实现人类发展与自然和谐相处，已成为全球人民时刻关注的话题。

低碳经济理论的产生背景主要有四个方面：第一，温室气体，尤其是碳排放导致的全球气温上升，严重威胁了人类的生存；第二，能源枯竭严重制约了人类经济与社会的发展；第三，低碳经济是应对气候变化对社会经济发展方式转变影响的必经之路；第四，根据国际社会的节能减排要求，众多国家签订了《世界气候大会宣言》《京都议定书》《巴黎气候公约》等一系列国际公约（陈美球等，2015），承诺降低能源消耗和碳排放。

国内外学者对低碳经济进行了众多阐述和研究。美国学者莱斯特·布朗对低碳经济的概念进行了阐述，他认为，面对全球温室效应的威胁，应该从以往的以化石燃料为核心的发展方式转变为以氢能、太阳能等为核心的发展方式，该转变很有必要且十分紧迫，我们还应该构建无碳能源、零排放的经济发展体系。国内有学者指出，低碳经济是一种绿色生态经济，其内涵包括了低碳技术、低碳产业、低碳发展和低碳生活等众多低碳经济形态，实质是区域清洁技术得以推广、产品能够低碳开发、能源得到高效利用及全球生态系统的平衡（Zhang et al.，2015）。

2. 可持续发展理论

20 世纪 50 年代，欧美等发达国家的工业革命使得人类的自然资源环境遭到严重破坏，进一步导致环境污染问题日益凸显，威胁着全人类的生存和发展。自此，人们开始用全球性的眼光看待发展和环境问题，并在国际范围内展开激烈的讨论。在此背景下，可持续发展理论因其能够较好地解决环境和发展两大问题而应运而生，并得到广泛的支持和拥护。

《我们共同的未来》对可持续发展的概念进行了阐述，"可持续发展是既能满足当代人的需要，又不对后代人满足其需要的能力构成危害的发展"。该定义有两层含义：第一，可持续发展优先考虑当代人民，尤其是世界上贫苦人民的基本需求；第二，在生态环境可以支持的前提下，满足人类眼前和将来的需要（马林转，2016）。国内外学者也对可持续发展的概念提出了自己的见解，指出可持续发展就是既能发展经济，又能保护环境的一种发展思想。总之，我们可以认为可持续发展是一种新的发展思想和战略，目标是保证社会具有长期的可持续发展能力，确保环境、生态的安全和稳定的资源基础，避免社会、经济大起大落地波动。

2.1.2　碳排放及能源效率理论

1. 环境效率理论

环境效率是指生产过程造成的环境污染程度（Mohamed et al.，2017）。通常，我们采用污染物的排放量来衡量环境污染，并把它作为一个直接指标来测量经济是否实现了可持续发展。但是，在实际生活中我们有时很难测算这些绝对的数值，于是，Charnes 等（1978）提出 DEA 模型来进行能源和环境效率评价。它通过构建前沿面来评价多个输入和输出决策单元（decision making units，DMU）间的相对有效性。具体来说，DEA 模型通过分析投入产出数据，得出每个决策单元效率的数量指标，然后对这些决策单元进行排序，对比效率的高低。由于 DEA 模型存在松弛变量，可以由这些数量指标得出那些非有效决策单元未达到有效的原因，以及那些未达到有效决策单元的非有效程度，从而得出非有效决策单元达到有效的调整方向。DEA 模型有多种形式，如有假设决策单元规模报酬不变的 CCR（A. Charnes & W. W. Cooper & E. Rhodes）模型及规模报酬可变的 BCC（R. O. Banker & A. Charnes & W. W. Cooper）模型。之后，学者从不同的角度对 DEA 模型进行了改进和扩展。Li 等（2016a）在 Cooper 等（1999）的基础上提出了拓展 SBM-DEA

模型，它综合考虑了投入与产出的因素，并且考虑到非期望产出，在模型中假设有 n 个决策单元，$\boldsymbol{X}$、$\boldsymbol{Y}$、$\boldsymbol{B}$ 分别表示投入、期望产出和非期望产出的矩阵，其中，$\boldsymbol{X}=[x_1,x_2,\cdots,x_n]$，$\boldsymbol{Y}=[y_1,y_2,\cdots,y_n]$，$\boldsymbol{B}=[b_1,b_2,\cdots,b_n]$ 分别表示输入向量、期望输出向量和非期望输出向量且满足 $\boldsymbol{X}$、$\boldsymbol{Y}$、$\boldsymbol{B}$ 均大于 0。SBM-DEA 模型如下：

$$\rho^* = \min \frac{1-\dfrac{1}{n}\sum_{i=1}^{n}\dfrac{S_i^-}{x_i}}{1+\dfrac{1}{s_{r1}+s_{r2}}\left(\sum_{r=1}^{s_1}\dfrac{S_{r1}^y}{y_{r1}}+\sum_{r=1}^{s_2}\dfrac{S_{r2}^b}{b_{r2}}\right)}$$

$$\text{s.t. } x_0 = \boldsymbol{X}\lambda + \boldsymbol{S}^- \qquad (2.1)$$
$$y_0 = \boldsymbol{Y}\lambda + \boldsymbol{S}^y$$
$$b_0 = \boldsymbol{B}\lambda + \boldsymbol{S}^b$$
$$S^- \geqslant 0, S^y \geqslant 0, S^b \geqslant 0, \lambda \geqslant 0$$

其中，ρ^* 表示效率值；S^-、S^y 和 S^b 分别表示投入、期望产出和非期望产出的松弛量；λ 表示调整矩阵；$\boldsymbol{X}\lambda$ 表示前沿上的投入变量；$\boldsymbol{Y}\lambda$ 表示前沿上的产出变量；n 表示投入变量的数量；s_{r1} 表示期望产出的数量；s_{r2} 表示非期望产出的数量；S_i^- 表示投入变量 i 的松弛量；S_{r1}^y 表示期望产出变量 $r1$ 的松弛量；S_{r2}^b 表示非期望产出变量 $r2$ 的松弛量。$\dfrac{1}{n}\sum_{i=1}^{n}\dfrac{S_i^-}{x_i}$ 表示 n 个投入的松弛量占其实际投入量比值的平均值，也就是 n 个投入变量的平均非效率水平，分子表示各个投入变量的平均效率水平。同理，分母表示期望产出和非期望产出的平均非效率水平，故

$$\frac{1}{1+\dfrac{1}{s_{r1}+s_{r2}}\left(\sum_{r=1}^{s_1}\dfrac{S_{r1}^y}{y_{r1}}+\sum_{r=1}^{s_2}\dfrac{S_{r2}^b}{b_{r2}}\right)}$$ 表示期望产出和非期望产出的平均效率水平，那么，

效率值就等于投入变量的平均效率水平乘以产出变量的平均效率水平。ρ^* 在 0 到 1 之间，对于指定的决策单元来说，只有当 $\rho^*=1$ 时，所有松弛量均为 0，效率达到最大；若 $\rho^*<1$，则该决策单元无效，需要通过对投入产出量进行增减才能实现决策单元的有效。

2. 碳排放减排成本理论

人们希望在生产过程中产生的 CO_2 越少越好，这种非期望产出的减排成本即影子价格。碳排放影子价格是指每减少一个单位的碳排放所付出的社会成本，也指在生产过程中减少 CO_2 排放而导致放弃期望产出的机会成本。在计算环境效率 SBM-DEA 的基础上增加非期望产出的潜在治理模型如下：

$$x_0^* = x_0 - S^-, \quad y_0^* = y_0 + S^y, \quad b_0^* = b_0 - S^b \qquad (2.2)$$

其中，S^- 表示投入松弛量；S^y 表示期望产出的松弛量；S^b 表示非期望产出的松弛量。这三个松弛量均大于 0，对于一个非有效的 $\mathrm{DMU}_0(x_0, y_0, b_0)$，改进的目标便是 $\mathrm{DMU}_0^*(x_0^*, y_0^*, b_0^*)$，$S^b$ 是非期望产出的治理潜力，由于其在环境效率模型中是非线性的，无法计算最值，我们用其对偶模型来接着计算这些非期望产出的治理成本。

$$\max u^y y_0 - v x_0 - u^b b_0$$
$$\mathrm{s.t.}\ u^y Y - v X - u^b B \leqslant 0$$
$$v \geqslant \frac{1}{n}\left[1/x_0\right] \qquad (2.3)$$
$$u^y \geqslant \frac{1 + u^y y_0 - v x_0 - u^b b_0}{s}\left[1/y_0\right]$$
$$u^b \geqslant \frac{1 + u^y y_0 - v x_0 - u^b b_0}{s}\left[1/b_0\right]$$

其中，$s = s_1 + s_2$，s_1 和 s_2 分别表示期望产出与非期望产出的数量；对偶变量 v 属于输入变量的实数，u^y 属于期望产出变量的实数，u^b 属于非期望产出变量的实数，分别表示输入变量、期望产出和非期望产出的虚拟价格，目标函数表示虚拟利润的最大化。假定市场化期望产出的绝对影子价格等于市场价格，非期望产出关于期望产出的相对影子价格可以表示为方程（2.4）（Lee et al.，2002），影子价格便是用减少期望产出来换取非期望产出的减少（Coggins and Swinton，1996），也称为边际减排成本（Coggins and Swinton，1996；Lee，2005），如方程（2.4）所示。

$$P^b = P^y \times \frac{u^b}{u^y} \qquad (2.4)$$

其中，P 表示边际减排成本；P^b 和 P^y 分别表示期望产出和非期望产出的影子价格。

3. 碳排放影响因素分析理论

探索碳排放的主导影响因素进而采取有效的措施降低碳排放是学者关心的热点。近年来，因素分解法被广泛应用于碳排放的影响因素研究，模型如下：

$$C_i = \frac{C_i}{E_i} \times \frac{E_i}{E} \times \frac{E}{Y} \times \frac{Y}{I} \times \frac{I}{A} \times \frac{A}{P} \times P = \mathrm{CE}_i \times N \times \mathrm{EY} \times \mathrm{YI} \times \mathrm{IA} \times \mathrm{AP} \times \mathrm{PC} \qquad (2.5)$$

其中，$i = 1, 2$，分别表示能源与非能源；C 表示碳排放量；E 表示能源消耗量；CE 表示（能源或非能源）碳排放系数；N 表示能源（非能源）结构效应；EY 表示能源利用效率；YI 表示农业补贴激励效应；IA 表示单位面积补助额；AP 表示规模因素；PC 表示人口因素。每个区域或样本对象均可分为以上七个因素，在 0 时刻和 t 时刻分别可以写为

$$C_i^0 = CE_i^0 \times N^0 \times EY^0 \times YI^0 \times IA^0 \times AP^0 \times PC^0$$

$$C_i^t = CE_i^t \times N^t \times EY^t \times YI^t \times IA^t \times AP^t \times PC^t \qquad (2.6)$$

所以有

$$\Delta C_i = C_i^t - C_i^0 = \Delta CE_i + \Delta N + \Delta EY + \Delta YI + \Delta IA + \Delta AP + \Delta PC + \Delta C_i^{\text{resid}} \quad (2.7)$$

对时间 t 进行求导，得出

$$\frac{dC_i}{dt} = \frac{dCE_i}{dt} \times N \times EY \times YI \times IA \times AP \times PC + \cdots + CE_i \times N \times EY \times YI \times IA \times AP \times \frac{dPC}{dt}$$
$$(2.8)$$

对上述方程进行变形可以得到

$$\frac{dC_i}{dt} = \frac{dCE_i}{CE_i \times dt} CE_i \cdots \times PC + \cdots + CE_i \cdots \times AP \times \frac{dPC}{PC \times dt} PC$$

$$\frac{dC_i}{dt} = C_i \times \frac{d\ln CE_i}{dt} + C_i \frac{d\ln N}{dt} + \cdots \times PC + \cdots + C_i \times \frac{d\ln PC}{dt} \qquad (2.9)$$

对以上方程的两边分别积分如下：

$$\int_0^t \frac{dC_i}{dt} = \int_0^t C_i \times \frac{d\ln CE_i}{dt} + \int_0^t C_i \times \frac{d\ln N}{dt} + \cdots + \int_0^t C_i \times \frac{d\ln PC}{dt} \qquad (2.10)$$

基于积分中值定理，假设权重为 W，可以得到

$$\Delta C_i = C_i^t - C_i^0 = W \times \ln \frac{CE^t}{CE^0} + W \times \ln \frac{N^t}{N^0} + \cdots + W \times \ln \frac{PC^t}{PC^0} \quad (2.11)$$

再根据对数平均函数可得

当 $x \neq y$ 时，$L(x,y) = \dfrac{x-y}{\ln x - \ln y}$；当 $x = y$ 时，$L(x,y) = x$

$$W = L\left(C_i^t, C_i^0\right) = \frac{C_i^t - C_i^0}{\ln C_i^t - \ln C_i^0} \qquad (2.12)$$

$$\Delta CE = L\left(C_i^t, C_i^0\right) \ln\left(\frac{CE_i^t}{CE_i^0}\right) \qquad (2.13)$$

$$\Delta N = L\left(C_i^t, C_i^0\right) \ln\left(\frac{N^t}{N^0}\right) \qquad (2.14)$$

$$\Delta EY = L\left(C_i^t, C_i^0\right) \ln\left(\frac{EY^t}{EY^0}\right) \qquad (2.15)$$

$$\Delta YI = L\left(C_i^t, C_i^0\right) \ln\left(\frac{YI^t}{YI^0}\right) \qquad (2.16)$$

$$\Delta IA = L\left(C_i^t, C_i^0\right) \ln\left(\frac{IA^t}{IA^0}\right) \qquad (2.17)$$

$$\Delta \text{AP} = L\left(C_i^t, C_i^0\right)\ln\left(\frac{\text{AP}^t}{\text{AP}^0}\right) \tag{2.18}$$

$$\Delta \text{PC} = L\left(C_i^t, C_i^0\right)\ln\left(\frac{\text{PC}^t}{\text{PC}^0}\right) \tag{2.19}$$

对上述方程进行综合整理得到

$$\begin{aligned}
\Delta C_i^{\text{resid}} &= \Delta C_i - \left(\Delta \text{CE}_i + \Delta N + \Delta \text{EY} + \Delta \text{YI} + \Delta \text{IA} + \Delta \text{AP} + \Delta \text{PC}\right) \\
&= C_i^t - C_i^0 - \left(W\ln\frac{\text{CE}_i^t}{\text{CE}_i^0} + W\ln\frac{N^t}{N^0} + \cdots + W\ln\frac{\text{PC}^t}{\text{PC}^0}\right) \\
&= C_i^t - C_i^0 - W\ln\frac{C_i^t}{C_i^0} = 0
\end{aligned} \tag{2.20}$$

2.1.3　能源回弹效应理论

1. 能源回弹效应的内涵界定

能源回弹效应的概念，用于反映能源效率与能源消耗之间的相悖关系。英国经济学家 Jevons（1865）在研究通过提高煤炭生产效率来解决煤炭资源短缺问题时发现，煤炭生产效率提高后煤炭资源消耗并没有真正减少，因为随着生产效率的提高，煤炭资源的成本会随之降低，反而促进了煤炭需求的增长，最终加剧了煤炭资源的短缺，这一发现被称为"杰文斯悖论"。之后，学者对"杰文斯悖论"进行了大量的相关研究，并提出了能源回弹效应的概念。其中，Khazzoom（1980）最早明确提出能源回弹效应的概念，他指出，能源回弹效应是指新的科学技术提升能源效率后，会刺激生产者和消费者使用更多的能源，最终预期的能源消费节约量可能并不会实现，甚至会带来能源消耗的增加，产生能源回弹效应。

能源回弹效应是能源使用过程中客观存在的一种现象。一般情况下，技术进步会带来能源效率的提高，进而减少能源消耗量，实现节能减排。但是，能源回弹效应是一种二阶反应，能源效率的提高并不一定会促进能源消耗量的减少。相反，能源效率提升可能引起能源价格下降，从而刺激生产者和消费者更多地使用能源，导致潜在的能源节约量并不一定被完全实现，甚至可能引起最终能源消耗量的增加。

目前，学术界对能源回弹效应的定义基本上可以分为两类。一类将能源回弹效应定义为能源消耗量对能源效率的弹性，即当能源效率提升 1%时，能源消耗量将会增加 $R\%$。在此情况下，能源回弹效应根据其值的大小可以分为五种类型：①能源回弹效应的值小于 0，表示能源效率提升之后，实际能源节约量大于等于理论能源节约量，即超级节能；②能源回弹效应的值为 0，表示实际能源节约量等于理论能源节约量，即预期的能源节约量可以完全实现，即"零回弹"；③能源回弹效应的值介于 0 和 1，表示能源效率提升带来的能源节约量被部分抵消，即存在部分回弹，这是最常见的情况；④能源回弹效应的值等于 1，表示能源效率提升后实际能源节约量为 0，节能减排措施完全无效，即存在完全回弹；⑤能源回弹效应的值大于 1，表示能源效率的提升反而增加了能源消耗量，即存在回火效应。此外，Sorrell 等（2009）、Small 和 Dender（2005）指出，在进行能源回弹效应分析时，应将能否在生产过程中进行投资考虑在内，此时能源回弹效应可以分为长期回弹效应和短期回弹效应，资本元素可以变动为长期回弹效应，不能变动为短期回弹效应。

能源回弹效应的另一类定义是基于微观经济学研究的定义，主要针对企业、居民、交通运输等微观层面的主体，探讨能源消耗受能源使用效率变化的影响效果。目前，能源回弹效应的定义在微观层面上存在较多争议。Sorrell 等（2009）将能源回弹效应的微观经济学定义分为四类：①能源回弹效应为能源消耗对能源使用效率的弹性。②能源回弹效应为能源消耗的价格弹性。价格弹性可用能源服务需求对能源服务成本的弹性、能源服务需求对能源价格的弹性及能源需求对能源价格的弹性三种形式表示，在实践分析过程中具体根据数据的可得性选择弹性定义方式。③能源回弹效应是能源效率和其他投入要素成本之间的相关系数。④在对能源回弹效应进行定义时，存在能源使用效率内生化问题。能源回弹效应无法与能源使用效率，或者能源服务需求建立一对一的关系，即存在能源效率的"内生性"。

针对能源回弹效应，学者也提出了不同的度量指标（吴幸楠，2014）。其中，Saunders（2008）提出的度量指标最具代表性，他基于宏观经济层面将能源效率提升后产生的能源节约量定义为能源消耗对能源效率的弹性。然而，难以度量能源效率的提高量，因此，一些学者用能源消耗对能源价格的弹性来度量能源回弹效应。此外，Mizobuchi（2008）、Graham 和 Glaister（2002）采用能源服务对其价格的弹性来度量能源回弹效应。通常，学者可能会根据研究对象及数据的获取性，采用不同的度量指标和方法来测量能源回弹效应。

2. 能源回弹效应的形成机理

能源回弹效应包括直接能源回弹效应、间接能源回弹效应和经济范围内的能源回弹效应三种类型。直接能源回弹效应即能源使用效率的提高会降低能源产品和服务的价格，增加人们对该种能源产品和服务的需求；间接能源回弹效应是指能源产品和服务价格的下降导致消费者的收入相对增加，从而增加了消费者对其他能源产品或服务的需求；经济范围内的能源回弹效应指能源效率对整个宏观经济系统层面的影响，表示能源效率的提高使所有能源产品在生产过程中投入的能源减少，企业生产成本降低，利润升高，从而促使所有能源产品行业扩大规模生产，最终造成能源需求的增加（Greening et al.，2008）。事实上，直接能源回弹效应和间接能源回弹效应的总和就是经济范围内的能源回弹效应。

能源效率提升造成能源服务量 S_0 的预期节约能源为 $E_0 - E_1$，但是，能源效率提升的同时会降低能源服务的成本，基于消费者的习惯和行为，他们会将对该种能源服务的使用量增加到 S_1，此时的能源消耗量会达到 E。因此，实际产生的能源节约量为 $E_0 - E$，而其他 $E - E_1$ 的能源节约量被抵消，能源回弹效用（RE）可以用下述方程计算：

$$RE = \left| \frac{E - E_1}{E_0 - E_1} \right| \times 100\% \tag{2.21}$$

此外，在实际应用中部分学者会采用弹性分析来近似替代方程（2.21）进行能源回弹效应的定义和测算。

事实上，上述对能源回弹效应的定义是基于直接能源回弹效应进行的，还可以将其扩展和延伸至间接能源回弹效应的形成机制上。Binswanger（2001）根据效用函数理论，以商品 C_1 和 C_2 为例进行研究，研究假定消费者的效用函数为 $U(C_1, C_2)$，预算约束 $B = P_1 C_1 + P_2 C_2$，两种商品的价格分别为 P_1 和 P_2。假设人们可以选用汽车（C_1）和火车（C_2）两种方式出行，如果汽车的能效提升后，其能源成本会降低（P_1 会变小），此时人们更多地选用汽车工具出行，火车出行方式将会被替代，即替代效应（SE）。而且 P_1 的下降会增加消费者预算约束 B 的实际购买力，消费者会将多余的预算用于购买其他商品，即收入效应（IE），其机理如图 2.1 所示。

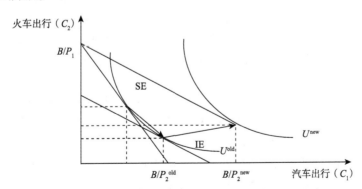

图 2.1　直接能源回弹效应和间接能源回弹效应示意

资料来源：Binswanger（2001）

3. 能源回弹效应的测算方法

由于学术界对能源回弹效应定义的差异，以及数据限制和处理方式的不同，能源回弹效应的测算方法比较丰富，得到的结果也不同。目前，能源回弹效应的测算方法主要有以下几种：①利用柯布-道格拉斯生产函数（Cobb-Douglas production function，C-D 生产函数）估计资本、劳动和能源的产出弹性，在此基础上用索洛余值法计算技术进步率，进而得到能源回弹效应；②在计算技术进步率的基础上，利用 DEA 模型评估全要素生产率（total factor productivity，TFP），将其等同于能源效率的改进，再将全要素生产率代入能源回弹效应的方程进行测算；③利用随机前沿生产函数估算相对前沿技术效率的变化，在此基础上测算相关的能源回弹效应；④采用可计算的一般均衡（computable general equilibrium，CGE）模型从宏观的层面探索各部门的能源回弹效应；⑤采用近乎理想需求系统（almost ideal demand system，AIDS）模型，根据价格指数和商品消费支出估算能源回弹效应；⑥建立时变参数模型，放松规模报酬不变的假设，进行动态估计等。此外，分位数回归和对数回归等计量模型也被用来测算不同部门的能源回弹效应大小。

近年来，基于不同的测算方法，学者对不同国家、不同部门的能源回弹效应进行了测算。例如，Frondel 等（2012）以德国家庭乘用车为研究对象，采用分位数回归方法对其能源回弹效应进行测算，研究发现德国家庭乘用车的平均能源回弹效应为 57%~62%。Ruzzenenti 和 Basosi（2017）采用多元线性模型对欧洲公路货运部门的研究表明，其能源回弹效应为负值，即欧洲公路货运部门实现了其节能减排的目标。周勇和林源源（2012）运用新古典生产函数测算中国宏观经济层面上的能源回弹效应，计算得出中国能源回弹效应在 30%~80%波动。Small 和 Dender（2005）采用三阶段最小二乘法对 1966~2001 年美国机动车车辆的能源回弹效应进行测算，研究发现，机动车车辆的短期能源回弹效应为 4.7%，长期能源回弹效应为 22%。Yang 和 Li（2017）使用超越对数成本模型研究发现，中国电力部门的能源回弹效应约为 11.6%。Anson 和 Turner（2009）采用 CGE 模型对苏格兰交通部门的能源回弹效应进行了测算，研究发现交通部门的长期和短期能源回弹效应分别为 38.3%和 36.5%。Broberg 等（2015）的研究表明，瑞典的能源回弹效应为 40%~70%。Q. Wang 等（2012）基于 LA-AIDS 模型对中国城市客运部门的直接能源回弹效应进行了测算，研究得到平均直接能源回弹效应为 96%，并且客运部门的直接能源回弹效应与人均消费支出呈负相关关系。

不同的能源回弹效应测算方法有各自的优点和不足之处。例如，利用 C-D 生产函数的优点是便于收集处理数据，但由于该模型只包含了主要的投入产出要素，并不全面，因而计算结果不够精确。采用 DEA 方法的计算过程更为精确，但仍未避免 C-D 生产函数的缺陷。随机前沿生产函数虽然克服了 DEA 方法的一些缺陷，但本质上仍然将全要素生产率的变化作为技术进步率，无法避免能源效率内生这一问题。分位数回归法是一种探索出行者异质性影响的好方法。模拟试验法适合通过测算提高能源效率前后的能源消耗量来估算能源回弹效应，其缺点在于难以控制除能源效率外的变量变化，并且需要大量的实际调查数据。LA-AIDS 模型的优点是计算数据获取比较容易，结果更加精确，模型也更加稳定。在研究经济范围内的能源回弹效应时，CGE 模型较多被学者采用。CGE 模型基于经济学理论，通过价格机制把经济主体、商品市场和要素市场有机联系起来，是一种有效解决经济复杂系统的工具。不同的方法具有不同的特点和适用条件，根据研究目的和对象的特征选择具体的方法则非常必要。

2.2　能源问题研究状况

2.2.1　能源消耗与碳排放研究状况

1. 能源消耗的相关研究

近年来，经济增长与能源消耗之间的内在关系，以及碳排放的测度和影响因素研究受到学术界的广泛和持续关注。

学者对经济增长和能源消耗之间的关系展开了大量的研究，也得出不同的结论，主要有三种观点：①能源消耗和经济增长之间存在负向关系，能源消耗的持续增加会降低经济增长；②经济增长与能源消耗之间无显著内在关系；③经济增长与能源消耗积极相关，经济增长会造成能源消耗的增加。戴钰和刘亦文（2009）运用 IPAT 方程（environmental impact, population, affluence, technology, 环境影响、人口、财富、技术）在设定不同情境下分析了 2008~2013 年长株潭城市群经济增长与资源消耗之间的关系，结果表明地区生产总值年均增长率为 12%、单位地区生产总值能耗下降 4% 是合理的，符合该地区的实际。王崇梅（2009）用脱钩理论分析了 1990~2007 年中国能源消耗与经济增长之间的关联程度，结果表明，在研究阶段经济增长与能源消耗处于相对脱钩状态，说明经济增长对能源消耗的依赖程度较小。常中甫（2008）从四个方面分析了中国经济增长与能源消耗之间的关系，研究结果表明：经济增长带动了能源消耗总量的增长，且这两者之间的增速差距在不断缩小；经济增长带动了人均能源消耗量的增长；经济增长会带动能源消耗结构的改善；经济增长能够推动能源强度的降低；经济增长能够促进中国能源消耗弹性的降低。

2. 碳排放的测度

采取有效的方法准确测度碳排放是进行节能减排工作的基础。目前中国没有对碳排放量的细化统计数据，因此，学者都是根据既有数据进行碳排放量的测算。由于全球 80%~85%的能源需求来自化石能源消费，而化石能源燃烧产生的碳排放量占全球碳排放总量的 80%~89%（Green，2000），目前国内外文献基本都是根据各种能源消耗量与碳排放系数来计算碳排放量的。学者在进行能源划分时主要有两种方式：第一种，将化石能源划分成煤炭、石油和天然气，如 Li 等（2011）运用煤炭、石油和天然气的消费量和碳排放系数计算出中国各省（区、市）的碳排放量，在此基础上研究碳排放的影响因素；第二种，将化石能源分成煤炭、天然气、焦炭、燃料油、汽油、煤油和柴油等细类，如中国学者陆远权和张德钢（2016）在测算碳排放量时将化石能源分成七种细类。目前，学术界采用的碳排放系数主要有四种来源：第一，国际能源署（International Energy Agency，IEA）公布的碳排放系数（Cronshaw，2015）；第二，美国橡树岭国家实验室发布的碳排放系数，如刘永伟和闫庆武（2015）利用美国橡树岭国家实验室二氧化碳信息分析中心公布的中国碳排放数据和各省（区、市）的化石能源消费及水泥产量数据，对 1980~2011 年中国碳排放时空分布规律进行了研究；第三，世界银行在《世界发展指标》中公开的碳排放系数，如 Jiang 等（2016）运用世界银行的数据来研究美国碳排放与经济发展之间的脱钩关系；第四，政府间气候变化专门委员会（Intergovernmental Panel on Climate Change，IPCC）发布的碳排放系数，如 Liu 等（2015）运用 IPCC 发表的《IPCC 国家温室气体清单指南》中的碳排放系数测算出中国公路、铁路、水路和航空四大交通部门的碳排放。其中，应用最广泛的是 IPCC 发布的碳排放系数。

3. 碳排放的影响因素

近年来，随着全球性气候变暖问题的日益凸显，世界各国都面临着节能减排的压力，在此背景下，为了制定有效的节能减排策略，国内外学者对影响碳排放的因素进行了大量研究。

首先，不少文献探究了国家、地区、城市、行业及部门等不同层面的碳排放影响。例如，Li 和 Lin（2015）采用 1971~2010 年 73 个国家的面板数据，分析了城镇化和工业化对能源消费、碳排放的影响，发现在不同收入水平下，城镇化和工业化对碳排放具有不同的促进作用。Xu 等（2014）对中国四大地区碳排放影响因素进行分析，结果显示，不同地区的能源强度、能源消耗结构、地区生产总值占比对碳排放的效应不同，不过各地区的经济发展水平都能够对碳排放产生正向作用。Jorgenson 等（2017）研究了 1997~2012 年美国 51 个州的收入不公平对碳排放的影响，发现不同收入、不同指标对碳排放的作用效果存在差异。S. Wang 等（2017）探究了社会经济因素、城市形式和交通网络对北京、天津、上海和广州四大城市碳排放的影响，发现社会经济因素中，经济发展、城镇化、工业化会增加碳排放，而服务水平和技术水平会减少碳排放；城市形式因素中，增加土地使用和控制人口密度可以减少碳排放，追求城市紧凑型发展模式会减少碳排放；交通网络因素中，城市公路强度和交通耦合都能够减少碳排放。Liu 等（2015）研究了 1980~2012 年影响中国交通运输行业公路、水路、航空和铁路部门碳排放的因素，研究结果表明，经济发展水平的提高是碳排放增加的重要原因。

其次，为了分析和比较各驱动因素对碳排放的影响差异，很多研究采用因素分解法确定各部门或各地区碳排放的主导影响因素。在研究中使用的因素分解法有很多，而结构分解分析（structure decomposition analysis，SDA）法和指数分解分析（index decomposition analysis，IDA）法应用最广泛。

当前，因素分解法被广泛应用于不同领域或行业的碳排放影响因素分析。SDA 法分解能源和碳排放的相关文献表明，尽管 SDA 法能更详细地分解技术和需求的变化，但其较少应用于连续时间样本的研究（陆远权和张德钢，2016）。SDA 法基于投入产出的模型，它需要投入产出数据表来对碳排放进行分析，而投入产出表的数据不一定能够被完整收集到（Green，2000），投入产出数据收集相对较难且只能用加法计算，具有一定的局限性。IDA 法是另外一种用于分析指标变化关键影响因素的因素分解法，比 SDA 法更频繁地应用于环境政策制定。IDA 法的分解方式更加多样化，所需要的数据更少，允许连续地分解年度数据（Green，2000）。IDA 法只要使用部门总体的面板数据，数据收集相对简单，且可以用加法或者乘法来计算。因此，相较 SDA 法而言，IDA 法在研究中应用更加广泛。尤其是 IDA 法从 1980 年后就被广泛地应用于处理能源消费和污染排放问题（Zhou et al.，2016），并被逐渐拓展和提升推广使用。但基于 Divisia 指数和 Laspeyres 指数方法的能源和环境相关文献指出，先前的 IDA 法存在两个问题，即存在残差项和零值（Xu et al.，2015）。后来学者对 IDA 法进行拓展形成了 LMDI 法（Xu et al.，2015）。LMDI 法的残差项为零、易于理解及聚合一致性等特点，使得研究者更倾向使用 LMDI 法（Wang Y et al.，2016）。

目前，LMDI 法被视为一种使用最广泛、实用性和准确性最强的方法。例如，Gambhir 等（2015）用 LMDI 法确定了中国公路部门碳排放的主要因素，并通过建立不同场景估计了相关成本和减排潜力。Zhao 等（2016）采用 LMDI 法对 1993~2013 年中国工业部门碳排放的驱动因素进行研究，结果表明，投资效率对减少碳排放具有最重要作用，而能源消耗结构、碳排放强度和投资份额对碳排放具有边际效应。赵先超等（2018）基于 LMDI 模型研究了湖南省农业碳排放的主导因素，但其研究未涉及全国范围的农业影响因素，因而不能为全国农业碳减排提供政策建议。Wang 和 Feng（2017）用 LMDI 法对中国三大（工业、居民和交通）部门的碳排放主导因素进行探究，结果表明，经济产出是正向影响碳排放的最大因素，能源强度是碳排放主要的负向影响因素。Robaina-Alves 和 Moutinho（2014）用 LMDI 法对欧盟国家农业部门的温室气体排放主导因素进行分解，得出每公顷的氮肥使用量与劳动生产率的倒数这两个因素对碳排放强度的抑制作用最强。但是，其研究没有考虑到中国各个省（区、市）经济发展水平、资源禀赋等差异，所导致的 CO_2 的影子价格有较大的差异，即各个省（区、市）CO_2 的减排成本差异大，因而无法在全国范围内进行节能减排工作的合理布局。此外，也有一些文献采用 Laspeyres 指数方法分析碳排放的驱动因素。例如，Ebohon 和 Ikeme（2006）采用 Laspeyres 指数方法研究了撒哈拉以南非洲地区的碳排放强度，研究结果表明，能源强度、经济增长及能源消耗结构是碳排放强度变化的重要驱动因素。可拓展的随机性的环境影响评估（stochastic impacts by regression on population, affluence, and technology, STIRPAT）模型能够克服 IPAT 方程要求方程两边必须平衡的限制（Li et al., 2011），因此，文献中更多地采用 STIRPAT 模型研究环境影响因素。例如，C. Wang 等（2017）基于 STIRPAT 模型分阶段探究了新疆碳排放的影响因素，结果表明，改革开放前（1952~1977 年），碳排放强度和人口规模是促进碳排放的重要因素，能源消耗结构是抑制碳排放的重要因素；改革开放后（1978~2000 年），经济发展和人口规模是碳排放增加的主要驱动因素，碳排放强度是减少碳排放的主要因素；在西部大开发期间（2001~2012 年），固定资产投资和经济发展是促进碳排放的重要因素，碳排放强度对碳排放具有显著的抑制作用。

　　虽然现有文献通过 IDA 法和环境压力模型较好地找出了碳排放的潜在影响因素，但是没有进一步探究各个因素对碳排放的直接和间接作用机制，这与实际情况不相符。为了解决这一问题，Li 等（2011）首次将路径分析法引入气候变化领域，结合 STIRPAT 模型研究了中国碳排放的影响因素，发现各个影响因素对碳排放的总效应大小排序是经济发展>城镇化>人口规模>技术水平>产业结构，对碳排放的直接效应大小排序是经济发展>技术水平>人口规模>城镇化>产业结构。路径分析法是一种将相关性关系分解为几种不同解释效应的方法，使人们能够通过相关的表面现象来揭示原因变量与结果变量之间的因果关系，从而为统计决策提供一个可靠的依据。由于路径分析法能够更加深入地揭示变量与因变量之间的关系，一些学者开始使用该方法进行碳排放影响因素的研究（Li et al., 2011）。例如，Sun 等（2013）采用路径分析法对北京碳排放的驱动因素进行分析，结果表明，各个影响因素对碳排放的总效应大小排序是经济发展>城镇化>人口规模>产业结构>技术水平，对碳排放的直接效应大小排序是经济发展>产业结构>城镇化>技术水平>人口规模。

研究表明，碳排放受到多种因素的共同影响，如经济发展水平（Bouznit and Pablo-Romero，2016）、技术水平（Sun et al.，2013）、城镇化（Cao et al.，2016）、产业结构（Li H et al.，2017；Li et al.，2011）和对外开放程度（Haq et al.，2016）等。众多研究分析了各经济因素对碳排放的影响，如 Zhao 等（2016）、Pan 等（2016），然而，市场整合作为一个重要的经济变量，人们却不知市场整合对碳排放是否产生影响。同其他碳排放潜在影响因素相似，市场整合对碳排放的作用也可能受到其他外部条件的影响。在不同的外部环境下，市场整合对碳排放的影响也可能存在差异。

4. 市场整合对碳排放影响的理论分析

常见的碳减排途径主要包括三个方面（Zhang et al.，2017）：提高能源效率（Paul and Bhattacharya，2004；Al-Mansour，2011）；通过技术进步降低碳排放（Sun et al.，2008；Hasanbeigi et al.，2012）；调整能源需求结构以降低能源强度（Tian et al.，2013）。此外，产业结构优化（Zhang Y J et al.，2014）、对外贸易（Haq et al.，2016）、外商直接投资的溢出效应（Elliott et al.，2013；Zhang Y J et al.，2014）等均会对碳排放产生影响。然而，学者却忽视了市场整合对碳排放的作用。市场整合是指各区域之间、各产业之间产品和生产要素自由流动、规则一致，最终表现为价格合理、资源配置的高效利用（胡之光和陈甬军，2016）。市场整合伴随着要素的自由流通，意味着规模经济、知识共享和技术外溢（Johansson and Ljungwall，2009；龙志和等，2012），其在促进地区经济发展的同时（Ke，2015），还能够促进各地区技术水平的提升（Grossman and Helpman，2015），提高地区能源效率和碳排放效率（Melitz and Ottaviano，2008；van Biesebroeck，2005）。这说明，市场整合会对碳排放产生直接和间接影响。市场整合对碳排放的直接影响，即市场整合可以促进各地区之间商品和要素的自由流动，从而促进碳排放的增长。市场整合对碳排放的间接影响具有两条路径：一条路径是通过促进经济发展增加碳排放；另一条路径是通过提高技术水平减少碳排放。

一方面，市场整合通过促进经济发展从而增加碳排放。Poncet（2003）通过实证研究商品市场整合与人均国民生产总值和人均农业国民生产总值之间的关系时发现，商品市场整合能够促进中国经济的增长。Ke（2015）经过研究发现，市场整合对地区经济发展具有显著的促进作用，且对中部地区的促进作用是最大的。同时，周愚和皮建才（2013）构建了一个两阶段的动态博弈模型，来证实市场整合对地区环境污染的影响取决于污染排放的溢出效应，如果某一种环境污染物，如大气污染、水污染具有较强的跨界污染能力，并且跨界污染系数高于某一阈值，则市场一体化程度的提高不仅会通过促进本地经济增长加剧污染副产品，也会使异地污染物的跨界输入构成本地环境污染的重要来源。

另一方面，市场整合通过提高技术水平从而减少碳排放。在市场一体化的情况下，各地区为了解决环境污染问题，可以建立污染联防联控机制，从而提高与能源、环境相关的效率。市场整合对技术水平产生影响至少有四种理论依据（Lin and Du，2015）：第一，经济上的统一会促进地区之间的竞争，因此企业有更大的动力去研发提高能源效率和生产力的技术（Melitz and Ottaviano，2008）；第二，市场一体化可以达到规模经济，从而促进生产力的发展（Tybout and Westbrook，1995；Tybout，2000；van Biesebroeck，2005）；第三，技术和管理经验的传播受到地区的阻碍（本地保护），市场一体化可以减少这种地区阻碍（Peluo，2013）；第四，地区一体化能够根据企业的比较优势鼓励专业化，这被亚当·斯密认为是提高生产率的主要来源（Grossman and Helpman，2015）。综上，市场整合对碳排放的影响机制如图 2.2 所示。

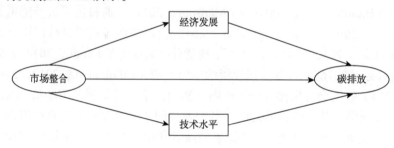

图 2.2　市场整合对碳排放的影响机制

2.2.2　能源效率研究状况

1. 能源效率的测算及应用研究

能源效率是能源研究中的一个重要概念。1995 年，世界能源委员会把能源效率定义为"用更少的能源投入生产同等的能源服务"，即能源服务产出量与能源投入量之间的比值，该定义得到学术界的广泛认可。随后，Patterson（1996）指出，能源效率即使用更少的能源生产出同等数量的有用产出或者服务，即生产过程中的期望产出与其能源投入的比值。

基于不同的标准可以将能源效率分为不同的类别。根据能源产出的类型，能源效率可分为能源经济效率和能源环境效率，前者是指能源投入和经济产出之间的比例关系，后者则考虑了能源使用过程中对环境带来的影响。根据评估对象的范围，Ang（2006）将能源效率分为热力学指标、物理学指标和货币指标，其中货币指标被广泛使用，它表示单位产出的能源消耗，即能源强度。根据投入要素的数量，能源效率可分为单要素能源效率和全要素能源效率，单要素能源效率通过能源的总产出和总投入的比值进行度量，投入要素仅考虑能源要素，而全要素能源效率则考虑劳动力和资本等其他投入要素对于产出的作用。Patterson 和Wadsworth（1993）、Hu 和 Wang（2006）证明了全要素能源效率比单要素能源效率更接近现实情况，因而研究全要素能源效率就具有相对的优势。

基于全要素能源效率的概念，在考虑污染物排放的影响下对能源经济效率和能源环境效率进行分析已经成为一种趋势。国内外学者将对环境产生影响的非期望的产出引入全要素能源效率的框架中，形成有环境约束的全要素能源效率指标。胡鞍钢等（2008）基于 1999~2005 年中国各省（区、市）数据，在测算生产率时将 CO_2、二氧化硫（SO_2）、废水和固体废弃物等污染排放物作为非期望产出，进而对省级技术效率进行了测算和排名。Watanabe 和 Tanaka（2007）将 SO_2 排放作为非期望产出，对 1994~2012 年中国各省（区、市）的工业技术效率进行评估，并探讨了环境规制、工业结构等变量对技术效率差异的影响。此外，近年来越来越多的学者在研究能源的经济效率与环境效率时，将考虑非期望产出的全要素能源效率与不考虑非期望产出的全要素能源效率进行对比分析。例如，汪克亮等（2010）以资本存量、从业人员总数和能源消费为投入指标，以各省（区、市）地区生产总值、CO_2 和 SO_2 排放量为好和坏的产出指标，测算 2000~2007 年中国省级全要素能源效率，并利用得到的能源效率和环境效率作为两个维度将全国各省（区、市）和地区的能源使用情况分成四种模式，即高经济效率-高环境效率、低经济效率-低环境效率、低经济效率-高环境效率和高经济效率-低环境效率；Özkara 等（2015）将 CO_2 排放量作为非期望产出计算土耳其 26 个地区制造业的环境效率，并将环境效率与能源效率进行对比，分析各地区的节能潜力。Yang 等（2015）将 SO_2 和 CO_2 排放量作为非期望产出，测算 2000~2010 年中国 30 个省（区、市）的能源环境效率，并分析东部、中部和西部地区的能源效率差异。Song 等（2016）在研究中国铁路部门能源环境效率时，在考虑 CO_2 排放量的同时，加入了硫化物作为非期望产出变量，从而测算了中国铁路部门能源环境效率。

在测算能源效率时，DEA 法是最常用的方法。DEA 法有多种模型，如径向DEA 模型和非径向 DEA 模型。例如，Liu 等（2016）使用非径向 DEA 模型对中国公路部门与铁路部门的能源环境效率进行了测算，测算结果显示，1998~2012年，中国各省（区、市）公路与铁路部门的平均能源环境效率分别为 0.930 7 与0.981 5。Guo 等（2017）使用动态 DEA 法对经济合作与发展组织（Organization for Economic Co-operation and Development，OECD）国家的能源效率进行了测算，研究结果显示，2000~2010 年，OECD 国家的平均能源效率为 0.78。在实际应用中非径向 DEA 模型比径向 DEA 模型更具优势。Zhou 等（2007）用非径向 DEA

模型测算 OECD 国家的能源环境效率，结果表明，在环境效率比较方面，非径向 DEA 模型优于径向 DEA 模型。非径向 DEA 模型测算的效率误差更小，因此在实际研究中的应用也更广泛。另外，为了弥补传统 DEA 模型的不足，学者建立了超效率 DEA 模型，并逐渐被广泛应用。传统的 DEA 模型和窗口分析只能将参加测评的决策单元简单地分为两大类，一类是相对效率等于 1 的有效决策单元，另一类是相对效率小于 1 的非有效决策单元。一般而言，非有效决策单元的效率取值在 0~1 的开区间内，基本可以充分排序，但对于那些有效决策单元，它们的效率取值均为 1，导致学者无法对有效决策单元进行进一步的比较和分析，为此，超效率模型逐渐被提出，可用于相对有效决策单元之间的对比分析。利用超效率 DEA 模型对决策单元进行评价时，会将该决策单元排除在决策单元集合之外。近年来，有学者为了结合非径向 DEA 模型和超效率模型的优势，开始使用非径向的超效率模型来测算能源效率。Li 和 Shi（2014）运用超效率松弛模型（super-slack-based model，Super-SBM）测算了考虑非期望产出的 2001~2010 年中国工业部门的能源效率，并利用 Tobit 回归模型分析了能源效率的影响因素；Li 等（2013）根据 1991~2010 年中国 29 个省（区、市）的面板数据，运用 Super-SBM 测算了各省（区、市）的环境效率，并利用 Tobit 回归结果为政府提供节能减排政策建议。

2. 重力模型的应用

随着重力模型的不断推广，越来越多的学者开始使用该模型来测算能源消费或污染排放重心随时间的变化趋势。重心这个概念最初源自物理学，表示一个物体或事物的分布平衡点，即质量中心或者物理中心。用于测量重心的模型被称为重力模型，一般用于描述事物的地理分布特征。1872 年，重心的概念被美国学者 Hilgard（1872）提出并用于研究美国的人口分布问题，它为研究美国的人口分布问题提供了一种简洁、准确的方法。后来的学者虽然并没有在该模型上进行改进，但"重心"的概念逐渐拓展到其他领域，在很多其他领域被广泛地用于研究不同事物的地理分配，如 Aboufadel 和 Austin（2006）将其用于研究人口统计学（Chen et al.，2007；Duan et al.，2008），Chen 和 Zhou（2011）将其用于研究土地利用，Q. Wang 等（2012）将其用于研究食物供给问题，还有很多研究者将其用于研究经济参数相关重心的移动（Grether and Mathys，2008；Hui et al.，2011）、生态系统服务（He et al.，2011）。随着能源和环境问题不断被重视，Fesharaki 等（1996）开始把重力模型用于研究能源和碳排放的空间分布特征，使用该模型对环境重心的转移路径进行定量描述。另外，Wang 和 Feng（2017）使用重力模型研究中国碳排放在不同省（区、市）的时空差异，以抓住碳排放随时间变化的重心移动趋势，但他们研究了中国三大部门的总体情况而没有对单个部门的情况进行具体分析，不能代表农业部门的碳排放重心变化特征。

3. 环境效率与农业碳排放研究状况

环境效率最早在 20 世纪 70 年代被提起（Shephard，1971），但在 1992 年全球治理与可持续经济发展论坛（Global Governance and Sustainable Economic Development Forum，GGSEDF）上才被正式提出（Song et al.，2013）。目前学术界对环境效率的定义还不统一，但总体可以分为两大类：第一大类是把环境效率表示为经济总量与环境载荷的比值；第二大类是基于生产活动所带来的环境影响来定义环境效率，这种环境效率又有两种（一是用经济产出与环境污染的比值表示，也就是污染物排放强度倒数；二是环境综合效率或环境全要素生产率）。有些学者使用污染物的强度作为环境效率指标，他们把环境效率定义为单位产出所产生的污染物排放量（Rodríguez et al.，2017），本书主要采用第二大类的定义。随着对环境问题的不断关注，越来越多的学者更多地关注环境效率的研究，如 Li 和 Lin（2015）用超效率 SBM-DEA 模型研究了 1995~2012 年中国交通行业的区域全要素能源效率，研究结果表明，在研究期间中国大部分省（区、市）的全要素能源效率表现得都不够完美，中国交通行业全要素能源效率较低，并且地区差异较明显，由东部地区向西部地区呈现出递减的趋势（Li and Lin，2015）。

现在的学者对于环境效率的测算一般采用方向距离函数和非参数方式（DEA 法）。例如，Halkos 和 Tzeremes（2013）使用有条件的方向距离函数模型测算了英国境内区域环境效率与经济增长之间的联系，检验了区域经济增长对区域环境效率水平的影响，研究结果表明，在达到一定的人均地区生产总值水平之前，人均地区生产总值与环境效率之间呈现负向相关关系，但是当人均地区生产总值达到一定水平之后，这两个变量之间的关系便呈现正向相关关系，区域环境效率与人均地区生产总值之间呈现 U 形的变化规律。Falavigna 等（2013）用定向产出距离函数，也就是 DEA 模型的拓展计算了意大利农业领域环境效率，进而去评判农业政策对环境的影响。Mandal 和 Madheswaran（2010）结合使用 DEA 模型和方向距离函数模型将期望产出和非期望产出融入其中，测算了 2000~2005 年印度水泥行业环境效率的变化情况，研究结果表明，水泥行业在提高环境效率方面有很大的潜力，并且环境效率在不同的市/州表现出巨大的差异，当面临环境规制时，在既定输入水平下有增加期望产出和减少非期望产出的潜力。使用方向距离函数模型进行测算时可能带来偏差，而 SBM 则是一个非径向的模型，能够考虑非期望产出，并且在测算之前不需要预估生产函数和输入输出的权重，能够有效避免径向和角度问题对环境效率测算结果产生的误差，能够更加真实地反映实际效率（Guo et al.，2016）。上面这些研究都没有关注到农业领域的环境效率而多关注于工业、交通领域或者整个国家。

随着全球温室效应的不断增强，越来越多的研究者开始从各个部门研究如何减少全球碳排放。之前的学者大多聚焦工业部门的碳排放，但随着近年来农业碳排放呈现大幅增长趋势，越来越多的学者开始聚焦如何推进农业碳减排工作。例如，Yan 和 Shen（2016）用拓展的 SBM 方向距离函数模型和元约束效率函数测算中国农业环境效率，研究结果表明，中国三大区域（东部、中部、西部区域）之间农业环境生产技术的差异导致不同区域之间的环境效率差异较大，东部区域>中部区域>西部区域，并且发现农业经济增长、贸易开放度、农业比重、农业技术水平等都会对农业环境效率产生较大影响，但是这些因素对农业环境效率的影响程度和影响方向是不同的。另外，张广胜和王珊珊（2014）研究了中国农业的碳排放效率、结构和决定机制。吴贤荣等（2014）对中国农业的碳排放进行了效率测算及影响因素研究。但以上学者的研究多注重于测算农业环境效率，而忽略了影响农业碳排放的因素分析和农业碳减排的成本分析，这些对于制定科学的碳减排政策十分重要。

4. 碳排放成本状况

确定农业碳排放在各区域的减排成本大小，对于政策制定者制定如何更合理地布局以减少全国农业部门总 CO_2 排放量的政策具有非常重要的意义。

2008 年哥本哈根气候变化大会之后，越来越多的研究者开始对碳减排成本和碳交易市场进行研究。碳的社会成本是排进大气中的每吨 CO_2 所造成的损害，碳税与碳排放交易被用来将 CO_2 社会成本内部化。从经济效率的视角看，只要碳排放减少的边际成本低于引起的社会成本，就应继续努力减少碳排放。如果使用税收，就应该定为社会成本。由于碳排放等非期望产出没有市场价格，传统新古典主义生产模型中没有包括污染等非期望产出，后来的学者发展出碳排放等非期望产出的影子价格计算模型。影子价格理论最开始源于 Shephard（1953，1971）的对偶概念、Farrell（1957）和 Debreu（1951）提出的效率分析，影子价格主要反映了期望产出和非期望产出之间的抵消（Lee et al.，2002），即边际治理成本（Cooper et al.，1999；Lee，2005）。CO_2 的影子价格是指在生产过程中减少期望产出来换取碳排放降低的机会成本。

20 世纪 80 年代后期，越来越多的研究用非参数方法处理非期望产出问题。一般来说，用 DEA 模型或距离函数模型，甚至把两者结合起来研究能源和环境问题较为普遍。Zhou 等（2008）对 1983~2006 年发表的 100 篇研究文献进行汇总，发现这个研究趋势并没有减弱。距离函数模型能够对价格不确定的多投入、多产出生产活动构建模型（Hailu and Veeman，2000；Lee et al.，2002；Lee，2005；Molinos-Senante et al.，2015；Xiao et al.，2017），但用这个模型进行测算时，需要预先确定一个生产函数作为边界估计距离函数，并且效率测量方向是固定的。

为了解决这个问题，Chung 等（1997）在原来的基础上发展出方向距离函数，包括了所有已知的距离函数（Chambers et al.，1996），是对 Shephard（1971）的距离函数的普遍化。Duan 等（2016）将这个模型用于评估中国发电厂的能源效率和碳排放绩效，S. Wang 等（2016）用非径向的方向距离函数测算中国碳排放的环境效率和碳减排成本。Aghayi 和 Maleki（2016）用方向距离函数测算了银行业在非确定性情况下非期望产出的决策单元的效率。方向距离函数虽然解决了之前距离函数所存在的一些问题，但仍然存在一些缺点，它没有包括输入输出松弛量，而这些松弛量是无效决策单元向有效决策单元转变的一个重要资源，并且方向距离函数可能会导致估计偏差（Cooper et al.，2007；Fukuyama and Weber，2010）。Cooper 等（2007）提出的拓展 SBM-DEA 模型是一个非径向非导向的模型，能够捕捉无效的全部方向，能够直接采用效率生产中的输入输出松弛量，尤其是该模型能够在减少非期望产出的同时增加期望产出。此外，DEA 模型构造了一个包括所有样本的非参数包络边界，所有的被观察点都包括在边界上或以内（Cooper et al.，2007），它不需要一个事先的函数形式（Hailu and Veeman，2000），在边界函数上的点被视为绩效最好的点，成为其他点效率改进的参考标准。

2.2.3　能源回弹效应研究状况

目前，学术界对能源回弹效应的研究涉及不同国家的不同部门，而在能源回弹效应的测算方面，能源回弹效应可分为直接能源回弹效应、间接能源回弹效应和经济范围内的能源回弹效应三个方面。

1. 直接能源回弹效应

学者针对不同部门的直接能源回弹效应展开了一系列研究。

居民家庭能源消耗的直接能源回弹效应引起了大量学者的关注，从研究对象上划分，国外文献主要集中在私人交通（Haughton and Sarkar，1996；West，2004；Frondel et al.，2008；Hymel et al.，2011）、家庭供暖（Hong et al.，2006；Oreszeczyn et al.，2006；Brännlund et al.，2007）、空间制冷（Dubin et al.，1986）等领域的能源回弹效应问题。由于使用不同的模型、采用的数据不同及具体的研究对象有差别，能源回弹效应的结果也有很大的差异。而且大部分研究结果表明，居民家庭能源消耗的直接能源回弹效应值都介于 0~100%，即属于部分回弹。Sorrell 等（2009）的研究表明，OECD 国家的家庭能源服务的直接能源回弹效应低于 30%。Zhang 和 Peng（2017）采用面板门槛模型对 2000~2013 年中国居民用电的能源回弹效应进行了测算，结果表明其平均直接能源回弹效应为 72%。Lin 和 Liu（2013b）

采用 AIDS 模型对中国居民能源消耗的能源回弹效应进行了测算，研究表明其直接能源回弹效应为 4.5%。由于研究样本期、研究对象及研究方法的不同，能源回弹效应的结果也有很大的差异。

　　能源回弹效应广泛存在于交通行业。例如，Odeck 和 Johansen（2016）在挪威交通行业能源回弹效应的研究中指出，燃油效率提升 1%，产生的长期和短期能源回弹效应分别为 6%和 26%；Stapleton 等（2016）对英国家庭乘用车的研究表明，其平均直接能源回弹效应为 19%；Matos 和 Silva（2011）对葡萄牙道路货运能源回弹效应的测算结果表明，货运能源回弹效应为 24.1%。Borger 和 Mulalic（2012）研究指出，丹麦货运行业的长期和短期能源回弹效应分别达到 16.8%和9.8%。中国因为地区经济发展程度和资源分布上的不均衡，交通运输能源回弹效应比发达国家更复杂。例如，王辉和周德群（2011）使用 AIDS 法来分析中国城镇交通能源回弹效应，计算结果表明，能源回弹效应在城镇交通中广泛存在，直接能源回弹效应为 55.73%。Zhang 等（2015）基于分位数回归的研究表明，中国东部、中部、西部地区的客运部门短期能源回弹效应分别为 57.63%、35.22%和20.81%，长期能源回弹效应分别为 80.22%、126.86%和46.06%。

　　2. 间接能源回弹效应

　　间接能源回弹效应是指能源产品和服务价格的降低使消费者的收入相对增加，导致消费者对其他能源产品或服务的需求增加。最早对间接能源回弹效应进行测算研究的是 Lenzen 和 Dey（2002），他们基于投入产出法分析了澳大利亚能源服务业的能源回弹效应，结果表明能源效率的提升不仅没有减少消费者的能源消耗，反而使能源消耗有所增加，即产生回火效应。

　　目前，关于间接能源回弹效应的研究主要集中在家庭部门，并且对家庭部门间接能源回弹效应的测算大多采用投入产出模型和再分配模型。例如，Thomas和 Azevedo（2013）采用 2002 年的环境扩展型投入产出模型及 2004 年消费者支出调查对美国的间接能源回弹效应进行评估，发现在 10% 的直接能源回弹效应下，不同的收入水平和能源效率使得一次能源和碳排放的间接能源回弹效应介于5%~15%，而天然气服务的能源效率的提高使得氮氧化物或 SO_2 排放的间接能源回弹效应高达 30%~40%。Chitnis 和 Sorrell（2015）结合家庭需求模型和多区域投入产出模型来评估英国居民温室气体排放的直接和间接能源回弹效应，得到居民天然气、电力和车辆燃油消费的直接能源回弹效应分别为 59%、41%和56%，而总能源回弹效应分别为 41%、48%和78%。Z. H. Wang 等（2016）用七部门环境型能源投入产出模型评估了北京居民电力使用的间接能源回弹效应，长期和短期的间接能源回弹效应分别为 56%和 37%。Freire-González（2017）展示了一种从能源投入产出系数中得到直接和间接能源回弹效应的新分析方法，并提出了三种风险和敏感性回弹指标，以反映家庭能源效率提升对总能耗的影响。Antal 等（2014）计算了不同国家、多种能源的碳排放和能源再分配回弹效应的平均大小，得到新兴国家的能源再分配回弹效应要大于 OECD 国家，而且汽油的能源再分配回弹效应大于天然气和电力。

3. 经济范围内的能源回弹效应

经济范围内的能源回弹效应是基于整个宏观经济层面探讨能源效率的影响，在此情况下，能源效率的提升会减少能源产品生产过程中的相关投入，从而降低企业的生产成本，提高利润，最终促使生产者扩大生产规模，导致能源需求和消费的增加。

CGE 模型因其坚实的理论基础通常被用于测算经济范围内的能源回弹效应。例如，Lecca 等（2014）采用 CGE 模型对英国家庭能源效率提升产生的总能源回弹效应进行评估，发现能源回弹效应的大小取决于家庭收入、总体经济活动及相对价格的变化。X. H. Li 等（2017）运用多部门 CGE 模型得到中国能源需求具有部分能源回弹效应，回弹效应系数在 83.3%~95.8%。Zhou 等（2018）运用两阶段分解法和静态可计算的 CGE 模型将经济范围内的能源回弹效应分解为 135 个生产部门层面的能源回弹效应及 5 种终端消费的能源回弹效应，得到天然气、煤、电力、汽油和液化气的能源回弹效应分别为 51.5%、22.0%、31.4%、31.7%和 32.1%，并且二次能源消耗的能源回弹效应大于一次能源。除此之外，投入产出法和生命周期评估也被应用于经济范围内的能源回弹效应的测算。

第3章 中国主要行业发展状况和能源消耗情况

本章主要介绍中国各个行业的发展状况及能源消耗情况，主要包括交通运输行业、农业和居民部门等，并且重点以交通运输行业为例，分析其碳排放的时空特征。

3.1 行业发展状况介绍

3.1.1 行业总体发展状况

中国是全球为数不多的几乎涵盖所有行业的国家。这些行业的类别划分有不同方式，《中华人民共和国国家标准》将国民经济行业划分为 20 大类，而《中国统计年鉴》将国民经济行业分类为农林牧渔业，工业，建筑业，批发和零售业，交通运输、仓储和邮政业，住宿和餐饮业，金融业，房地产业，其他共九个类别。为方便数据分析，本书采用《中国统计年鉴》的九个类别进行介绍。图 3.1 为 2000~2017 年中国各行业 GDP。

农业在国民经济体系中占据基础性地位，自改革开放以来，经过 40 多年的快速发展，中国农业综合生产能力和供给保障能力不断增强，各种农产品供应日益丰富，总体上解决了农产品总量不足的矛盾，实现了由"吃不饱"到"吃得饱"的转变（魏后凯，2017）。根据《中国统计年鉴》，2017 年中国农林牧渔业总产值为 109 311.7 亿元，相比 2000 年增长 340%，耕地灌溉面积达 6 781.56 万公顷，施肥量达 5 859.4 万吨，农产品产量 66 160.7 万吨。但我国农业仍存在一些问题。例如，农田基础设施建设、农民培训及要素市场化改革等滞后于适度规模经营发展

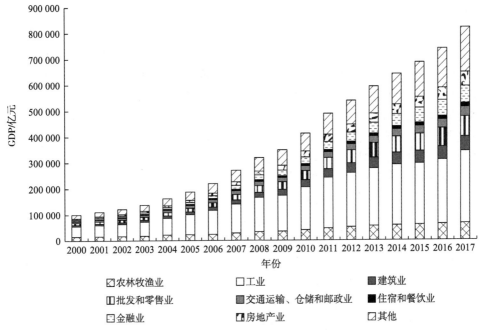

图 3.1　2000~2017 年中国各行业 GDP

进程，由小规模农户短期内数倍扩张土地规模而成的规模经营农户可能仍然遵循着从事小规模生产的理念与方式,这些都阻碍了生产能力及农作物质量的提高(张晓恒和周应恒, 2019)。此外, 中国人均耕地和人均淡水都大大低于世界平均水平,而且中国耕地不仅数量少, 质量状况也不优, 面临严峻的资源环境约束（薛亮,2016)。

工业在中国经济增长中一直占据主导性地位。1978~1985 年, 中国的主导产业是轻工业,此后逐步转向石化、钢铁、电子、汽车等重工业（夏杰长和倪红福,2016)。2017 年, 工业生产总值达到 279 996.9 亿元, 占 GDP 的 33.9%, 行业贡献率为 31.9%。虽然工业对国家经济增长贡献巨大, 但其也是中国碳排放最主要的行业, 工业每年的碳排放量占全国碳排放总量的 70%以上, 对资源环境造成不利影响。虽然中国工业发展达到相对成熟水平, 但仍面临经济增速下滑和结构优化的压力, 这对工业发展的质量提出更高要求（汪川, 2017)。

建筑业是中国经济发展的支柱产业。改革开放以来, 中国建筑业飞速发展,成就显著,市场容量持续扩张。2017 年建筑业总产值及新签订单总金额同比增速分别达到 10%和 20%, 建筑业 GDP 达到 55 689 亿元, 占比 6.7%。其中, 房屋建筑业和土木工程建筑业占比较大, 达到总体的 90%; 建筑安装业、建筑装饰和其他建筑业占比相对较少。目前, 建筑行业仍存在技术水平低、环境污染严重、施工效率低、产业链割裂等痛点，需要从设计理念、技术水平、商业模式及组织结构等方面转型。

批发和零售业与国民生活息息相关。2017 年社会消费品总额为 366 261.6 亿元，较 2016 年增长 10.2%。从社会消费品零售的品类成分上看，各品类的零售额在 2009 年之后基本表现为增速放缓趋势。其中，家具类产品持续保持增速高于总体增速水平；粮油、食品、日用品等必选品类表现次之，除 2009 年和 2014 年表现稍弱，其余时间均优于总体水平；金银珠宝类在 2008 年金融危机之后份额增长较快，至 2011 年增速超过其他各品类；烟酒、服装、化妆品、电器等可选品类在 2013 年之前优于总体水平，但 2013~2017 年其增速低于整体增速；汽车类自 2010 年起表现最弱，持续低于整体社会消费品增速。从规模上看，限额以上的单位占比相对较低，且自 2014 年到达峰值 45.96% 后逐年显示出下降趋势，2017 年占比仅为 41.19%，2018 年 11 月份额占比下滑至 35.49%，剩余的销售零售额贡献均来自规模以下的单位企业。从商业模式上看，传统零售业份额持续下滑，电商及新零售等新型业态发展迅速。

交通运输、仓储和邮政业在国民经济发展中发挥越来越重要的作用。近年来，中国不断加快和完善交通基础设施建设，提升运输服务能力。2017 年，中国铁路运输线路长度达 12.7 万千米，公路为 477.35 万千米（其中高速公路占比约 3%），内河航道里程为 12.7 万千米，定期航班航线里程 748.3 万千米，管道里程 11.93 万千米。交通运输业实现总客运量 1 848 620 万人，旅客周转量总计 32 812.8 亿人公里；总货运量 4 804 850 万吨，货运周转量总计 197 373 亿吨公里。但交通运输业还存在运输空驶率较高，港口接卸能力与疏运能力不配套，公路干线未成网络等问题，未来仍需进一步完善运输网络体系，为国民经济健康、持续发展奠定坚实基础。

住宿和餐饮业是国民经济的重要组成部分。随着经济的增长和人民生活水平的提高，住宿和餐饮业也得到快速发展。2017 年全国餐饮企业已达到 465.4 万个，门店数量超过 800 万个，营业额达 5 312.8 亿元，相较 2000 年增长 29%。此外，外卖、智能餐厅、团购等新型餐饮模式接连涌现，为餐饮业的发展注入新活力。

金融业是经济增长不可分割的一部分，金融业通过金融服务促进经济发展，并实现自身增长。近年来，金融业一直维持高增长态势，2017 年金融业生产总值达 65 748.9 亿元，占 GDP 比重约 8%，社会规模存量为 1 747 069 亿元，同比增长 12%。但这种高增长是传统宏观调控手段与中国经济新常态的特征不匹配、金融创新快速推进与监管改革相对滞后不协调等矛盾的集中体现（何德旭和王朝阳，2017）。为促进金融业健康稳定发展，发挥其对经济的促进作用，需要进一步深化金融体系改革，加强风险管控，确保金融机构稳定运行（张天顶和张宇，2018）。

房地产业是国民经济的支柱产业之一。20 世纪 90 年代以来，中国房地产业经历了逐渐起步、发展、过热、调控等阶段，尽管房地产业的发展带来了短暂的经济繁荣，但房地产的非理性繁荣也增加了金融风险（刘超等，2018）。自 2000 年以来，中国商品房和商品住宅平均销售价格年均涨幅高于 8%，住宅实际投资增长率达 14.8%，房地产贷款余额年均增长 15%，新增房地产贷款年均增长超过 24%（郭克莎和黄彦彦，2018）。但研究表明，房地产行业发展规模超过经济发展所在阶段，导致房价过高、"被城镇化"等一系列问题出现（朱庄瑞和藏波，2016）。

3.1.2 交通运输行业的组成与发展状况

中国交通运输行业在运输方式方面，可以分为铁路、公路、水路、管道和航空运输五种类型；在运输对象方面，可以分为货运和客运两种类型。不同的交通运输方式具有不同的发展情况和特点，本书主要探讨公路、铁路、航空和水路四种运输方式。图 3.2 和图 3.3 分别呈现了 2000~2017 年交通运输行业客运量和货运量的变化情况。

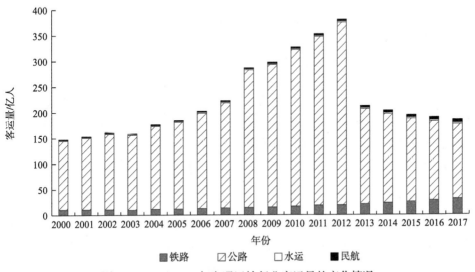

图 3.2 2000~2017 年交通运输行业客运量的变化情况

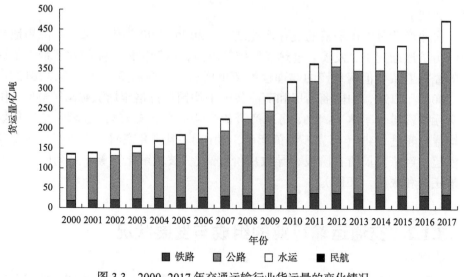

图 3.3　2000~2017 年交通运输行业货运量的变化情况

1. 公路运输发展状况

随着公路运输网络的不断完善，公路运输在中国交通运输系统中占据主导性地位，是连接铁路、水路和航空等不同交通运输方式的关键纽带。根据《中国统计年鉴》，截至 2017 年，中国的公路运输里程已达到 477.35 万千米，其中，全国等级公路里程为 433.86 万千米，占全国公路运输里程的 90.90%；高速公路的运输里程达到 13.64 万千米，占全国公路运输里程的 2.86%。公路运输基础设施的完善，以及其运输便捷、灵活的特点，使公路运输成为运输物品多样性最丰富、运输服务范围最广泛的运输方式，承担的货运量和客运量快速提升。2017 年，公路运输客运量达到 145.68 亿人，占交通运输总客运量的 78.80%；公路运输货运量达到 368.69 亿吨，占交通运输总货运量的 76.73%。此外，2013 年以来，由于铁路和航空运输的快速发展，公路运输的货运量趋于平稳，客运量有下降趋势。但不可否认，在未来一段时间内，公路运输将继续保持在中国交通运输行业中的主导地位。

2. 铁路运输发展状况

铁路运输是最高效的陆上运输方式之一。其具有运输能力较强、运输量较大、速度较快、运输过程安全和运输成本较低等优势，在中国的交通运输系统中承担了主要的运力作用，是中国国民经济发展的重要基石。与发达国家相比，中国的铁路运输建设起步较晚，运营里程与发达国家间存在一定的差距。但是近年来，中国的铁路运输建设步伐加快，极大地带动了中国国民经济的发展。

根据《中国统计年鉴》，2006 年，铁路运营里程为 7.71 万千米，客运量达 12.57

亿人, 货运量达 28.82 亿吨。截至 2017 年, 中国的铁路运营里程达到 12.70 万千米, 与 2006 年相比增加 64.72%。铁路运输客运量近年来也在持续上升, 2017 年达 30.84 亿人, 占交通运输总客运量的 16.68%, 与 2006 年相比增加 145.35%。此外, 铁路运输货运量在 2017 年达到 36.89 亿吨, 占交通运输总货运量的 7.68%, 与 2006 年相比增加 28.00%。由此可见, 中国的铁路运输近年来取得了快速发展。

特别地, 中国的高速铁路运输发展引起世界瞩目, 中国已经成为世界上高速铁路运营里程最长、在建规模最大的国家。中国的高速铁路运营里程由 2008 年的 672 千米, 上升到 2017 年的 25 164 千米, 上升 3 644.64%。高速铁路运输也承担了越来越多的客运量, 客运量由 2008 年的 734 万人上升到 2017 年的 175 216 万人, 占铁路客运的比重由 2008 年的 0.5% 上升到 2017 年的 56.8%。高速铁路运输承担了铁路运输一半以上的客运量, 也分担了部分公路运输客运量。随着中国 "八纵八横" 铁路建设规划的实现, 高速铁路运输将在国民经济中发挥更加重要的作用, 进一步带动国民经济的发展。

3. 航空运输发展状况

航空运输是一种比较先进而重要的运输方式, 它主要承担距离比较远的旅客运输, 适合远距离、量小、贵重或急需的货物运输。改革开放后, 中国加快了航空运输的基础设施建设, 航空运输的能力水平和运输量都有较大的提升。2006 年, 中国的民航航线里程为 211.35 万千米, 客运量 15 968 万人, 占总客运量的 0.80%; 货运量为 349.40 万吨, 占总货运量的 0.02%。截至 2017 年, 中国航班通航机场有 228 个, 航班航线里程达到 748.30 万千米, 较 2006 年增长 254.06%; 客运量 55 156 万人, 占总客运量的比重由 2006 年的 0.80% 上升到 2.98%; 货运量 706 万吨, 占交通运输货运总量的 0.01%。

由此可见, 航空运输在交通运输中承担的客运量逐渐增加。但是, 由于航空运输自身的特点和局限性, 中国航空运输在整个交通运输系统中承担的货运量和客运量仍比较小。

4. 水路运输发展状况

在各种交通运输方式中, 水路运输是兴起最早、历史最悠久的运输方式, 在许多国家, 目前水路运输仍占有最重要的地位。其具有运输能力强、运输量较大、运输成本较低的特点, 适合运输距离远、货物大、比较笨重且不急切需要的货物。

随着科技水平的提高, 中国的水路运输在近年来有较大发展, 建立了一批大型港口, 并疏通了大量航道。根据《中国统计年鉴》, 2017 年, 中国的内河航道里程达到 12.70 万千米, 其中, 等级航道里程为 6.62 万千米, 占全部航道里程的 52.1%; 沿海主要规模以上港口码头泊位数达 6 209 个, 内河主要规模以上港口码头泊位数达 12 120 个，水路运输基础设施建设不断完善，运输能力不断提升。水路运输的货运量由 2003 年 15.81 亿吨上升到 2017 年的 66.78 亿吨，增长 322.39%，占交通运输总货运量的 13.90%。

目前，中国已经建立了相对完善的水路运输系统，水路运输也已经延伸到世界各个国家和地区的港口。在未来，水路运输系统将持续完善和发展，水路运输也将会在国际经济发展中发挥越来越重要的作用。

3.1.3　农业发展状况

农业是国民经济中的一个重要产业，它是以土地资源为生产对象，通过培育动植物产品从而生产食品及工业原料的产业。中国是农业大国，拥有着悠久的农耕文明、广袤的耕地面积和庞大的农业人口。农业是国民经济的基础，是支撑国民经济建设与发展的最基本产业。

中华人民共和国成立初期，农业在国民经济中占有较高的比重，工业和服务业相对薄弱。1952 年，第一[①]、第二、第三产业增加值占 GDP 的比重分别为 50.5%、20.8% 和 28.7%。随着社会的发展和时代的进步，三大产业的比例结构发生了一定的变化。根据《中国统计年鉴》，2018 年第一、第二、第三产业占 GDP 的比重分别为 7.2%、40.7% 和 52.2%[②]，对经济增长的贡献率分别为 4.2%、36.1% 和 59.7%。可以发现，农业在中国国民经济中的比重呈下降的趋势，但是在未来很长一段时间内，农业依然是中国国民经济发展的基础产业。

中国实施了一系列农业改革政策，强农惠农富农政策体系持续完善，中国农业基础更加巩固，农业现代化水平逐渐提高。国家统计局的数据显示，中国农业总产值 2018 年已达到 61 452 亿元，农业总播种面积大约为 16 590.2 万公顷，其中粮食作物播种面积达 11 703.8 万公顷。粮食总产量由 1949 年的 11 318 万吨提高到 2018 年的 65 789 万吨，农业机械总动力由 1952 年的 18 万千瓦提高到 2018 年的 10 亿千瓦，全国耕地灌溉面积由 1952 年的 1 996 万公顷提高到 2018 年的 6 810 万公顷，全国联合收割机由 1996 年末的 11.34 万台提高到 2016 年末的 114 万台。中国主要农产品稻谷、小麦、玉米、棉花、油料、糖料、肉类、禽蛋、水果、蔬菜、水产和天然橡胶等保持稳定增长，市场供应充足，农产品质量安全水平不断提升，有力地保障了国家粮食安全。

---

① 第一产业主要包括农业、林业、牧业、渔业，2018 年中国农业在第一产业中所占比重为 54.1%，林业、牧业、渔业所占比重分别为 4.8%、25.3%、10.7%。

② 由于舍入修约，数据有偏差。

随着中国农业经济的快速发展，传统农业已基本实现向现代机械化农业的转变。一方面，中国的农业经济取得了巨大成就，粮食总产量突破历史新高，实现了用世界百分之五的土地养活世界百分之二十人口的目标。另一方面，中国的农业生产依然保持着"三高"（高耗能、高投入、高废物）的生产形式，农业生产对能源、化肥、农药等生产资料的需求较大。1978~2015 年，全国粮食产量增长了 1.04 倍，而化肥施用总量却增长了 5.81 倍，单位播种面积化肥施用量增长了 5.15 倍。此外，1990~2014 年，全国农药使用量增长了 1.47 倍，远高于同期粮食等主要农产品产量的增长幅度，2015 年中国农药使用量已达 178 万吨。农用塑料薄膜使用量也在不断攀升，2015 年已达 260 万吨。根据农业部（现农业农村部）的数据，2016 年中国农作物化肥施用强度为 328.5 千克/公顷，是世界平均水平的 2.7 倍。此外，这些化学制品的生产使用，农业灌溉和农业机械使用的能源产生的碳排放，使得农业生产活动产生的碳排放量呈直线上升趋势。这是中国现代农业发展面临的突出问题。

3.1.4　居民部门发展状况

中国的居民包括城镇居民和农村居民，随着中国经济的快速发展，中国的城镇化水平和居民的生活水平都在不断提高。城镇化水平方面，截至 2017 年全国城镇化率已达 58.52%，相比 2000 年上涨了 22 个百分点，部分发达省（区、市）或城市的城市化水平已达到发达国家的水平。居民生活水平方面，2017 年全国居民人均可支配收入已达到 25 973 元，2013~2017 年平均每年增长 9 个百分点。同时，中国居民的人均消费支出也呈现不断上涨的趋势，但人均可支配收入上涨的比例略高于人均支出上涨的比例。

目前，中国存在着较为严峻的城乡发展不平衡情况，城镇与农村的经济发展速度、基础设施建设、人均可支配收入和人均支出的增长比例、消费支出类型仍存在较大的区别。因此，本小节分别从城镇居民部门和农村居民部门来介绍中国居民部门发展的状况。

1. 城镇居民部门状况

截至 2017 年，中国城镇化率已经超过 55%，表明中国已经有超过一半的人口居住在城市地区，意味着中国由传统的乡村社会逐步转型成为以工业和服务业为主的现代化城市社会。中国统计局的数据显示，城镇居民家庭人均可支配收入由 1978 年的 343.4 元，逐步上升到 2017 年的 36 396.2 元，中国城镇居民可支配收入呈现快速增长的变化。此外，城镇居民的消费水平也在不断提高，2000 年中国城镇居民人均消费支出还未到 5 000 元，而到 2017 年，中国城镇居民人均消费支出已经达到 24 445 元。图 3.4 是 2013~2017 年中国城镇居民人均消费支出情况，可以发现，城镇居民各类消费支出整体上均处于上升的状态，其中食品烟酒、居住和交通通信是中国居民的三大主要支出。

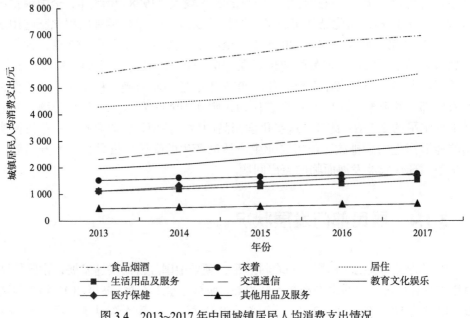

图 3.4　2013~2017 年中国城镇居民人均消费支出情况

2. 农村居民部门状况

农村发展问题向来是中国面临的重要问题，随着"三农"（农村、农业、农民）政策、乡村振兴战略等一系列措施的实施，中国农村经济逐步走向高速发展的道路，农村居民的生活水平不断提高。截至 2017 年，中国农村居民人均可支配收入为 13 432.4 元，而 2000 年中国农村居民家庭人均纯收入仅为 2 253.4 元。同时，中国农村居民的人均支出水平也不断上升，从 1998 年的 1 590.3 元上涨到 2017 年的 10 955 元。图 3.5 是 2017 年中国农村居民各类消费支出占比情况，中国农村居民的主要生活消费类型是食品烟酒，占比高达 28.6%，居住占比紧随其后，占农村居民总生活支出的 22.8%，交通通信和教育文化娱乐共占比 25.2%。从整体来看，农村居民的消费支出结构较为合理。

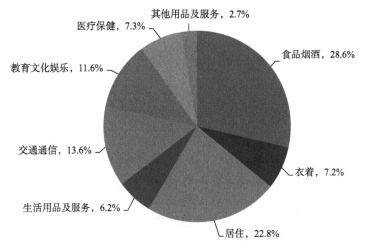

图 3.5　2017 年中国农村居民各类消费支出占比情况

3. 城乡居民部门发展情况对比

受经济发展水平、教育水平、交通便利性及国家政策等各方面的影响，城镇居民与农村居民发展情况存在一定的差异。首先，如图 3.6 所示，城乡居民在人均可支配收入方面存在显著差异。自改革开放以来，中国城乡居民的生活水平都得到提高，然而，城镇居民人均可支配收入的增长速度高于农村居民人均可支配收入的增长速度，并且二者之间的差距不断加大，这意味着中国城乡存在不平衡发展问题。其次，在消费支出方面，中国城镇居民的人均总支出也高于农村居民的人均总支出，并且城镇居民人均总支出的增长幅度也大于农村居民人均总支出的增长幅度。虽然中国农村居民的整体消费支出水平低于城镇居民，但是农村居民的消费结构不断趋于合理化，与城镇居民的消费结构基本对称。

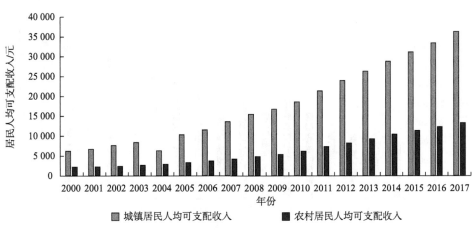

图 3.6　2000~2017 年中国城乡居民人均可支配收入

3.2　中国能源消耗情况概括

3.2.1　中国总体能源消耗情况

能源是人类生存发展、社会经济进步不可缺少的物质基础，与国家安全、人民生活息息相关。随着经济的持续发展，2009 年后中国一次能源消耗量超过美国，成为全球最大的能源消耗国，并且能源消耗仍在逐年增加。根据《中国统计年鉴》，按发电耗煤计算法计算，2000~2017 年中国总体能源消耗总量如图 3.7 所示。由图 3.7 可知，2000~2017 年中国能源消耗总体呈上升趋势，能源消耗总量不断增加，由 2000 年的 146 964 万吨标准煤上升到 2017 年的 448 529 万吨标准煤，增长 205%。经济的发展与能源消耗联系紧密，随着经济快速发展，能源消耗还将不断增加。卢全莹等（2015）运用基于径向基函数神经网络分位数回归（radial basis function-quasi-recurrent neural network，RBF-QRNN）对中国天然气消费进行分析和预测，结果预测 2020 年中国天然气消费量将近 2 618.53 亿立方米。曹孜和陈洪波（2015）的研究表明，城市化对于能源消耗有正向促进作用，随着城市化的不断推进，中国未来仍面临着较大的能源消耗压力。林卫斌等（2016）研究表明，在注重绿色增长、加大环境规制力度的前提下，到 2030 年中国能源消耗总量有望控制在 51 亿吨标准煤左右。肖进等（2017）利用混合预测模型预测中国在 2020 年的能源消耗总量和石油消耗量分别达到 532 078 万吨标准煤和 102 890 万吨标准煤。

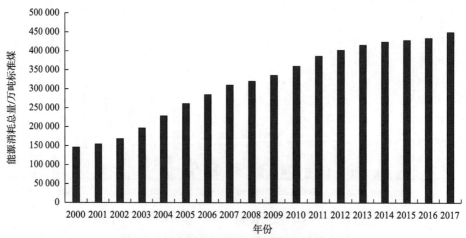

图 3.7　2000~2017 年中国能源消耗总量

相关研究表明,大部分空气污染物与能源的消耗有直接关系,碳排放与煤炭、石油的消耗呈直接正相关关系,大量能源消耗使得中国能源供需关系紧张,环境污染问题严峻。中国政府在与美国政府联合发表的《气候变化联合声明》中承诺,中国将在 2030 年左右碳排放达到峰值,并计划到 2030 年非化石能源占一次能源消费比重提高到 20%左右。目前来看,经济的快速增长仍然在推动能源消耗的增长,为实现减排承诺,降低总体能耗,未来需要进一步调整产业结构,大力发展清洁能源,提高能源利用效率。

能源按类型可分为煤炭、石油、天然气、一次电力及其他能源四类。根据《中国统计年鉴》,2000~2017 年中国能源消耗结构如图 3.8 所示。由图 3.8 可知,2000~2017 年中国总体能源消耗主要为煤炭,占到 70%左右,石油次之,占比在20%左右,而天然气、一次电力及其他能源占比较小。煤炭和石油是碳排放的主要来源,对环境及气候的影响较大。近年来,随着环保意识的提高及各地区节能减排工作的开展,中国能源消耗结构发生了一定的改变。首先,煤炭在总体能源消耗中的占比下降,自 2012 年起,煤炭占比下降到 70%以下,且基本呈现逐年递减的趋势,相较于 2000 年占比下降 8.4%。其次,天然气、一次电力及其他能源的比重逐年上升,天然气占比由 2.2%增长至 7.0%,一次电力及其他能源由 7.3%上升至 13.8%,但两类能源在总体能源消耗中的份额仍然较少。此外,石油占比仍有上升,而中国对外石油依存度较高,石油消耗的增长将对中国的能源安全及环境气候产生不利影响。总体上看,中国能源消耗仍是以煤炭和石油为主的高污染能源,清洁能源及可再生能源的利用率仍较低,未来仍需加快能源消耗结构调整,开发使用节能减排技术,转向清洁、绿色能源的使用消费,实现向资源节约型、环境友好型社会发展。

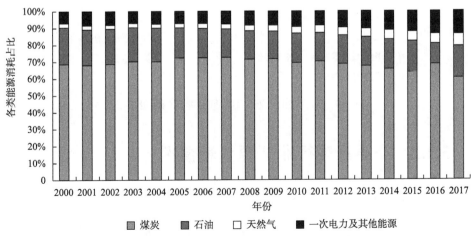

图 3.8　2000~2017 年中国能源消耗结构

　　图 3.9 展示了 2002~2017 年中国各行业能源消耗量情况。由图 3.9 可知，所有行业能源消耗均呈上升趋势。其中，工业部门是中国能源消耗的主要行业，在总体能源消耗中占比 60%以上，2017 年工业能源消耗量达 294 488.04 万吨标准煤，占总体能源消耗量的 66.6%，相较于 2002 年增长 188.2%。同时，工业生产也是碳排放的主要来源，2017 年中国工业部门的碳排放量占全国碳排放总量的 70%以上。工业部门能源消耗量和碳排放量的降低对实现节能减排至关重要，这要求工业部门必须由传统"要素驱动型"向"创新驱动型"转型升级，形成绿色发展。第二大能源消耗部门是生活消费，2017 年其能源消耗达到 57 620.31 万吨标准煤，能源消耗量占比 12.85%，相较于 2002 年增长 238.3%。交通运输、仓储和邮政业的能源消耗量位居第三，2013~2017 年其能源消耗占全国总体能源消耗的比重在 9%左右，且比重不断增加。下文将进一步分析交通运输行业、农业及居民消费部门的能源消耗情况。

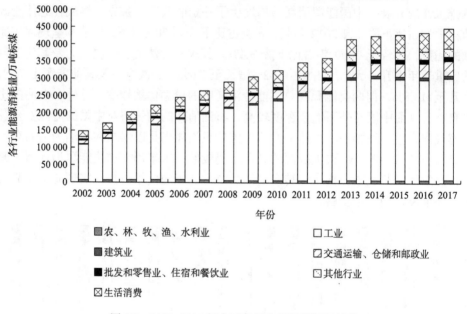

图 3.9　2002~2017 年中国各行业能源消耗量情况

3.2.2　交通运输行业能源消耗情况

1. 交通运输行业的能源消耗类型

交通运输系统各种运输方式因其主要运输工具的不同，消耗的能源类型也不同。具体来说，公路运输主要以道路汽车运输工具为主，包括营运车辆、家庭乘用车和民用车等，大部分车辆主要消耗柴油和汽油两种能源。根据动力供应的不同，铁路运输的工具可以分为电力机车、内燃机车和蒸汽机车三种类型。铁路运输三种类型机车消耗的能源也不同，电力机车消耗的能源为电力，内燃机车以柴油为主要能源，而蒸汽机车主要消耗煤炭。需要说明的是，目前蒸汽机车基本上已被淘汰，本书暂不考虑该种能源消耗。航空运输以飞机为运输工具，分为旅客机和飞行机，主要消耗航空煤油。水路运输的主要交通工具为船舶，根据航行河流和距离的差异主要分为远洋船舶、沿海船舶和内河船舶三类，这三类船舶都以柴油消耗为主。交通运输系统能源消耗类型如图 3.10 所示。

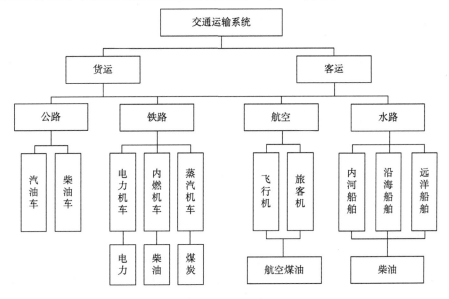

图 3.10　交通运输系统能源消耗类型

2. 交通运输行业能源消耗总量变化

随着中国交通运输行业基础设施的完善及交通服务工具的丰富，其能源消耗呈逐年上升趋势。《中国统计年鉴》行业细分的能源消耗中，交通运输、仓储和邮政业是一个整体，因为仓储和邮政业所占能源消耗极少，所以本书把交通运输、仓储和邮政业整体的能源消耗近似为交通运输行业能源消耗进行分析。

根据《中国统计年鉴》，2002~2017 年中国交通运输行业能源消耗总量如图 3.11 所示。由图 3.11 可知，2002~2017 年中国交通运输行业能源消耗总量呈增长趋势，由 2002 年的 11 086.49 万吨标准煤上升到 2017 年的 42 190.8 万吨标准煤，增长 280.6%，占中国总能源消耗的比重也由 2000 年的 7.4%上升到 2017 年的 9.5%。因此，中国交通运输行业的能源环境问题应该引起更多的关注。

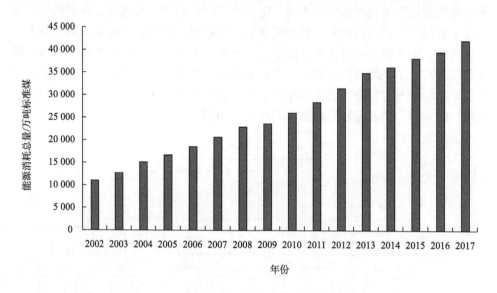

图 3.11　2002~2017 年中国交通运输行业能源消耗总量

3. 中国交通运输行业能源消耗结构

2000~2017 年中国交通运输行业各种类型能源消耗占比如图 3.12。由图 3.12 可知，2000~2017 年，中国交通运输行业的能源消耗以油耗为主，主要为汽油和柴油，柴油占比 50%左右，汽油占比 25%以上，其他燃料的消耗相对较少。随着中国经济的不断发展和环境保护意识的提高，交通运输能源消耗结构也发生了一定的变化。首先，煤炭、原油和燃料油的比重逐年下降，特别是煤炭的消耗量和占比减少较快，由 2000 年的 1 139.94 万吨减少到 2017 年的 353 万吨，占比由 2000 年的 17.16%下降到 2015 年的 0.78%，以煤炭为主的能源消耗结构逐渐发生变化。其次，柴油和汽油成为交通运输行业最主要的能源。2017 年，交通运输行业柴油消耗量达 11 253.69 万吨，占交通运输行业总能源消耗的 50.84%；汽油消耗量为 5 698.53 万吨，占交通运输行业总能源消耗的 26%，两者占比高达 76%以上，因此，石油产品在交通运输行业能源消耗中占据着主导地位。

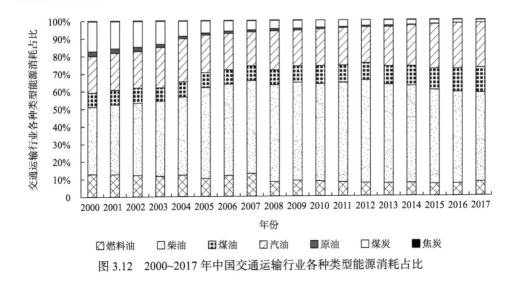

图 3.12　2000~2017 年中国交通运输行业各种类型能源消耗占比

3.2.3　农业能源消耗情况

1. 农业的能源消耗类型

农业生产中，不同的农业活动会消耗不同类型的能源。中国农业能源消耗类型主要包括煤炭、焦炭、原油、汽油、煤油、柴油、燃料油、天然气和电力，其中主要以煤炭、汽油、柴油和电力四种能源消耗为主，其消耗量远高于其他几种能源。本小节主要以这四种能源消耗进行分析。

由于农业生产过程中能源消耗占整个经济体的能源消耗比重较低，农业的能源消耗和排放问题并未引起相关部门和学者的重视。但是，随着全球对碳排放和环境问题的关注，以及中国生态农业、低碳农业的发展热潮，中国积极响应国际社会碳减排的号召，采取各种措施降低污染排放，越来越多的学者开始关注农业部门的能源消耗和排放问题。根据《中国统计年鉴》，2000 年中国农业能源消耗量为 6 045 万吨标准煤，2016 年达到 8 544 万吨标准煤，增长了 41%。

2000~2016 年中国农业能源消耗总量如图 3.13 所示。整体来看，2000~2016 年，中国农业能源消耗基本保持在 6 000 万吨标准煤以上，且呈波动变化趋势。可将 2000~2016 年农业能源消耗情况分为两阶段。第一阶段是 2000~2007 年，该期间能源消耗基本呈现出逐步上升趋势，2004 年农业能源消耗有较大的增加，并在 2006 年达到最高值 8 395 万吨，相比 2000 年，农业能源消耗增长了 38.9%。第二阶段是 2008~2016 年，其中 2008 年中国农业能源消耗出现较大的下降，由 2007 年的 8 244 万吨骤降到 2008 年的 6 013 万吨，能源消耗情况接近 1997 年的水平。

这可能是 2008 年中国发生地震和冰雪灾害等自然灾害，对农业造成了较大的影响，从而降低了农业的能源消耗。随后，农业能源消耗呈现较为平缓的增长，在 2013 年经历了较大幅度的增长后，能源消耗又趋于平缓。由近 20 年的中国农业能源消耗情况可以看出，虽然总体能源消耗呈波动的特点，但总体呈上升趋势。

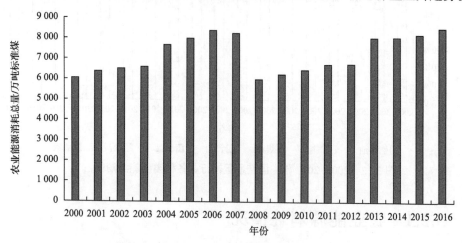

图 3.13　2000~2016 年中国农业能源消耗总量

2. 农业能源消耗结构

中国统计局数据显示，中国农业能源消耗主要为煤炭、汽油、柴油和电力，其他能源消耗对总体能源消耗结构的影响较小，因此，本书主要分析农业的这四种能源消耗结构变化。

图 3.14 为 1997~2016 年中国农业主要能源消耗情况。由图 3.14 可知，煤炭和柴油占据了农业部门 50%以上的能源消耗，是中国农业使用最多的能源类型。1997 年，农业的煤炭消耗量为 1 926 万吨，约占农业能源总消耗的 32.6%；汽油消耗量为 176 万吨，约占农业总体能源消耗的 3.0%；柴油消耗量为 1 075 万吨，约占农业总体能源消耗的 18.2%；电力消耗量为 639 亿千瓦小时，约占农业总体能源消耗的 10.8%。

截至 2016 年，中国农业的能源消耗总量为 8 544.06 万吨标准煤，其中煤炭消耗量为 2 778.12 万吨，汽油消耗量为 224.39 万吨，柴油消耗量为 1 495.86 万吨，电力消耗量为 1 091.91 亿千瓦小时。从整体上看，农业的这四种能源消耗占比未发生大的变化，农业能源消耗结构总体保持稳定。

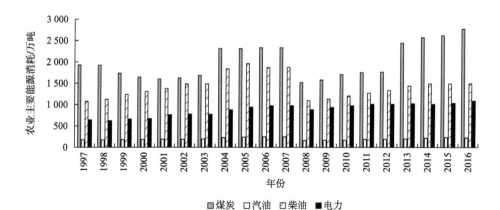

图 3.14　1997~2016 年中国农业主要能源消耗情况

3.2.4　居民能源消耗情况

1. 居民能源消耗类型

居民能源消耗可分为直接能源消耗与间接能源消耗两种。直接能源消耗是指人们直接去购买能源产品，然后直接使用这些能源产品以保证基本的生活。例如，生活中使用的天然气，或者用于照明、制冷的电力资源。间接能源消耗是指人们消费了一些非能源产品（食品、衣着等）或服务（教育文化娱乐、医疗保健等）来为自己的生活提供保障，在使用这些产品或服务过程中产生的间接能源消耗，如产品运输过程产生的运输能源消耗。居民能源消耗类型如图 3.15 所示。

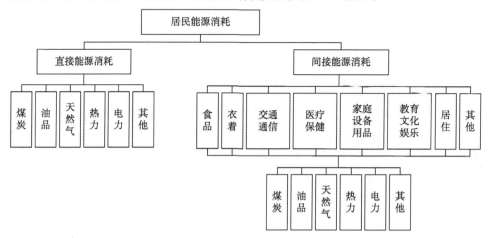

图 3.15　居民能源消耗类型

2. 居民能源消耗总量变化

中国统计局数据显示，2002~2016 年，全国居民直接能源消耗和间接能源消耗总体上均呈现上升态势（图 3.16）。其中，全国居民直接能源消耗总量由 2002 年的 13 959 万吨标准煤增加到 2016 年的 38 949 万吨标准煤（电热按当量计算），增加了近两倍。此外，全国居民间接能源消耗总量整体上呈波动上升的趋势，由 2002 年的 22 029 万吨标准煤增加至 2016 年的 37 398 万吨标准煤，2002~2012 年的变化波动较小，主要增长集中在 2012~2016 年。就城镇居民的能源消耗而言，城镇居民直接能源消耗低于间接能源消耗，然而农村居民直接能源消耗高于间接能源消耗。这表明中国城镇居民和农村居民的能源消耗方式具有不对称性，这主要是城乡居民的生活方式差异造成的。

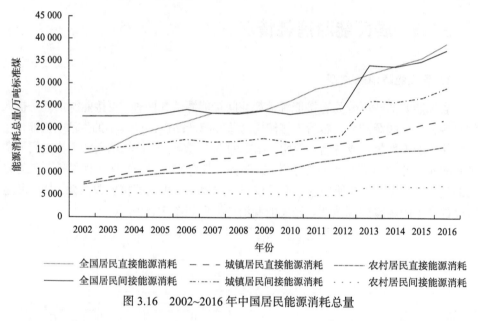

图 3.16　2002~2016 年中国居民能源消耗总量

更进一步可以发现，城镇居民直接能源消耗和间接能源消耗都高于农村居民，并且城镇居民与农村居民的能源消耗总量也呈现出差距逐渐拉开的态势，尤其是城镇居民间接能源消耗远高于农村居民间接能源消耗。2002 年城镇居民间接能源消耗是农村居民间接能源消耗的近 2.5 倍，到 2016 年这一差距已达 3 倍之多。城镇居民直接能源消耗略高于农村居民直接能源消耗，二者以相仿的速度同步增长。城乡间经济发展水平的差距及城镇化的普及是影响城乡居民能源消费差距的重要因素。

3. 居民能源消耗结构

1）居民直接能源消耗

随着社会经济发展，中国居民能源消耗结构也不断发生变化，2000~2016 年中国居民直接能源消耗结构如图 3.17 所示。由图 3.17 可知，2000 年中国居民直接能源消耗以煤炭消耗为主，占总能源消耗的 50%以上，油品和电力消耗各占 20%左右，其他能源的消耗相对较少。然而，随着中国节能减排政策的不断推出，中国居民直接能源消耗结构发生改变。煤炭消耗的比重迅速下降，到 2016 年仅占居民总能源消耗的 19%。电力和天然气等清洁能源消耗的比重不断增加，到 2016年中国居民部门已经基本形成了合理的多元能源消耗结构。

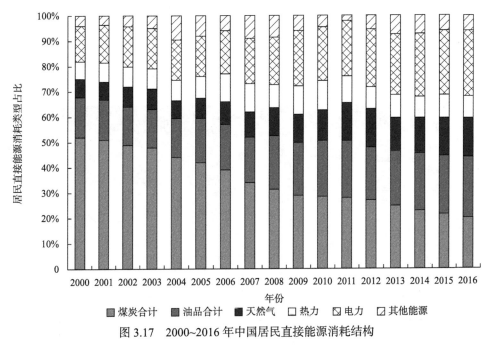

图 3.17　2000~2016 年中国居民直接能源消耗结构

图 3.18 和图 3.19 分别是 2002~2016 年中国城镇居民和农村居民直接能源消耗结构，中国城镇居民与农村居民直接能源消耗结构存在较大的差异。城镇居民能源消耗整体上较为多元，煤炭消耗由 2002 年的 30%下降到 2016 年的 10%左右，2010 年左右便形成了以石油为主、天然气和电力为辅的能源消耗结构。农村居民的直接能源消耗较为单一，尽管农村居民的煤炭消耗占比在呈下降趋势，但是农村居民的能源消耗仍以煤炭消耗为主，电力消耗是第二大能源消耗。整体上看，城乡居民的能源消耗结构都在不断走向多元化和清洁化。

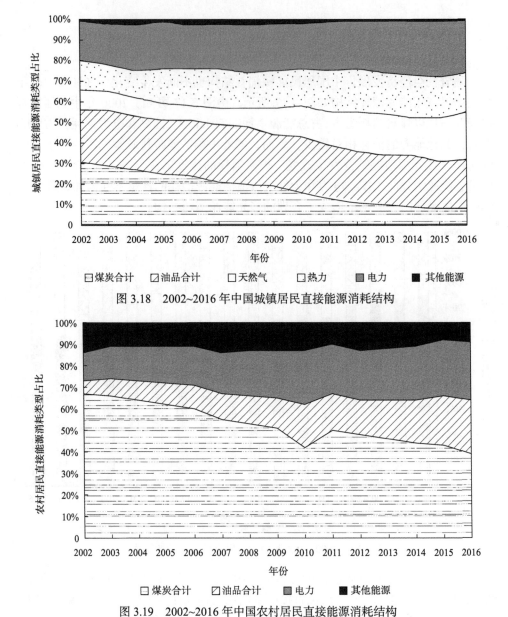

图 3.18　2002~2016 年中国城镇居民直接能源消耗结构

图 3.19　2002~2016 年中国农村居民直接能源消耗结构

2）居民间接能源消耗

图 3.20 是 2002~2016 年中国居民间接能源消耗结构，可以发现，居民间接能源消耗总体上以电力消耗为主，并且 2014~2016 年居民间接能源消耗中天然气消耗占比逐渐上升，基本与电力消耗占比相当。汽油消耗占比呈现小幅度下降的趋势。

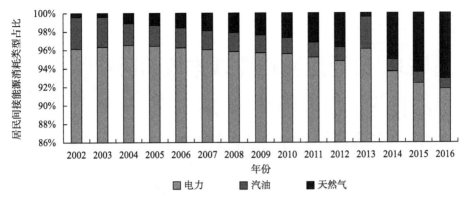

图 3.20　2002~2016 年中国居民间接能源消耗结构

　　图 3.21 和图 3.22 分别是 2002~2016 年城镇居民和农村居民间接能源消耗结构，城乡居民间接能源消耗结构基本一致，主要的能源消耗是电力消耗，天然气消耗次之。

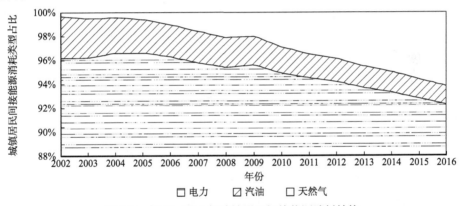

图 3.21　2002~2016 年城镇居民间接能源消耗结构

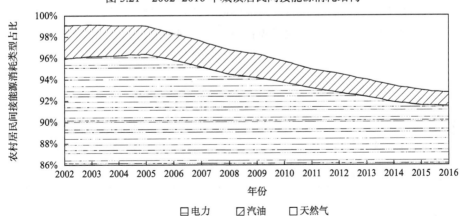

图 3.22　2002~2016 年农村居民间接能源消耗结构

3.3　交通运输行业碳排放的时空特征

3.3.1　交通运输行业碳排放测算

由于无法从官方统计数据中直接获取中国交通运输行业的碳排放量，本书需要根据能源消耗等相关数据对中国交通运输行业的碳排放量进行测算。

IPCC 清单法是国际上常用于计算交通运输业碳排放量的重要方法，在国内外得到广泛的认可。该方法是由 2006 年 IPCC 编制的《IPCC 国家温室气体清单指南》提供的。IPCC 清单法可以划分为"自上而下"和"自下而上"两大类方法。前者主要利用交通工具的燃料消耗的统计数据进行计算，即各类能源消耗量与其相对应的碳排放系数相乘得出。后者则根据不同交通方式的车辆类型、单位行驶能源消耗量、行驶里程数和地区拥有量等数据计算得出。

本书采用基于燃料消耗的"自上而下"的方法估算中国交通部门的碳排放量。由于航空运输业的碳排放量占交通运输行业的比重相对较低[①]，本书在计算中没有考虑航空运输业的碳排放量。具体计算方法如方程（3.1）所示。

$$CO_2 = \sum_i CO_2 = \sum_{ij}^3 E_{ij} \times N_{ij} \times CEF_{ij} \times COF_{ij} \times 44/12 \qquad (3.1)$$

其中，E_{ij} 表示第 i 个交通子部门的第 j 种能源的消耗量；N_{ij} 表示第 i 个交通子部门的第 j 种能源的平均低位发热量；CEF_{ij} 和 COF_{ij} 分别表示第 i 个交通子部门的第 j 种能源的单位热量含碳量和燃烧时的碳氧化率；44 和 12 分别为 CO_2 和碳的分子量。需要指出的是，不同燃料类型的碳排放系数来源于《2006 年 IPCC 国家温室气体清单指南》，且假设这些系数在研究期间不变，相关系数见表 3.1，相关数据说明见表 3.2。

表3.1　各种能源的碳排放系数

能源种类	平均低位发热量 /（千焦/千克）	单位热值含碳量 /（千克/吉焦）	碳排放系数 /（千克/千克）	碳氧化率 /（千克/千克）
煤油	43 070	19.6	3.10	100
柴油	42 652	20.2	3.16	100

---

① 国家统计局数据显示，2003~2016 年中国航空部门的碳排放占交通运输行业的比重为 4.57%。

能源种类	平均低位发热量 /（千焦/千克）	单位热值含碳量 /（千克/吉焦）	碳排放系数 /（千克/千克）	碳氧化率 /（千克/千克）
汽油	43 070	18.9	2.98	100
燃料油	41 816	21.1	3.24	100

表3.2　相关数据说明

变量	变量含义	单位	来源
i	交通运输行业 4 个部门（$i=1$ 为公路部门，$i=2$ 为铁路部门，$i=3$ 为水路部门，$i=4$ 为航空部门）	—	—
CO_2	3 个交通子部门（公路、铁路和水路）的碳排放总量	10^6 吨	计算
CO_{2i}	中国第 i 个交通子部门的碳排放量	10^6 吨	计算
C_i	第 i 个交通子部门的人均碳排放量（$i=1$ 为公路部门，$i=2$ 为铁路部门）	吨/人均	计算
K_j	第 j 种能源的燃料净热值	千焦/千克	《中国统计年鉴》
F_j	第 j 种能源的碳排放因子	千克碳/10^9 焦	IPCC（2007）

　　交通运输行业的人均碳排放量用各地区的碳排放总量除以相应的常住人口数表示。通过计算，得出 2003~2016 年中国各省（区、市）交通运输行业的碳排放量均值和人均碳排放量均值，如表 3.3 所示。

表3.3　2003~2016年中国各省（区、市）交通运输行业的碳排放量均值和人均碳排放量均值

省（区、市）	CO_2 均值	CO_{21} 均值	CO_{22} 均值	C 均值	C_1 均值	C_2 均值
北京	278.167	229.146	49.021	0.148	0.122	0.026
天津	2 473.430	320.482	36.769	2.017	0.241	0.029
河北	1 991.848	1 389.470	250.232	0.276	0.192	0.035
山西	1 439.500	1 323.952	115.525	0.407	0.375	0.033
内蒙古	2 333.275	2 204.767	128.508	0.942	0.890	0.052
辽宁	4 447.614	2 380.698	108.390	1.019	0.546	0.025
吉林	937.357	891.211	45.816	0.342	0.325	0.017
黑龙江	1 034.879	959.474	72.011	0.271	0.251	0.019
上海	5 834.311	329.680	5.687	2.573	0.146	0.003
江苏	3 588.130	1 953.202	48.838	0.456	0.249	0.006
浙江	3 669.196	1 677.095	39.891	0.680	0.313	0.008
安徽	6 248.015	5 314.719	84.567	1.030	0.877	0.014
福建	1 835.013	914.434	21.496	0.491	0.246	0.006
江西	2 375.124	2 246.198	72.063	0.529	0.500	0.016
山东	6 952.819	5 943.581	110.640	0.724	0.618	0.012

续表

省(区、市)	CO_2均值	CO_{21}均值	CO_{22}均值	C均值	C_1均值	C_2均值
河南	4 988.586	4 687.092	164.652	0.528	0.497	0.017
湖北	2 308.802	1 725.558	80.323	0.399	0.298	0.014
湖南	2 522.175	2 277.013	101.409	0.381	0.344	0.015
广东	5 360.329	2 978.637	49.736	0.514	0.289	0.005
广西	2 059.910	1 708.404	58.629	0.434	0.360	0.012
海南	440.208	149.049	1.234	0.501	0.172	0.001
重庆	1 237.962	808.559	15.432	0.422	0.277	0.005
四川	1 543.515	1 447.063	59.587	0.190	0.178	0.007
贵州	653.862	597.644	49.067	0.184	0.169	0.014
云南	1 040.697	1 009.865	27.786	0.226	0.219	0.006
西藏	75.407	74.218	1.189	0.249	0.245	0.004
陕西	1 626.440	1 530.360	95.799	0.433	0.408	0.026
甘肃	874.647	784.795	89.813	0.340	0.305	0.035
青海	253.557	240.078	13.473	0.447	0.423	0.024
宁夏	559.223	541.144	18.071	0.874	0.845	0.029
新疆	1 044.952	994.009	50.943	0.476	0.452	0.023

注：东部地区包括北京、天津、河北、辽宁、上海、江苏、浙江、福建、山东、广东、海南；中部地区包括山西、吉林、黑龙江、安徽、江西、河南、湖北、湖南；西部地区包括内蒙古、广西、重庆、四川、贵州、云南、西藏、陕西、甘肃、青海、宁夏、新疆

第一，2003~2016年，中国东部、中部、西部地区各省(区、市)交通运输行业平均碳排放量存在明显差异，东部地区交通运输行业平均碳排放量高于其他两个地区，西部地区交通运输行业平均碳排放量较低。这是因为交通运输行业碳排放量与经济发展程度存在很强的关联性，经济发展将促进交通运输行业碳排放。中国三个地区以经济发展程度作为划分标准，东部地区的经济和贸易较发达，而西部地区是三个地区中经济较落后的，因此，东部地区对交通运输服务需求更多，从而导致碳排放量较多，西部地区则相反。

第二，由2003~2016年中国各省(区、市)公路部门的平均碳排放量可知，中国东部地区公路部门的平均碳排放量高于其他两个地区，西部地区公路部门的平均碳排放量最低。此外，山东公路部门的平均碳排放量显著高于其他省(区、市)，主要是因为山东位于珠江三角洲港口群，进出口贸易发达，所以会促进其公路运输和碳排放。

第三，从2003~2016年中国各省(区、市)铁路部门的平均碳排放量可知，河北铁路部门的平均碳排放量最高，海南铁路部门的平均碳排放量最低。中国中

部地区铁路部门平均碳排放量高于其他两个地区，因为中部地区是中国铁路重要的枢纽地区。此外，内蒙古铁路部门人均碳排放量明显高于其他省（区、市），东部地区和西部地区铁路部门人均碳排放量相对较低。

3.3.2　交通运输行业空间集聚特征

在测算 2003~2016 年中国各省（区、市）交通运输行业的碳排放量和人均碳排放量的基础上，我们对其碳排放量的区位空间分布特征和集聚特征，以及在时间轴上的收敛趋势进行进一步分析。

基于局部莫兰指数，通过省域交通运输行业（公路或者铁路部门）碳排放量、人均碳排放量来考察各省（区、市）交通运输行业碳排放的空间集聚特征。根据莫兰散点图划分四个象限来表示该省（区、市）碳排放与邻近省（区、市）的局部空间关系，分别为高-高集聚、低-高集聚、低-低集聚和高-低集聚。

1. 交通运输行业碳排放空间集聚特征

中国 31 个省（区、市）交通运输行业整体平均碳排放量和平均人均碳排放量的集聚分布特征如图 3.23 和图 3.24 所示。

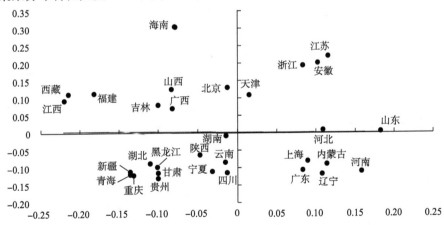

图 3.23　中国 31 个省（区、市）交通运输行业整体平均碳排放量的集聚分布特征

第一，中国东部地区、中部地区和西部地区交通运输行业的碳排放量存在明显差异，总体上东部地区、中部地区、西部地区的碳排放量依次降低。其中，东部地区位于高-高、高-低、低-高集聚区内省（区、市）的比例为 6∶2∶3，高-高集聚区的比例为 85.71%；中部地区省（区、市）在高-高、高-低、低-高、低-低集聚区的比例为 1∶1∶3∶3；而西部地区主要位于高-低、低-高和低-低三大集聚区内，

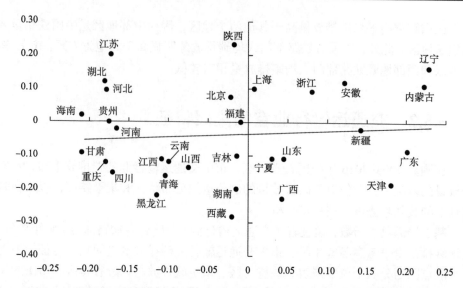

图 3.24　中国 31 个省（区、市）交通运输行业平均人均碳排放量的集聚分布特征

其比例为 1 : 2 : 9。该结论与袁长伟等（2016）、李玮和孙文（2016）等的观点一致，在一定程度上支持了中国交通运输行业的碳排放量呈"东高西低"的分布特征。

第二，交通运输行业的人均碳排放量也大致呈现出"东高西低"的分布特征，其中东部地区、西部地区在高-高、高-低、低-高、低-低四个集聚区的分布比例分别为 3 : 3 : 4 : 1 和 1 : 3 : 2 : 6；而中部地区高-高、低-高、低-低三个集聚区比例为 1 : 1 : 6。因此，中国省级交通运输行业碳排放存在空间集聚性和集群效应。

2. 公路部门碳排放空间集聚特征

图 3.25 和图 3.26 呈现了中国 31 个省（区、市）公路部门平均碳排放量和平均人均碳排放量的集聚分布特征。

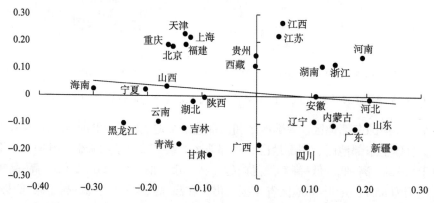

图 3.25　中国 31 个省（区、市）公路部门平均碳排放量的集聚分布特征

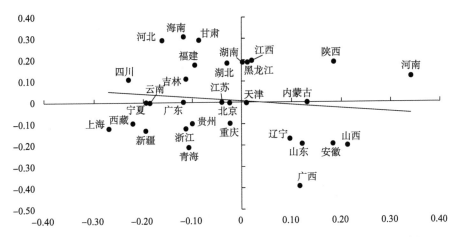

图 3.26　中国 31 个省（区、市）公路部门平均人均碳排放量的集聚分布特征

第一，中国公路部门的碳排放量在东部地区、中部地区和西部地区存在明显差异。碳排放量高的省（区、市）主要集中在中部地区、东部地区；其中东部地区位于高-高、高-低、低-高集聚区内省（区、市）的比例为 2∶4∶5；中部地区省（区、市）位于高-高、低-高、低-低集聚区的比例为 4∶1∶3；而西部地区主要位于高-低、低-高和低-低三大集聚区内，其数量分布为 4∶4∶4，这与中国省级交通运输行业碳排放量在中部地区、西部地区表现出显著的低-低空间集聚相关。

第二，中国公路部门人均碳排放量与碳排放量的分布特征具有显著差异。例如，当不考虑人口因素时，江苏、浙江公路部门的碳排放量属于高-高集聚区内，但考虑人口因素之后，这两个省表现出低-低空间自相关性，归因于中国东部地区的经济发达、人口稠密。其中，中部地区最高，其位于高-高、高-低、低-高三个集聚区的数量分布分别是 2∶2∶4；东部地区位于高-低、低-高、低-低三个集聚区比例为 3∶5∶3；显著的低-低集聚区主要分布于西部地区，西部地区低-低集聚区占比为 66.67%，位于高-高、高-低、低-高、低-低集聚区省（区、市）的分布比例为 1∶1∶1∶3。中国省级公路部门的人均碳排放表现出较强的空间相关性，不仅存在依赖性，也具有空间异质性。

3. 铁路部门碳排放空间集聚特征

中国 31 个省（区、市）铁路部门平均碳排放量和平均人均碳排放量的集聚分布特征如图 3.27 和图 3.28 所示。

第一，中国东部地区、中部地区和西部地区铁路部门的碳排放量存在明显差异。其中，山西、内蒙古、山东等 10 个省（区、市）位于高-高集聚区，占全部统计省（区、市）的 32.26%；北京、天津、吉林等 12 个省（区、市）位于低-高集聚区，占全部统计省（区、市）的 38.71%；贵州、江苏、浙江等 4 个省（区、

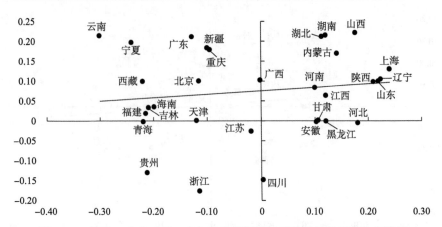

图 3.27　中国 31 个省（区、市）铁路部门平均碳排放量的集聚分布特征

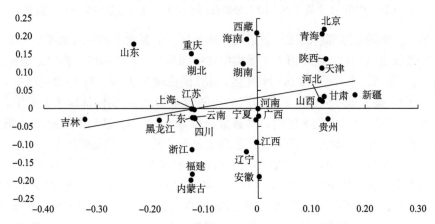

图 3.28　中国 31 个省（区、市）铁路部门平均人均碳排放量的集聚分布特征

市）位于低-低集聚区，占全部统计省（区、市）的 12.90%；其余 5 个省则位于高-低集聚区。因此，位于高-高、低-低集聚区，具有相似空间自相关性的省（区、市）占全部统计省（区、市）的 45.16%，而位于其余两个集聚区具有不同空间自相关性的省（区、市）占比为 54.84%。中国省级铁路部门的碳排放表现出较强的空间相关性，不仅存在依赖性，也具有空间异质性。

　　第二，铁路部门平均碳排放量与平均人均碳排放量的分布特征差异显著。例如，当不考虑人口因素时，北京铁路部门的平均碳排放量属于低-高集聚区内，但考虑人口因素之后，则表现出高-高空间自相关性。其中，位于低-低集聚区的铁路部门平均人均碳排放量较低且空间滞后值相对低的省（区、市）占全部统计单元的 38.71%，西部地区的人均碳排放量相对最高，其位于高-高、高-低、低-高、低-低四个集聚区的数量分布分别是 4：3：2：3；东部地区、西部地区铁路部门平均人均碳排放量明显高于中部地区。总之，在研究省级铁路部门人均碳排放量时需重视区域之间存在的空间相关性。

3.3.3　交通运输行业收敛性特征

本书在分析中国省级交通运输行业碳排放量，以及公路、铁路子部门碳排放量的基础上引入时间轴，进一步分析其碳排放量的绝对收敛和随机收敛性特征，并基于整体和局部的研究视角评估中国各省（区、市）交通运输行业总体和分部门碳排放量、人均碳排放量随时间的波动趋势。

1. 绝对收敛性

根据空间集聚特征可知，整体上，省级层面的交通运输行业总碳排放量和公路部门碳排放量均呈"东高西低"的分布特征，同时交通运输行业人均碳排放量及公路、铁路部门人均碳排放量的空间分布特征均与其碳排放量的分布特征存在较大差异。因此，本书首先分析全国整体及东部地区、中部地区、西部地区碳排放量和人均碳排放量的绝对收敛性，并依据标准差和变异系数判断全国及各地区 2003~2016 年的碳排放变化趋势。具体计算方程如下：

$$SD_t = \sqrt{\frac{1}{n}\sum_{m=1}^{n}(x_{mt} - \bar{x}_{mt})^2} \tag{3.2}$$

$$CV_t = \frac{SD_t}{\bar{x}_{mt}} \tag{3.3}$$

其中，SD_t 和 CV_t 分别表示在时间 t 的碳排放量或人均碳排放量的标准差和变异系数；x_{mt} 为第 m 个省（区、市）交通运输行业或公路、铁路部门在时间 t 的碳排放量或人均碳排放量；$\bar{x}_{mt}$ 表示某一地区（全国或者东部地区、中部地区、西部地区）在时间 t 的均值。

2003~2016 年交通运输行业碳排放量和人均碳排放量的绝对收敛性检验如图 3.29 所示。

第一，中国交通运输行业碳排放量的绝对收敛性呈现出阶段性特征，2007 年前呈显著的分散现象，而 2007 年后则表现出明显的收敛特性。2003~2007 年，碳排放量变异系数呈上升趋势，总体上在均值附近波动，并于 2007 年升至最高点。这意味着中国交通运输行业的碳排放分布差异逐渐增大，中国交通运输行业碳排放存在分布差异且不会随时间的推移而自动消失的特征。2007~2016 年，碳排放量变异系数总体呈缓慢下降态势，存在趋同现象。中国交通运输行业碳排放的收敛结果既显示了收敛性，又显示了分散性。此外，中国东部地区碳排放量变异系数呈现的态势与全国碳排放量收敛情况相似，在 2007 年前呈现了明显的分散

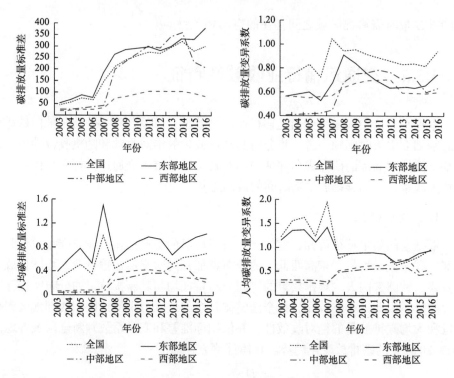

图 3.29　2003~2016 年交通运输行业碳排放量和人均碳排放量的绝对收敛性检验

现象，而 2007 年后则呈收敛现象。中国中部地区和西部地区碳排放量变异系数的变化态势相似，呈先上升后下降态势，但与中部地区相比，西部地区碳排放量变异系数的上下波动相对平缓。

第二，中国交通运输行业人均碳排放量在 2007 年前表现出明显的分散现象，在 2007~2013 年呈现出显著的收敛现象，而在 2013~2016 年呈现出分散现象。2003~2007 年，全国人均碳排放量变异系数总体呈上升态势，呈较大的上下波动特征，在 2007 年达到最高点；在 2007~2013 年，全国人均碳排放量变异系数总体呈下降趋势；在 2013~2016 年，全国人均碳排放量变异系数又呈现缓慢上升的趋势。中国东部地区人均碳排放量变异系数的变化态势与全国人均碳排放量收敛状态相似。中国中部地区和西部地区的人均碳排放量变异系数呈相似的变化态势，即在 2003~2007 年呈现缓慢下降和趋同现象，而 2007 年后人均碳排放量变异系数基本呈上升趋势，上下波动较小。总之，中国交通运输行业人均碳排放量的收敛结果既具有收敛性特征，又表现出一定的分散性。

2003~2016 年中国公路部门碳排放量和人均碳排放量的绝对收敛性检验如图 3.30 所示。

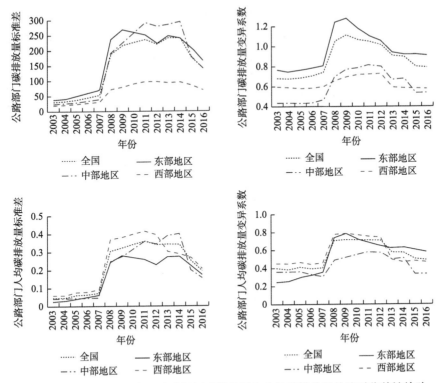

图 3.30　2003~2016 年中国公路部门碳排放量和人均碳排放量的绝对收敛性检验

第一，中国公路部门碳排放量的收敛性呈现明显的阶段性特征，2009 年前表现出分散性，2009 年后则开始表现出显著的收敛性。2003~2009 年，全国公路部门碳排放量变异系数呈上升态势，总体呈现较大的上下波动特征，在 2009 年升至最高点。这说明中国公路部门的碳排放量分布差异逐渐增大，表明中国公路部门的碳排放量具有明显的区域分布差异且这种差异不会随时间的推移而自动消失。2009~2016 年，全国公路部门碳排放量变异系数总体呈现缓慢下降趋势，存在较为显著的趋同特征。中国公路部门碳排放量的收敛结果既显示了收敛性，又呈现一定的分散性。中国东部地区和中部地区公路部门碳排放量变异系数呈现的态势与全国公路部门碳排放量收敛情况相似，在 2009 年前呈现了明显的分散现象，而 2009 年后呈现了显著的收敛现象，且中部地区公路部门碳排放量变异系数相对偏小。中国西部地区公路部门碳排放量变异系数在 2003~2011 年呈现上升态势，碳排放量的上下波动并不明显，而在 2011~2016 年，碳排放量变异系数呈现下降态势。

第二，中国公路部门人均碳排放量在 2011 年前表现出明显的分散现象，在 2011~2016 年则表现出显著的收敛现象。2003~2011 年，全国公路部门人均碳排放量变异系数基本呈现上升态势，上下波动较小；而在 2011~2016 年，全国公路部门人均碳排放量变异系数总体呈现下降趋势。中国中部地区和西部地区公路部门人均碳排放量变异系数呈现的收敛态势与全国公路部门人均碳排放量收敛状态相似。中国东部地区公路部门人均碳排放量变异系数在 2003~2009 年呈现缓慢上升的趋势，在 2009~2016 年呈下降趋势，总体呈现较小的上下波动特征，存在趋同现象。综上所述，中国公路部门人均碳排放量收敛结果既具有收敛性，又表现出较为明显的分散性特征。

2003~2016 年中国铁路部门碳排放量和人均碳排放量的绝对收敛性检验如图 3.31 所示。

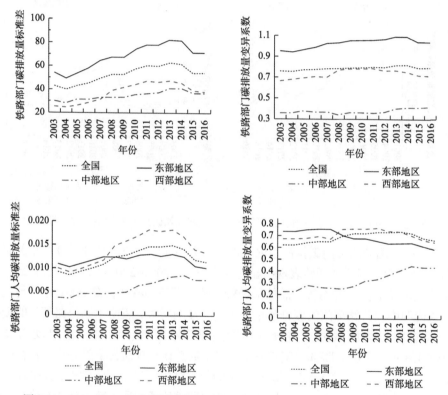

图 3.31　2003~2016 年中国铁路部门碳排放量和人均碳排放量的绝对收敛性检验

第一，中国铁路部门碳排放量收敛性具有阶段性，2013 年前呈现了分散现象，而 2013 年后呈现了收敛现象。2003~2013 年，全国铁路部门碳排放量变异系数呈上升态势，总体呈现较小的上下波动特征，这说明中国铁路部门的碳排放量分布差异逐渐增大，表明中国铁路部门的碳排放量存在区域分布差异且该差异并不随时间的推移而自动地消失。2013~2016 年，全国铁路部门碳排放量变异系数总体呈缓慢下降态势，存在趋同现象。中国铁路部门碳排放量的收敛结果既显示了收敛性，又显示了分散性。中国东部地区和中部地区铁路部门碳排放量变异系数呈现的态势与全国碳排放量收敛情况相似，在 2009 年前呈现分散现象，而 2009 年后呈现收敛现象，且中部地区铁路部门碳排放量变异系数相对偏小。中国西部地区铁路部门碳排放量变异系数在 2003~2011 年基本呈现上升态势，总体呈现较小的上下波动特征，而在 2011~2016 年，铁路部门碳排放量变异系数呈现下降态势。

第二，中国铁路部门人均碳排放量在 2012 年前呈现明显的分散现象，在 2012 年后呈现显著的收敛现象。2003~2013 年，全国铁路部门人均碳排放量变异系数总体呈上升态势，呈现较小的上下波动特征。2013~2016 年，全国铁路部门人均碳排放量变异系数总体呈下降趋势。中国西部地区铁路部门人均碳排放量变异系数呈现的态势与全国铁路部门人均碳排放量收敛状态相似。中国东部地区铁路部门人均碳排放量变异系数在 2003~2007 年呈现缓慢上升的趋势，在 2007~2016 年呈现下降趋势，总体呈现较小的上下波动特征，存在趋同现象。中国中部地区铁路部门人均碳排放量变异系数在 2003~2016 年总体呈现缓慢上升的趋势，呈现较小的上下波动特征。

2. 随机收敛性

本书运用随机效应面板模型考察 2003~2016 年中国各省（区、市）交通运输碳排放相关指标相对自身均值的冲击是否平稳。具体计算过程如方程（3.4）所示。

$$\Delta x_{mt} = \alpha_{mt} + \gamma_{mt} \ln x_{m,t-1} + \sum_{p=1}^{k_m} \theta_{ij} \Delta x_{i,t-1} + \varepsilon_{it} \qquad (3.4)$$

其中，Δx_{mt} 为相对碳排放量或相对人均碳排放量；$\sum_{p=1}^{k_m} \theta_{ij} \Delta x_{i,t-1}$ 为分布滞后项；ε_{it} 为随机误差项。本书采用 PP（Phillips and Perron）、ADF（Augmented Dickey-Fuller，扩增的 DF）和 DF-GLS（Dickey-Fuller-General Least Squares，DF-广义最小二乘法）三种不同方式进行检验。

首先，中国省级交通运输行业碳排放量的随机收敛性检验结果如表 3.4 所示。表 3.4 中，在 PP、ADF 和 DF-GLS 三种不同方式的检验下，各地区交通运输行业碳排放量的单位根检验情况不完全一致，总体上可将其分为显著收敛、发散和无法确定三大类别，而同一个地区的检验结果也会存在差异性。根据具体分析结果，共有 17 个省（区、市）[①]交通运输行业碳排放量表现出随机收敛特性，即随着时间的推移，这些地区交通运输行业碳排放量的变化呈平稳过程，将会自动趋向其本身的补偿差异均衡水平。其他省（区、市）交通运输行业碳排放量的随机收敛特征无法确定或者完全不存在。

---

① 天津、山西、吉林、上海、浙江、安徽、福建、江西、海南、四川、贵州、云南、西藏、陕西、甘肃、青海、新疆。

表3.4　中国省级交通运输行业碳排放量的随机收敛性检验结果

地区	PP 检验	ADF 检验	DF-GLS 检验	地区	PP 检验	ADF 检验	DF-GLS 检验
北京	−1.966	−1.831	−0.946*	湖北	−2.474	−2.539	−1.625**
天津	−5.263***	−6.595***	−1.581**	湖南	−1.263	−1.260	−0.950*
河北	−3.516***	−3.525***	−0.982	广东	−4.012***	−6.796***	−0.278
山西	−3.840***	−3.804***	−1.414**	广西	−2.167	−2.157	−0.332
内蒙古	−2.406	−2.386	−0.321	海南	−6.330***	−5.664***	−1.791**
辽宁	−2.198	−2.227	−1.397**	重庆	−1.905	−2.005	−0.310
吉林	−3.001**	−3.017**	−1.648**	四川	−2.922**	−2.911**	−1.595**
黑龙江	−2.504	−2.506	−1.421**	贵州	−2.597*	−2.657*	−1.310*
上海	−6.613***	−5.645***	−3.369**	云南	−3.051**	−3.104**	−1.296*
江苏	−2.510	−2.500	−0.884*	西藏	−3.586***	−3.583***	−1.330*
浙江	−2.864**	−2.832**	−1.497**	陕西	−2.848**	−2.860**	−1.718**
安徽	−2.913**	−2.929**	−1.523**	甘肃	−3.021**	−3.048**	−1.541**
福建	−4.350***	−4.179***	−1.689**	青海	−2.949**	−2.944**	−2.580**
江西	−3.320***	−3.325***	−1.624**	宁夏	−3.179**	−3.183**	−0.257
山东	−1.876	−1.912	−0.969*	新疆	−2.856**	−2.908**	−1.442**
河南	−2.334	−2.326	−0.104				

*、**、***分别表示在 10%、5%和 1%的水平下显著

　　由表 3.5 可知，在 PP、ADF 和 DF-GLS 三种不同方式的检验下，各地区交通运输行业人均碳排放量的单位根检验情况不完全一致，总体上可将其分为显著收敛、发散和无法确定三大类别。根据具体分析结果，共有 18 个省（区、市）①交通运输行业人均碳排放量表现出随机收敛特性，即随着时间的推移，这些地区交通运输行业人均碳排放量的变化呈平稳过程，将会自动趋向其本身的补偿差异均衡水平。其他省（区、市）交通运输行业人均碳排放量的随机收敛特征不明显。

表3.5　中国省级交通运输行业人均碳排放量的随机收敛性检验结果

地区	PP 检验	ADF 检验	DF-GLS 检验	地区	PP 检验	ADF 检验	DF-GLS 检验
北京	−2.527	−2.369	−0.337	湖北	−2.453	−2.516	−1.629**
天津	−4.317***	−5.595***	−1.533**	湖南	−1.185	−1.232	−1.077*
河北	−3.531***	−3.539***	−1.009*	广东	−4.509***	−6.649***	−0.996*
山西	−3.767***	−3.734***	−1.447**	广西	−2.251	−2.223	−0.289
内蒙古	−2.451	−2.395	−0.315	海南	−5.339***	−5.659***	−1.800**
辽宁	−2.262	−2.287	−1.401**	重庆	−1.870	−1.976	−0.443*

① 天津、河北、山西、吉林、广东、海南、四川、上海、浙江、安徽、福建、江西、云南、西藏、陕西、甘肃、青海、新疆。

续表

地区	PP 检验	ADF 检验	DF-GLS 检验	地区	PP 检验	ADF 检验	DF-GLS 检验
吉林	-3.018**	-3.034**	-1.644**	四川	-2.895**	-2.876**	-1.669**
黑龙江	-2.525	-2.526	-1.428**	贵州	-2.538	-2.584*	-1.279*
上海	-5.224***	-5.827***	-3.363**	云南	-3.054**	-3.107**	-1.297*
江苏	-2.537	-2.527	-0.893*	西藏	-3.599***	-3.595***	-1.326**
浙江	-2.953**	-2.922**	-4.244***	陕西	-2.841**	-2.852**	-1.719**
安徽	-2.908**	-2.920**	-1.596**	甘肃	-3.009**	-3.036**	-1.526**
福建	-4.338***	-4.170***	-1.663**	青海	-2.939**	-2.935**	-2.257**
江西	-3.325***	-3.330**	-1.632**	宁夏	-3.177**	-3.181**	-0.257
山东	-1.873	-1.910	-0.990	新疆	-2.838*	-2.893**	-1.426**
河南	-2.332	-2.323	-0.118				

*、**、***分别表示在 10%、5%和 1%的水平下显著

本书评估了中国省级公路部门碳排放量的随机收敛性,结果如表 3.6 所示。由表 3.6 可知,在 PP、ADF 和 DF-GLS 三种不同方式的检验下,各地区公路部门碳排放量的单位根检验情况不完全一致,总体上可将其分为显著收敛、发散和无法确定三大类别。根据具体的分析结果,共有 14 个省(区、市)①公路部门碳排放量表现出随机收敛特性,即随着时间的推移,这些地区公路部门碳排放量的变化呈平稳过程,将会自动趋向其本身的补偿差异均衡水平。其他省(区、市)公路部门碳排放量的随机收敛特征无法确定或者完全不存在。

表3.6　中国省级公路部门碳排放量的随机收敛性检验结果

地区	PP 检验	ADF 检验	DF-GLS 检验	地区	PP 检验	ADF 检验	DF-GLS 检验
北京	-2.392	-2.203	-1.705**	湖北	-2.715*	-2.762*	-1.517**
天津	-2.314	-2.331	-2.406**	湖南	-1.464	-1.499	-1.053*
河北	-2.879**	-2.872**	-0.211	广东	-1.519	-2.472	-1.173*
山西	-3.829***	-3.793***	-5.506***	广西	-2.494	-2.302	-0.176
内蒙古	-2.430	-2.413	-0.109	海南	-2.245	-2.667*	-1.086*
辽宁	-2.382	-2.410	-1.524**	重庆	-2.678	-2.909**	-1.827**
吉林	-3.023**	-3.038**	-1.632**	四川	-2.922**	-2.757*	-1.630**
黑龙江	-2.501	-2.542	-1.451**	贵州	-2.702*	-3.103**	-1.171*
上海	-3.697***	-3.697***	-3.632**	云南	-3.050**	-3.579***	-1.299*
江苏	-1.854	-1.825	-1.347**	西藏	-3.582***	-2.889**	-0.887*
浙江	-2.506	-2.471	-1.155*	陕西	-2.879**	-3.146**	-3.954***
安徽	-2.865**	-2.872**	-4.343***	甘肃	-3.123**	-2.997**	-1.590**

---

① 山西、吉林、安徽、江西、湖北、重庆、四川、贵州、云南、西藏、陕西、甘肃、青海、上海。

续表

地区	PP 检验	ADF 检验	DF-GLS 检验	地区	PP 检验	ADF 检验	DF-GLS 检验
福建	−1.991	−2.045	−0.123**	青海	−3.002**	−3.192**	−2.514**
江西	−3.437***	−3.438***	−1.614**	宁夏	−3.188**	−2.925**	−0.286
山东	−2.537	−2.537	−1.287*	新疆	−2.871**	−2.392	−1.452
河南	−2.339	−2.328	−0.064				

*、**、***分别表示在 10%、5%和 1%的水平下显著

由表 3.7 可知，在 PP、ADF 和 DF-GLS 三种不同方式的检验下，各地区公路部门人均碳排放量的单位根检验情况不完全一致，总体上可将其分为显著收敛、发散和无法确定三大类别。由具体的分析结果发现，共有 16 个省（区、市）[①]公路部门人均碳排放量表现出随机收敛特性，即随着时间的推移，这些地区公路部门人均碳排放量的变化呈平稳过程，将会自动趋向其本身的补偿差异均衡水平。其他省（区、市）公路部门人均碳排放量的随机收敛特征无法确定或者完全不存在。

表3.7　中国省级公路部门人均碳排放量的随机收敛性检验结果

地区	PP 检验	ADF 检验	DF-GLS 检验	地区	PP 检验	ADF 检验	DF-GLS 检验
北京	−2.923**	−2.855*	−1.032*	湖北	−2.698*	−2.744*	−1.914**
天津	−2.381	−2.769	−2.331**	湖南	−1.368	−1.399	−1.180*
河北	−2.878**	−2.405	−1.330**	广东	−1.632	−1.600	−1.199*
山西	−3.761***	−2.873**	−1.459**	广西	−2.540	−2.504	−0.451
内蒙古	−2.439	−3.728***	−0.312	海南	−2.258	−2.316	−1.900**
辽宁	−2.416	−2.422	−1.520**	重庆	−2.635*	−2.626*	−1.727**
吉林	−3.038**	−2.446	−1.627**	四川	−2.899**	−2.878**	−1.724**
黑龙江	−2.556*	−3.053**	−1.456**	贵州	−2.617*	−2.662*	−1.309*
上海	−3.895***	−2.561*	−1.418**	云南	−3.053**	−3.106**	−1.300*
江苏	−1.902	−3.887***	−1.348**	西藏	−3.595***	−3.591***	−1.326**
浙江	−2.550*	−1.870	−0.200	陕西	−2.872**	−2.882**	−1.680**
安徽	−2.856**	−2.524	−2.018**	甘肃	−3.112**	−3.135**	−1.575**
福建	−1.986	−2.039**	−1.521**	青海	−2.992**	−2.988**	−2.218**
江西	−3.442***	−3.443***	−1.623**	宁夏	−3.187**	−3.191**	−0.387*
山东	−2.533	−2.534	−1.317*	新疆	−2.855**	−2.911**	−1.438**
河南	−2.334	−2.323	−0.076				

*、**、***分别表示在 10%、5%和 1%的水平下显著

① 北京、山西、黑龙江、上海、江西、湖北、重庆、四川、贵州、云南、西藏、陕西、甘肃、青海、宁夏、新疆。

中国省级铁路部门碳排放量和人均碳排放量的随机收敛性检验结果如表 3.8
和表 3.9 所示。由表 3.8 可知，在 PP、ADF 和 DF-GLS 三种不同方式的检验下，
各地区铁路部门碳排放量的单位根检验情况不完全一致，总体上可将其分为显著
收敛、发散和无法确定三大类别。根据具体分析结果，共有 19 个省（区、市）[1]铁
路部门碳排放量表现出随机收敛特性，即随着时间的推移，这些地区铁路部门碳
排放量的变化呈平稳过程，将会自动趋向其本身的补偿差异均衡水平。其他省（区、
市）铁路部门碳排放量的随机收敛特征无法确定或者完全不存在。

表3.8　中国省级铁路部门碳排放量的随机收敛性检验结果

地区	PP 检验	ADF 检验	DF-GLS 检验	地区	PP 检验	ADF 检验	DF-GLS 检验
北京	−1.723	−1.704	−0.219	湖北	−3.551***	−3.492***	−0.632*
天津	−2.505	−2.339	−0.273	湖南	−2.918**	−2.892**	−1.016*
河北	−3.164**	−3.162**	−0.527*	广东	−4.536***	−4.027***	−0.632*
山西	−3.781***	−3.817***	−0.776*	广西	−2.717*	−2.641*	−0.244
内蒙古	−1.797	−1.706	−0.422*	海南	−4.359***	−4.262***	−1.361**
辽宁	−2.583*	−2.574*	−0.825*	重庆	−2.458	−2.486	−0.292
吉林	−2.547*	−2.544*	−0.991*	四川	−3.648***	−3.728***	−1.310*
黑龙江	−2.311	−2.225	−1.676*	贵州	−3.046**	−3.013**	−0.284
上海	−3.572***	−3.573***	−1.115*	云南	−4.643***	−4.600***	−1.141*
江苏	−2.803*	−2.772*	−1.141*	西藏	−4.833***	−4.729***	−1.115*
浙江	−4.451***	−4.107***	−1.319**	陕西	−3.314***	−3.314***	−1.676**
安徽	−3.294**	−3.352**	−0.480*	甘肃	−1.316*	−1.274	−0.991*
福建	−3.535***	−3.374***	−1.310*	青海	−3.088**	−3.088**	−0.125
江西	−2.985**	−2.975**	−0.892*	宁夏	−2.416	−2.317	−0.322
山东	−3.467***	−3.620***	−1.361**	新疆	−2.573*	−2.507	−0.776*
河南	−3.471***	−3.477***	−0.544*				

*、**、***分别表示在 10%、5%和 1%的水平下显著

表3.9　中国省级铁路部门人均碳排放量的随机收敛性检验结果

地区	PP 检验	ADF 检验	DF-GLS 检验	地区	PP 检验	ADF 检验	DF GLS 检验
北京	−2.053	−2.053	−0.319	湖北	−3.452***	−3.416***	−0.603*
天津	−2.504	−2.372	−0.681*	湖南	−3.304***	−3.256**	−0.921*
河北	−3.146**	−3.142**	−0.540*	广东	−3.836***	−3.670***	−1.374**
山西	−3.846***	−3.896***	−0.743*	广西	−3.140**	−3.105**	−1.361**
内蒙古	−1.804	−1.715	−0.279	海南	−4.355***	−4.257***	−3.765**
辽宁	−2.713*	−2.704*	−0.803*	重庆	−2.426	−2.455	0.036
吉林	−2.615*	−2.614*	−0.995*	四川	−3.186**	−3.191***	−1.019*

---

[1] 河北、山西、辽宁、上海、江苏、浙江、安徽、福建、江西、山东、河南、湖北、湖南、广东、海南、四川、云南、西藏、陕西。

地区	PP 检验	ADF 检验	DF-GLS 检验	地区	PP 检验	ADF 检验	DF-GLS 检验
黑龙江	-2.326	-2.239	-1.699**	贵州	-3.033**	-2.967**	-0.833*
上海	-3.055**	-3.010**	-0.928*	云南	-4.675***	-4.619***	-0.122
江苏	-2.776*	-2.743*	-1.139*	西藏	-3.750***	-3.741***	-0.637*
浙江	-4.386***	-3.993***	-1.760*	陕西	-3.272**	-3.272**	-0.949*
安徽	-3.468***	-3.543***	-0.565*	甘肃	-1.294	-1.260	-0.919*
福建	-3.540***	-3.375***	-1.273*	青海	-3.069**	-3.069**	-0.710*
江西	-3.050**	-3.047***	-0.881*	宁夏	-2.432	-2.338	-2.280**
山东	-3.474***	-3.640***	-1.412**	新疆	-2.537	-2.479	-1.035*
河南	-3.643***	-3.669***	-0.324				

*、**、***分别表示在 10%、5%和 1%的水平下显著

由表 3.9 可知，在 PP、ADF 和 DF-GLS 三种不同方式的检验下，各地区铁路部门人均碳排放量的单位根检验情况不完全一致，总体上可将其分为显著收敛、发散和无法确定三大类别。根据具体分析结果，共有 21 个省（区、市）[①]铁路部门人均碳排放量表现出随机收敛特性，即随着时间的推移，这些地区铁路部门人均碳排放量的变化呈平稳过程，将会自动趋向其本身的补偿差异均衡水平。其他省（区、市）铁路部门人均碳排放量的随机收敛特征无法确定或者完全不存在。

3.4 本章小结

本章对中国各个行业的发展状况及能源消耗情况进行了概括介绍。就行业发展状况而言，中国是全球为数不多的几乎涵盖所有行业的国家。其中，工业在中国经济增长中一直占据主导性地位，2017 年工业生产总值达到 279 996.9 亿元，占 GDP 的 33.9%，行业贡献率为 31.9%。交通运输行业近年来在国民经济发展中发挥越来越重要的作用，以公路、铁路、航空、水路和管道为主的交通运输网络正在不断完善，综合运输服务能力不断提高。农业作为中国国民经济的基础产业，经过改革开放 40 多年来的快速发展，农业综合生产能力和供给保障能力不断增强，各种农产品供应日益丰富，总体上解决了农产品总量不足的矛盾。然而，中国现代化农业发展也面临着"三高"（高耗能、高投入、高废物）问题。居民部门是民生发展的核心，随着中国经济的快速发展，中国的城镇化水平和居民的生活

---

① 河北、山西、辽宁、吉林、上海、江苏、浙江、安徽、福建、江西、山东、湖北、湖南、广东、广西、海南、四川、贵州、西藏、陕西、青海。

水平都在不断提高，截至 2017 年全国城镇化率已达 58.52%，全国居民人均可支配收入达到 25 973 元。整体上看，近年来中国各个行业都取得了快速发展。

　　在能源消耗方面，工业是中国能源消耗的第一大行业，2016 年工业能源消耗总量达 290 255 万吨标准煤，在总体能耗中占比超过 60%。工业也是碳排放的主要来源，2016 年工业碳排放量占全国碳排放总量的 70% 以上。居民生活消费是第二大能源消耗来源，2016 年其能源消耗达 54 208.66 万吨标准煤，能源消耗占比 12%，相较 2000 年增长 263.5%。交通运输行业是中国第三大能源消耗源头，能源消耗占比在 9% 左右，且在总体能源消耗中的比重不断增加。农业总体上在中国总能源消耗中占比较小，但是值得关注的是，在农业能源消耗结构中，煤炭等高碳含量能源占比较高，长期保持在 50% 左右。

　　在交通运输行业的碳排放时空特征方面，中国交通运输行业碳排放量呈"东高西低"的分布特征，并且碳排放量存在空间集聚性和集群效应。通过绝对收敛性分析，本书发现中国交通运输行业总碳排放量和人均碳排放量的收敛性均呈现阶段性特征，2007 年前呈现显著的分散特性，而 2007 年后则表现出明显的收敛特性。通过随机收敛性分析，本书发现 17 个省（区、市）交通运输行业的碳排放量表现出随机收敛特性，即随着时间的推移，这些地区交通运输行业碳排放量的变化呈平稳过程，将会自动趋向其本身的补偿差异均衡水平。此外，单独分析公路部门和铁路部门的空间特征及收敛性，也有相似的结论。

第4章 碳排放的影响因素

　　20 世纪后期以来，温室气体尤其是碳排放导致的全球气温上升，严重威胁了人类的生存（Song et al., 2014）。因此，控制与人类活动相关的碳排放，发展低碳经济成为世界各国应对气候变化的重要举措。为了履行节能减排义务，担负起控制全球气温上升的责任，中国政府 2015 年在第 21 届联合国气候变化大会上承诺，中国碳排放量 2030 年左右达到峰值并争取尽早达到峰值，到 2030 年单位 GDP 的碳排放量（即 CO_2 排放强度）比 2005 年下降 60%~65%。中国如何在保持经济平稳快速增长的同时实现 2030 年碳减排目标将成为中国可持续发展进程中的一个重要课题。2021 年 6 月 5 日，生态环境部宣传教育中心、中国人民大学应用经济学院和滴滴发展研究院联合发布的《数字出行助力碳中和》研究报告指出，2020 年交通行业碳排放量约占全国总碳排放量的 10%，其中道路交通在交通全行业碳排放量中占比约为 80%，且仍处于快速发展阶段。因此，如何有效地实现交通运输行业节能减排也成为中国政府工作的一个重点。

　　工业革命以来，工业经济快速增长成为世界经济持续增长的主要推动力。但是，工业属于高耗能、高排放部门，长期依靠工业经济推动经济增长必然消耗大量化石能源，从而导致碳排放总量持续增加（邵帅，2019）。碳排放不断累积产生一系列环境问题，如全球气候变暖、海平面上升和极端恶劣天气频繁爆发等。因此，碳减排已成为当前世界各国关注的重要议题。为了制定有效的节能减排策略，对碳排放影响因素的探索则变得十分必要。碳排放受到多种因素的共同影响，如经济发展水平（Xu et al., 2014）、技术水平（Wang S et al., 2017）、城镇化（He et al., 2017）、产业结构（Li et al., 2019）和对外开放程度（Zhang C et al., 2014；Wen and Shao, 2019）等。此外，经济因素对碳排放的影响（Zhou et al., 2016；Huang et al., 2019）也引起学术界的广泛关注。

　　为进一步探究各影响因素对碳排放的直接和间接作用机制（Chen and Lei, 2017），Li 等（2011）首次将路径分析法引入气候变化领域。路径分析法是一种将相关性分解为几种不同解释效应的方法，通过相关的表面现象来揭示原因变量与结果变量之间的因果关系，从而为统计决策提供一个可靠的依据。由于路径分析法能够更加深入地揭示自变量与因变量之间的关系，一些学者开始使用该方法进行碳排放影响因素的研究。例如，Sun 等（2013）采用路径分析法对北京碳排放的驱动因素进行分析，结果表明，各个影响因素对碳排放的总效应大小排序是经济发展>城镇化>人口规模>产业结构>技术水平，对碳排放的直接效应大小排序是经济发展>产业结构>城镇化>技术水平>人口规模。

　　事实上，经济现象是复杂易变的，各经济变量之间存在大量关系。此外，中国幅员辽阔，由于历史和市场发展的原因，各地区的能源消费、产业结构、经济发展和技术水平等均存在显著的差异，有必要考虑各地区之间的异质性和空间关联性。为此，本章基于空间计量模型深入评估交通运输行业碳排放的影响因素。

4.1　交通运输行业碳排放影响因素

4.1.1　环境库兹涅茨曲线

　　传统 EKC 为倒"U"形，在理论上为一条抛物线，因此，其一般形式为

$$Y_t = \alpha_0 + \alpha_1 X_t + \alpha_2 X_t^2 + \varepsilon_t \tag{4.1}$$

其中，Y_t 为环境污染类指标；X_t 为经济发展指标，一般指人均收入；α 表示参数；ε_t 为随机误差项。

　　随着相关研究的丰富，EKC 形状出现变化，根据其呈现的不同形状，EKC 可分为四种基本形式，即倒"U"形关系、"U"形关系、"N"形关系、同步型关系。具体而言，倒"U"形关系表示经济增长过程中，环境质量为"先恶化再改善"；"U"形关系表明环境污染下降到一定水平之后上升；"N"形关系表明环境质量与经济发展不断出现重新组合，根据经济发展阶段呈现不稳定状态；同步型关系则表明经济增长给环境带来持续性破坏，自然资源枯竭和环境破坏一直无法改善。

　　1. 交通运输行业人均碳排放量与人均收入关系

　　从交通运输行业人均碳排放量与人均收入拟合结果看（图 4.1），中国交通运输行业的人均碳排放量与人均收入之间符合二次函数曲线，即符合传统 EKC 的倒"U"形关系。图 4.1 所示为中国交通运输行业 EKC 曲线，当人均收入为 62 410

元时达到拐点[1]，该结果表明在经济发展初期阶段，人们侧重于经济指标提升，较为忽视交通运输行业带来的环境污染问题，交通运输行业的发展为粗放型方式，交通运输行业伴随着高能耗、高污染。随着收入达到一定水平，全社会的环保意识增强，提倡绿色发展模式，鼓励低碳运输结构，因此，交通运输行业的人均碳排放量随着收入增加而减少。截至 2016 年，仅北京、天津、江苏和上海 4 个地区的人均地区生产总值超过拐点值，浙江省和福建省的人均地区生产总值接近拐点值，其余地区的交通运输业碳排放量随着人均收入增加呈现上升趋势。因此，交通运输行业逐步实现低碳发展模式，有必要从提升能源使用效率和优化能源消耗结构着手，总之，节能减排应是中国交通运输行业健康发展的长远战略。

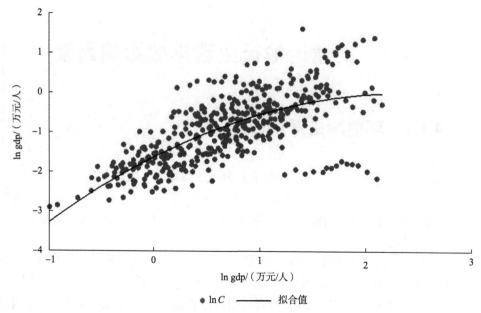

图 4.1　交通运输行业人均碳排放量与人均收入拟合结果

ln gdp 为人均 GDP 的对数值，ln C 为交通运输行业人均碳排放量的对数值

2. 公路部门人均碳排放量与人均收入关系

图 4.2 表明中国交通运输行业中公路部门人均碳排放量与人均收入之间符合二次函数曲线，即符合传统 EKC 的倒 "U" 形关系。当人均收入为 44 623 元时达到拐点，该结果表明在经济发展初期阶段，人们侧重于经济指标提升，较为忽视公路部门带来的环境污染问题，城市公共基础设施的完善和私人汽车数量的急剧增加在方

---

① 该价格以 2003 年价格为基准。

便生活服务的同时带来了高能耗、高碳排放问题。随着收入达到一定水平，全社会的环保意识增强，高效率运输体系的建设和新能源汽车的推广等使得公路部门的人均碳排放量随着收入增加呈现下降趋势。2016 年中国共有 10 个地区①的人均地区生产总值均超过拐点值，东部、中部和西部地区的数据比为 8：1：1，总体上，中国公路运输逐步实现低碳发展模式，能源使用效率提升和能源消耗结构正在不断优化。

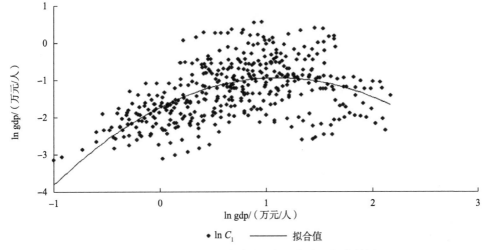

$\bullet$ $\ln C_1$　　——　拟合值

图 4.2　公路部门人均碳排放量与人均收入拟合结果

$\ln gdp$ 为人均 GDP 的对数值，$\ln C_1$ 为公路部门人均碳排放量的对数值

3. 铁路部门人均碳排放量与人均收入关系

图 4.3 表明中国交通运输行业中铁路部门人均碳排放量与人均收入之间符合传统 EKC 的倒 "U" 形关系。当人均收入为 22 509 元时达到拐点，该结果表明在经济发展初期阶段，人们侧重于经济指标提升，铁路运输的管理及组织水平偏低，导致铁路粗放型运输模式带来了一系列环境污染问题。随着收入达到一定水平，全社会的坏保意识增强，高效率运输体系的建设和高速铁路的快速发展等使得铁路部门的人均碳排放量随着收入增加呈现下降趋势。除贵州、西藏和甘肃 3 个省（区）的人均水平接近拐点值外，其余地区均超过拐点值，总体上，中国高效率铁路运输系统正在推动中国铁路运输向低碳发展模式转变，有助于中国实现运输业的节能减排。

---

① 北京、天津、山东、江苏、上海、浙江、福建、广东、湖北、陕西。

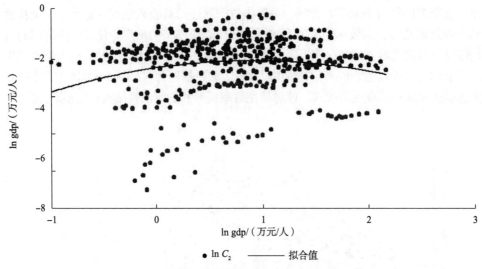

图 4.3　铁路部门人均碳排放量与人均收入拟合结果

ln gdp 为人均 GDP 的对数值，ln C_2 为铁路部门人均碳排放量的对数值

4.1.2　空间回归模型

　　经济增长是影响中国交通运输行业碳排放的重要因素，经济增长与碳排放之间关系的研究一般采用 EKC 模型，传统 EKC 模型如方程（4.2）所示。

$$\ln C_{mt} = \beta_0 + \beta_1 \ln \text{GDP}_{mt} + \beta_2 \ln \text{GDP}_{mt}^2 + \varepsilon_{mt} \qquad （4.2）$$

其中，C_{mt}、C_{1mt} 和 C_{2mt} 分别表示第 m 个省（区、市）在第 t 年的交通运输行业人均碳排放量、公路部门人均碳排放量和铁路部门人均碳排放量；GDP_{mt} 表示第 m 个省（区、市）在第 t 年的经济收入；β_0、β_1、β_2 为系数；ε_{mt} 为误差项。

　　能源强度体现燃料的利用效率，对交通运输行业（公路或者铁路部门）的人均碳排放量产生直接作用。交通运输行业的运行里程反映交通运输行业的整体运行状况，很大程度将促进交通运输行业的碳排放。城市化率（Urb）、能源强度（Enei）、能源消耗结构（Struc）、工业化水平（Indl）、公路（Hmil）或铁路里程（Rmil）及经济开放度（Fdr）是交通运输行业碳排放的重要影响因素。此外，随着城市化率提高和车辆数增多，公路部门的能源需求增大，人均碳排放量较大幅度增加，因此，将城市车辆数（Stock）引入公路部门人均碳排放量影响因素模型。交通运输行业、公路和铁路部门的人均碳排放量影响因素的模型分别如方程（4.3）、方程（4.4）和方程（4.5）所示。

$$\ln C_{mt} = \beta_{10} + \beta_{11} \ln \text{GDP}_{mt} + \beta_{12} \ln \text{GDP}_{mt}^2 + \beta_{13} \ln \text{Struc}_{mt} + \beta_{14} \ln \text{Urb}_{mt} \tag{4.3}$$
$$+ \beta_{15} \ln \text{Enei}_{mt} + \beta_{16} \ln \text{Indl}_{mt} + \beta_{17} \ln \text{Fdr}_{mt} + \varepsilon_{mt}$$

$$\ln C_{1mt} = \beta_{20} + \beta_{21} \ln \text{GDP}_{mt} + \beta_{22} \ln \text{GDP}_{mt}^2 + \beta_{23} \ln \text{Struc}_{mt} + \beta_{24} \ln \text{Urb}_{mt}$$
$$+ \beta_{25} \ln \text{Enei\_}h_{mt} + \beta_{26} \ln \text{Indl}_{mt} + \beta_{27} \ln \text{Fdr}_{mt} + \beta_{28} \ln \text{Hmil}_{mt} \tag{4.4}$$
$$+ \beta_{29} \ln \text{Stock}_{mt} + \varepsilon_{mt}$$

$$\ln C_{2mt} = \beta_{30} + \beta_{31} \ln \text{GDP}_{mt} + \beta_{32} \ln \text{GDP}_{mt}^2 + \beta_{33} \ln \text{Struc}_{mt} + \beta_{34} \ln \text{Urb}_{mt}$$
$$+ \beta_{35} \ln \text{Enei\_}r_{mt} + \beta_{36} \ln \text{Indl}_{mt} + \beta_{37} \ln \text{Fdr}_{mt} + \beta_{38} \ln \text{Rmil}_{mt} + \varepsilon_{mt} \tag{4.5}$$

然而，方程（4.3）、方程（4.4）和方程（4.5）忽视了空间依赖性，为解决潜在空间依赖性问题，应采用空间计量模型。首先，需要检验空间依赖性是否存在，根据 Hao 等（2016），本书采用全局莫兰指数检验中国 31 个省（区、市）交通运输行业人均碳排放量空间依赖性。莫兰指数表示的是变量间的相关系数，取值范围为-1~1，正值表示空间正相关，存在空间集聚现象；负值表示空间负相关，存在空间排斥现象。莫兰指数定义如下：

$$I = \frac{\sum_{q=1}^{n} \sum_{v=1}^{n} W_{qv}(X_{qv} - \bar{X}_t)(X_{vt} - \bar{X}_t)}{S^2 \sum_{q=1}^{n} \sum_{v=1}^{n} W_{qv}} \tag{4.6}$$

其中，n 为省（区、市）个数；$S^2 = \dfrac{1}{n} \sum_{q=1}^{n} (X_{qt} - \bar{X}_t)^2$；$\bar{X}_t = \dfrac{1}{n} \sum_{q=1}^{n} X_{qt}$；$X_{vt}$ 为省（区、市）v 第 t 年的人均碳排放量；W_{qv} 为空间权重矩阵，本书采用五阶最近邻距离的倒数作为权重矩阵元素，具体地，如果省（区、市）属于距离省（区、市）v 最近的五个省（区、市）之一，$W_{qv} = 1/d_{qv}$，d_{qv} 为两省（区、市）之间的距离，否则，$W_{qv} = 0$。

其次，在确定存在空间依赖性后，我们应当选择最为适当的空间模型，参考 Elhorst（2012）和 Hao 等（2016），常用的三种空间计量模型为空间滞后模型（spatial lag model，SLM）、空间误差模型和空间杜宾模型。空间滞后模型的具体形式如方程（4.7）、方程（4.8）和方程（4.9）所示。

$$\ln C_{qt} = \lambda \sum_{v=1}^{31} W_{qv} \ln C_{vt} + \beta_{10} + \beta_{11} \ln \text{GDP}_{qt} + \beta_{12} \ln \text{GDP}_{qt}^2 + \beta_{13} \ln \text{Struc}_{qt} \tag{4.7}$$
$$+ \beta_{14} \ln \text{Urb}_{qt} + \beta_{15} \ln \text{Enei}_{qt} + \beta_{16} \ln \text{Indl}_{qt} + \beta_{17} \ln \text{Fdr}_{qt} + \varepsilon_{qt}$$

$$\ln C_{1qt} = \lambda \sum_{v=1}^{31} W_{qv} \ln C_{1vt} + \beta_{20} + \beta_{21} \ln \text{GDP}_{qt} + \beta_{22} \ln \text{GDP}^2_{qt} + \beta_{23} \ln \text{Struc}_{qt}$$
$$+ \beta_{24} \ln \text{Urb}_{qt} + \beta_{25} \ln \text{Enei}\_h_{qt} + \beta_{26} \ln \text{Indl}_{qt} + \beta_{27} \ln \text{Fdr}_{qt} \quad （4.8）$$
$$+ \beta_{28} \ln \text{Hmil}_{qt} + \theta_{29} \ln \text{Stock}_{qt} + \varepsilon_{qt}$$

$$\ln C_{2qt} = \lambda \sum_{v=1}^{31} W_{qv} \ln C_{2vt} + \beta_{30} + \beta_{31} \ln \text{GDP}_{qt} + \beta_{32} \ln \text{GDP}^2_{qt} + \beta_{33} \ln \text{Struc}_{qt}$$
$$+ \beta_{34} \ln \text{Urb}_{qt} + \beta_{35} \ln \text{Enei}\_r_{qt} + \beta_{36} \ln \text{Indl}_{qt} + \beta_{37} \ln \text{Fdr}_{qt} \quad （4.9）$$
$$+ \beta_{38} \ln \text{Rmil}_{qt} + \varepsilon_{qt}$$

其中，λ 为因变量的空间回归系数，表示相邻省（区、市）交通运输行业或者公路、铁路部门人均碳排放量之间的空间影响。以方程（4.6）为例，中国交通运输行业人均碳排放量空间误差模型如方程（4.10）所示。

$$\ln C_{qt} = \beta_{10} + \beta_{11} \ln \text{GDP}_{qt} + \beta_{12} \ln \text{GDP}^2_{qt} + \beta_{13} \ln \text{Struc}_{qt} + \beta_{14} \ln \text{Urb}_{qt}$$
$$+ \beta_{15} \ln \text{Enei}_{qt} + \beta_{16} \ln \text{Indl}_{qt} + \beta_{17} \ln \text{Fdr}_{qt} + \varepsilon_{qt} \quad （4.10）$$

$$\varepsilon_{qt} = \rho \sum_{v=1}^{31} W_{qv} \varepsilon_{qt} + v$$

其中，ρ 为误差项的空间回归系数，表示相邻区域误差项之间的空间影响。上述两种空间模型可以整合为空间杜宾模型，具体形式如方程（4.11）~方程（4.13）所示。

$$\ln C_{qt} = \lambda \sum_{v=1}^{31} W_{qv} \ln C_{vt} + \beta_{10} + \beta_{11} \ln \text{GDP}_{qt} + \beta_{12} \ln \text{GDP}^2_{qt} + \beta_{13} \ln \text{Struc}_{qt}$$
$$+ \beta_{14} \ln \text{Urb}_{qt} + \beta_{15} \ln \text{Enei}_{qt} + \beta_{16} \ln \text{Indl}_{qt} + \beta_{17} \ln \text{Fdr}_{qt}$$
$$+ \theta_{11} \sum_{v=1}^{31} W_{qv} \ln \text{Struc}_{vt} + \theta_{12} \sum_{v=1}^{31} W_{qv} \ln \text{Urb}_{vt} + \theta_{13} \sum_{v=1}^{31} W_{qv} \ln \text{Enei}_{vt} \quad （4.11）$$
$$+ \theta_{14} \sum_{v=1}^{31} W_{qv} \ln \text{Indl}_{vt} + \theta_{15} \sum_{v=1}^{31} W_{qv} \ln \text{Fdr}_{vt} + \varepsilon_{qt}$$

$$\ln C_{1qt} = \lambda \sum_{v=1}^{31} W_{qv} \ln C_{1vt} + \beta_{20} + \beta_{21} \ln \text{GDP}_{qt} + \beta_{22} \ln \text{GDP}^2_{qt} + \beta_{23} \ln \text{Struc}_{qt}$$
$$+ \beta_{24} \ln \text{Urb}_{qt} + \beta_{25} \ln \text{Enei}\_h_{qt} + \beta_{26} \ln \text{Indl}_{qt} + \beta_{27} \ln \text{Fdr}_{qt}$$
$$+ \theta_{21} \sum_{v=1}^{31} W_{qv} \ln \text{Struc}_{vt} + \theta_{22} \sum_{v=1}^{31} W_{qv} \ln \text{Urb}_{vt} + \theta_{23} \sum_{v=1}^{31} W_{qv} \ln \text{Enei}\_h_{vt} \quad （4.12）$$
$$+ \theta_{24} \sum_{v=1}^{31} W_{qv} \ln \text{Indl}_{vt} + \theta_{25} \sum_{v=1}^{31} W_{qv} \ln \text{Fdr}_{vt} + \varepsilon_{qt}$$

$$\ln C_{2qt} = \lambda \sum_{v=1}^{31} W_{qv} \ln C_{2vt} + \beta_{30} + \beta_{31} \ln \text{GDP}_{qt} + \beta_{32} \ln \text{GDP}^2_{qt} + \beta_{33} \ln \text{Struc}_{qt}$$

$$+ \beta_{34} \ln \text{Urb}_{qt} + \beta_{35} \ln \text{Enei}\_r_{qt} + \beta_{36} \ln \text{Indl}_{qt} + \beta_{37} \ln \text{Fdr}_{qt} + \beta_{38} \ln \text{Rail}_{qt}$$

$$+ \theta_{31} \sum_{v=1}^{31} W_{qv} \ln \text{Struc}_{vt} + \theta_{32} \sum_{v=1}^{31} W_{qv} \ln \text{Urb}_{vt} + \theta_{33} \sum_{v=1}^{31} W_{qv} \ln \text{Enei}\_r_{vt} \quad (4.13)$$

$$+ \theta_{34} \sum_{v=1}^{31} W_{qv} \ln \text{Indl}_{vt} + \theta_{35} \sum_{v=1}^{31} W_{qv} \ln \text{Fdr}_{vt} + \theta_{36} \sum_{v=1}^{31} W_{qv} \ln \text{Rail}_{vt} + \varepsilon_{qt}$$

其中，θ、β 为参数变量；λ 为标量。在本质上，空间杜宾模型是在空间滞后模型基础上增加所有解释变量的滞后项。如果 $\theta = 0$，空间杜宾模型可以简化为空间滞后模型，如果 $\theta + \lambda\beta = 0$，空间杜宾模型可以简化为空间误差模型。

4.1.3　指标说明与数据来源

本书选用 2003~2016 年的省级面板数据对中国交通行业碳排放的主要影响因素及其影响程度进行研究。其中，除交通能源强度、公路运输能源强度、铁路运输能源强度三个变量通过计算得到外，其他变量均来自《中国统计年鉴》。为进行比较，GDP 和工业增加值以 2003 年的消费者价格指数为基期进行平减处理得到实际值。相关指标及数据来源情况如表 4.1 所示。

表4.1　相关指标及数据来源情况

变量符号	变量含义	单位	来源
Advi	工业部门的增加值，以 2003 年为基期	亿元	《中国统计年鉴》
GDP	年末实际人均 GDP，用年末实际 GDP 除以常住人口数量，以 2003 年为基期	万元/人	中华人民共和国统计局
Enei	交通能源强度，用交通运输行业的能源消耗量除以对应的换算周转量	—	计算
Enei_h	公路运输能源强度，用交通运输行业中公路部门的能源消耗量除以对应的换算周转量	—	计算
Enei_r	铁路运输能源强度，用交通运输行业中铁路部门的能源消耗量除以对应的换算周转量	—	计算
Indl	工业化水平，工业增加值占 GDP 的份额	%	《中国统计年鉴》
Struc	能源消耗结构，煤炭消费量占能源消费总量的比重	%	《中国统计年鉴》
Urb	城市化率，用城镇人口占地区年末常住人口的比值衡量	%	《中国统计年鉴》
Stock	城市车辆数，用分省公路部门的十类汽车数量表示	万辆	《中国统计年鉴》
Fdr	经济开放度，用外商直接投资占 GDP 的比重衡量	%	《中国统计年鉴》

4.1.4　回归结果分析

1. 交通运输行业碳排放影响因素结果分析

在验证中国 31 个省（区、市）交通运输行业人均碳排放量存在空间依赖性之后，我们需要选择合适的空间模型。非空间面板模型的估计结果如表 4.2 所示，拉格朗日乘数检验–误差（Lagrange multiplier-error，LM-error）检验和稳健的 LM-error 检验结果表明，在 1% 显著水平下拒绝不存在空间误差效应的原假设，拉格朗日乘数检验–滞后（Lagrange multiplier-lag，LM-lag）检验表明在 1% 显著水平下拒绝了不存在空间滞后效应的原假设，因此应选择空间杜宾模型进行估计。

表4.2　非空间面板模型的估计结果（一）

变量	混合回归	个体固定效应	时间固定效应	双向固定效应
年末实际人均 GDP（GDP）[a]	1.232***	1.400***	0.853***	0.702***
年末实际人均 GDP 平方（GDP^2）[a]	−0.271***	−0.060	−0.121***	−0.084*
能源消耗结构（Struc）[a]	−0.071	0.320***	0.060	0.405***
城市化率（Urb）[a]	0.074	−0.039*	0.146	0.110
交通能源强度（Enei）[a]	−0.312**	0.310***	−0.012	0.084
工业化水平（Indl）[a]	0.319*	0.883***	0.681***	1.026***
经济开放度（Fdr）[a]	−0.175***	−0.119*	−0.079***	−0.084
方差（σ^2）	0.106	0.680	0.740	0.821***
拟合优度（R^2）	0.521	0.794	0.830*	0.835
LM 空间滞后模型	21.399***	0.052	0.120	0.090
稳健 LM 空间滞后模型	90.669***	68.230***	80.045***	58.830***
LM 空间误差模型	160.327***	31.002***	28.830***	20.155***
稳健 LM 空间误差模型	14.490***	112.540***	113.210***	85.045***

*、**、***分别表示在 10%、5% 和 1% 的水平下显著

a 表示已对该变量的原始数据进行对数处理

此外，似然比（likelihood ratio，LR）检验和沃尔德检验（Wald 检验）结果（表 4.3）显示，在 1% 显著水平下拒绝原假设，表明应当同时考虑空间误差效应和空间滞后效应，进一步表明应选择空间杜宾模型进行数据拟合。

表4.3 LR和Wald检验结果（一）

检验	卡方统计量	P 值
LR 检验		
空间滞后模型	120.05	0
空间误差模型	125.72	0
Wald 检验		
空间滞后模型	79.89	0
空间误差模型	88.54	0

为了确认回归模型显著地存在空间滞后效应和空间误差效应，分别对三种空间模型进行估计，结果如表 4.4 所示，第一列因变量空间回归系数λ和第二列误差项空间回归系数ρ在1%显著水平下拒绝原假设，证实了本书应选用包括空间滞后效应和误差效应的一般模型，即空间杜宾模型，另外，豪斯曼检验结果显示应采用固定效应模型。下面根据空间杜宾模型的固定效应结果展开具体分析。

表4.4 空间面板模型的估计结果（一）

变量	空间滞后模型	空间误差模型	SDM_A	SDM_B
年末实际人均 GDP（GDP）[a]	1.428***	0.843***	0.393***	0.819***
年末实际人均 GDP 平方（GDP^2）[a]	−0.229***	−0.076**		−0.225***
能源消耗结构（Struc）[a]	0.120	0.154*	0.560***	0.449***
城市化率（Urb）[a]	0.121	0.144	0.093	0.060
交通能源强度（Enei）[a]	0.040	0.203***	0.174**	0.030**
工业化水平（Indl）[a]	0.413***	0.690***	1.125***	1.002***
经济开放度（Fdr）[a]	−0.072*	−0.092*	−0.115*	−0.094*
空间权重矩阵（W）×能源消耗结构（Struc）[a]			−0.230	0.759**
空间权重矩阵（W）×城市化率（Urb）[a]			−0.225	−0.921***
空间权重矩阵（W）×交通能源强度（Enei）[a]			−0.279***	−0.185**
空间权重矩阵（W）×工业化水平（Indl）[a]			−0.676	−0.341***
空间权重矩阵（W）×经济开放度（Fdr）[a]			−0.825***	−0.526***
误差项空间回归系数（ρ）		0.376***		
因变量空间回归系数（λ）	0.533***		0.246***	0.254***
方差（σ^2）				
拟合优度（R^2）	0.760	0.794	0.829	0.889

*、**、***分别表示在 10%、5%和 1%的水平下显著

a 表示已对该变量的原始数据进行对数处理；SDM_A 表示未加入年末实际人均 GDP 平方的空间杜宾模型；SDM_B 表示加入年末实际人均 GDP 平方的空间杜宾模型

第一，年末实际人均 GDP（GDP）、年末实际人均 GDP 平方（GDP^2）的回归系数结果显示，中国交通运输行业人均碳排放量与人均收入之间基本符合传

统 EKC 的倒 "U" 形关系。对比发现，表 4.4 中加入年末实际人均 GDP 平方的模型回归拟合效果更好，与图 4.1 的拟合结果一致。此外，将是否考虑空间相关性的研究结果进行对比分析，对表 4.2 所示的 EKC 研究结果进行非空间面板数据回归，与表 4.4 中空间杜宾模型结果比较，很显然，空间面板模型大部分回归系数略大于非空间面板模型回归结果。主要原因在于非空间面板模型忽视数据间的空间溢出效应与反馈效应，即未考虑某个省（区、市）交通运输行业碳排放量作为影响因素对相邻省（区、市）碳排放量产生作用，易造成回归结果出现偏差。

第二，城市化率、能源消耗结构、交通能源强度及工业化水平的估计系数分别为 0.060、0.449、0.030 和 1.002，表明这四个因素对中国交通运输行业人均碳排放量都具有正向作用，但城市化率的回归系数不显著。其中，城市化率增加 1%，交通运输行业人均碳排放量将增加 0.06%，与大多数研究结论一致，认为中国迅速工业化和城市化，提高了中国交通运输行业能源消耗和增加了碳排放量，不过从城市化角度考虑降低交通运输行业碳排放量并不可行。能源消耗结构和工业化水平的弹性系数较大，表明两者对中国交通运输行业人均碳排放量影响相对较高，是不可忽视的两个关键因素。煤炭在中国一次能源中占据绝对优势，长期以来中国的能源消耗结构是以煤炭为主的，另外，中国的工业能源消耗同样以煤炭为主，还需进一步增加天然气、石油、水电和核电的占比，提高能源效率，从扩大能源总量和注重能源品质着手改善能源消耗结构，以降低交通运输行业人均碳排放量。交通能源强度对交通运输行业人均碳排放量的影响也是积极显著的，这就要求中国积极引进先进技术来提升能源效率。此外，经济开放度对交通运输行业人均碳排放量具有显著的负向影响，即就交通运输行业而言，本书的研究结论并不支持"污染避难所"。

第三，中国交通运输行业人均碳排放量的空间回归系数在 1% 显著水平下为 0.254，表明交通运输行业人均碳排放量存在正向空间溢出效应，即相邻省（区、市）交通运输行业的人均碳排放量增加 1%，将促进本省（区、市）交通运输行业人均碳排放量约增加 0.25%，该结果与 Zheng 等（2014）研究结论一致，说明中国各省（区、市）的交通运输行业人均碳排放量存在集聚现象，即碳排放量高值与高值或低值与低值相邻分布。其主要原因在于，相邻省（区、市）之间经济、贸易联系密切，若某省（区、市）物流、人流运输需求充足，能源消耗量大，与跨区域交通运输联系度增加会导致邻近地区的交通运输需求相应增加，从而促进相邻省（区、市）交通运输行业发展，对相邻省（区、市）交通运输行业碳排放量产生正向影响。

第四，城市化率、交通能源强度、工业化水平和经济开放度存在负向空间溢出效应，能源消耗结构存在正向空间溢出效应。因为表 4.5 的估计结果不能反映自变量与因变量之间的边际变动情况，所以不能直接用空间杜宾模型的固定效应估计各影响因素的空间溢出效应。如表 4.4 所示，加入年末实际人均 GDP 平方得出的各影响因素的直接效应、间接效应和总效应的系数更加显著，也支持倒 "U" 形碳排放环境库茨涅兹曲线，同时间接效应更符合空间溢出效应定义，表示本省（区、市）各因素对相邻省（区、市）公路部门碳排放的影响。在 1% 的显著水平下，城市化率与经济开放度的估计参数分别为 -1.166 及 -0.674，而在 5% 的显著水平下，交通能源强度的估计参数为 -0.102。其含义是相邻省（区、市）的城市化率与经济开放度因素每增加 1%，本省（区、市）交通运输行业人均碳排放量分别降低 1.16% 与 0.67%，而交通能源强度每增加 1%，本省（区、市）交通运输行业人均碳排放量降低 1.02%。原因在于，首先，相邻省（区、市）城市化发展过程中，运输行业效率得到提升，本省（区、市）进行经验借鉴和学习，碳排放量降低。其次，相邻省（区、市）城市化率提高，加速自身资本积累和研发投入，运输行业急速扩张，挤占了本省（区、市）交通运输资源，因此相邻省（区、市）城市化率、交通能源强度、工业化水平与经济开放度增加将有利于本省（区、市）交通运输行业减排效果的实现，相应地，本省（区、市）针对这些因素进行政策性调整以达到减排目标时，应考虑对相邻省（区、市）交通运输行业的不利影响。

表4.5　空间杜宾模型的直接效应、间接效应和总效应（一）

变量	SDM_A			SDM_B		
	直接效应	间接效应	总效应	直接效应	间接效应	总效应
能源消耗结构（Struc）[a]	0.560***	−0.136	0.412**	0.633***	1.145***	1.779***
城市化率（Urb）[a]	0.094	−0.203	−0.106*	−0.016*	−1.166***	−1.174***
交通能源强度（Enei）[a]	0.182**	0.649**	0.845***	−0.031	−0.102**	0.068*
工业化水平（Indl）[a]	1.120***	−0.494	0.621	1.004***	−0.132	0.880**
经济开放度（Fdr）[a]	−0.135**	−1.063***	−1.203***	−0.116**	−0.674***	−0.793***

*、**、***分别表示在 10%、5% 和 1% 的水平下显著

a 表示已对该变量的原始数据进行对数处理

2. 公路部门碳排放影响因素结果分析

在验证中国 31 个省（区、市）公路部门人均碳排放量存在空间依赖性之后，我们需要选择合适的空间模型。非空间面板模型的估计结果如表 4.6 所示。LM-error 和稳健的 LM-error 检验结果表明在 1% 显著水平下拒绝不存在空间误差效应的原假设，LM-lag 检验表明在 1% 显著水平下拒绝不存在空间滞后效应的原假设，故本书应选择空间杜宾模型展开分析。

表4.6　非空间面板模型的估计结果（二）

变量	混合回归	个体固定效应	时间固定效应	双向固定效应
年末实际人均 GDP（GDP）[a]	0.884***	0.483***	0.479***	0.493***
年末实际人均 GDP 平方（GDP^2）[a]	−0.214***	−0.093**	−0.050	−0.048
能源消耗结构（Struc）[a]	0.215***	−0.104	−0.020	−0.083
城市化率（Urb）[a]	−0.180***	0.101	0.014	0.096
公路运输能源强度（Enei_h）[a]	−0.791***	−0.859***	−1.019***	−1.033***
工业化水平（Indl）[a]	−0.049	1.104***	0.372***	0.391***
经济开放度（Fdr）[a]	0.013	−0.329***	−0.078**	−0.095**
公路里程（Hmil）[a]	0.413***	0.384***	0.288***	0.239***
城市车辆数（Stock）[a]	−0.063	0.009*	−0.010	−0.096*
方差（σ^2）	0.108	0.264	0.720	0.793
拟合优度（R^2）	0.651	0.845	0.893	0.897
LM 空间滞后模型	23.450***	0.055	0.129	0.093
稳健 LM 空间滞后模型	90.005***	65.453***	80.520***	58.902***
LM 空间误差模型	171.58***	32.268***	28.894**	20.176***
稳健 LM 空间误差模型	15.025***	120.041***	113.120***	83.280***

*、**、***分别表示在 10%、5%和 1%的水平下显著

a 表示已对该变量的原始数据进行对数处理

　　此外，LR 检验和 Wald 的检验结果（表 4.7），均显示在 1%显著水平下拒绝原假设，表明应当同时考虑空间误差效应和空间滞后效应，因此，应当选择空间杜宾模型进行数据拟合。

表4.7　LR和Wald检验结果（二）

检验	卡方统计量	P 值
LR 检验		
空间滞后模型	110.203	0
空间误差模型	116.794	0
Wald 检验		
空间滞后模型	79.96	0
空间误差模型	98.32	0

　　为了再次确认显著地存在空间滞后效应和空间误差效应，分别对三种空间模型进行估计，其结果如表 4.8 所示。第一列因变量空间回归系数 λ 和第二列误差项空间回归系数 ρ 在 1%显著水平下拒绝原假设，再次表明本书应选用包括空间滞后效应和误差效应的一般模型，即空间杜宾模型。另外，我们采用豪斯曼检验确定应当选择固定效应还是随机效应，检验结果表明，本书应采用个体固定效应。下面根据空间杜宾模型的固定效应结果进行具体分析。

表4.8　空间面板模型的估计结果（二）

变量	空间滞后模型	空间误差模型	SDM_A	SDM_B
年末实际人均 GDP（GDP）[a]	0.757***	0.402***	0.483***	0.689***
年末实际人均 GDP 平方（GDP^2）[a]	−0.210***	−0.112***		−0.230***
能源消耗结构（Struc）[a]	−0.048	0.037	0.148*	0.050**
城市化率（Urb）[a]	0.006	0.087	0.005	0.042
公路运输能源强度（Enei_h）[a]	−0.8603***	−0.904***	−0.899***	−0.823***
工业化水平（Indl）[a]	0.531***	0.816***	0.478***	0.701***
经济开放度（Fdr）[a]	−0.082***	−0.148***	−0.104***	−0.091***
公路里程（Hmil）[a]	0.249***	0.183***	0.347***	0.182***
城市车辆数（Stock）[a]	−0.024	−0.226***	0.206*	−0.029
空间权重矩阵（W）×能源消耗结构（Struc）[a]			−0.775***	−0.118
空间权重矩阵（W）×城市化率（Urb）[a]			−0.252	−0.193*
空间权重矩阵（W）×公路运输能源强度（Enei_h）[a]			−0.207	−0.206**
空间权重矩阵（W）×工业化水平（Indl）[a]			−0.977***	−0.237
空间权重矩阵（W）×经济开放度（Fdr）[a]			−0.346***	−0.208***
空间权重矩阵（W）×公路里程（Hmil）[a]			0.108	0.024
空间权重矩阵（W）×城市车辆数（Stock）[a]			0.749***	0.159*
误差项空间回归系数（ρ）		0.529***		
因变量空间回归系数（λ）	0.741***		0.303**	0.621**
方差（σ^2）				
拟合优度（R^2）	0.852	0.877	0.877	0.896

*、**、***分别表示在 10%、5%和 1%的水平下显著

a 表示已对该变量的原始数据进行对数处理

　　第一，根据年末实际人均 GDP（GDP）、年末实际人均 GDP 平方（GDP^2）的回归系数结果，中国交通运输行业公路部门人均碳排放量与人均收入之间大致符合传统 EKC 的倒 "U" 形关系，对比发现加入年末实际人均 GDP 平方的模型回归拟合效果更好，与图 4.2 的拟合结果一致。此外，将是否考虑空间相关性的研究结果进行对比分析，表 4.6 的非空间面板数据回归结果与表 4.8 中空间杜宾模型估计结果相比，很显然，空间面板模型的回归结果比非空间面板模型更加显著。其主要原因在于，非空间面板模型忽视数据间的空间溢出效应与反馈效应，即未考虑某个省（区、市）公路部门碳排放量将作为影响因素对相邻省（区、市）碳排放量产生作用，易造成回归结果存在偏差。

　　第二，从回归结果看，公路运输能源强度和经济开放度是制约公路部门人均碳排放量的两大因素，可能归因于中国公路部门的规模经济带来了能源消耗量的

增加和利用水平的提升，有利于降低公路部门的人均碳排放量；外商直接投资的技术溢出效应可能提高了交通运输行业的生产率，提升了能源效率，在一定程度上并不支持"污染避难所"。城市化率、能源消耗结构、公路里程及工业化水平的估计系数分别为 0.042、0.050、0.182 和 0.701，表明这 4 个因素对中国交通运输行业公路部门人均碳排放量都具有正向作用，不过城市化率的回归系数不显著。其中，工业化水平的弹性系数较大，表现为工业化水平提升 1%，公路部门的人均碳排放量将增加 0.70%，其对中国交通运输行业公路部门人均碳排放量影响相对高，是不可忽视的关键因素。

第三，中国交通运输行业公路部门人均碳排放量的空间回归系数在 5%显著水平下为 0.621，表明交通运输行业公路部门人均碳排放量存在正向空间溢出效应，即相邻省（区、市）公路部门人均碳排放量增加 1%，将促进本省（区、市）交通运输行业公路部门人均碳排放量约增加 0.62%，该结果与 Zheng 等（2014）研究结论一致，说明中国各省（区、市）的公路部门人均碳排放量存在集聚现象，即碳排放量高值与高值或低值与低值相邻分布。其主要原因在于，相邻省（区、市）之间经济、投资活动联系密切，若某省（区、市）物流、人流运输需求充足，能源消耗量大，与跨区域公路运输联系度增加会导致邻近地区的公路运输需求相应增加，从而促进相邻省（区、市）公路运输业发展，对相邻省（区、市）公路部门交通运输行业碳排放量产生正向影响。

第四，城市化率、能源消耗结构、公路运输能源强度、工业化水平和经济开放度存在负向空间溢出效应，公路里程和城市车辆数存在正向空间溢出效应。因为表 4.9 的估计结果不能反映自变量与因变量之间边际变动情况，所以不能直接用空间杜宾模型的固定效应估计各影响因素的空间溢出效应。如表 4.8 所示，加入年末实际人均 GDP 平方得出各影响因素的直接效应、间接效应和总效应的系数更加显著，也支持倒"U"形碳排放环境库茨涅兹曲线，同时根据 Burnett 等（2013），间接效应更符合空间溢出效应定义，表示本省（区、市）各因素对相邻省（区、市）公路部门碳排放的影响。由表 4.9 可知，在 1%的显著水平下，能源消耗结构、工业化水平与经济开放度的估计参数分别为-0.568、-0.973 和-0.330，而公路运输能源强度在 10%的水平下显著，其估计参数为-0.263，其含义是相邻省（区、市）的能源消耗结构、工业化水平与经济开放度每增加 1%，公路运输能源强度每增加 1%，本省（区、市）交通运输行业公路部门人均碳排放量分别降低 0.57%、0.97%、0.33%及 0.26%。因此，相邻省（区、市）能源消耗结构、公路运输能源强度、工业化水平与对外开放度增加将有利于本省（区、市）公路运输业减排效果的实现，相应地，本省（区、市）针对这些因素进行政策性调整以达到减排目标时，应考虑对相邻省（区、市）公路运输业的不利影响。

表4.9　空间杜宾模型的直接效应、间接效应和总效应（二）

变量	SDM_A			SDM_B		
	直接效应	间接效应	总效应	直接效应	间接效应	总效应
能源消耗结构（Struc）[a]	-0.154**	-0.785***	-0.933***	-0.102	-0.568***	-0.672***
城市化率（Urb）[a]	0.010	0.267	0.274	0.014	-0.083	-0.068
公路运输能源强度（Enei_h）[a]	-0.902***	-0.196	-1.095***	-0.824***	-0.263*	-1.085***
工业化水平（Indl）[a]	0.489***	-0.955***	-0.470	0.521***	-0.973***	-0.445
经济开放度（Fdr）[a]	-0.112***	-0.345***	-0.451***	-0.118***	-0.330***	-0.446***
公路里程（Hmil）[a]	0.350***	0.097	0.447**	0.189***	0.395*	0.583***
城市车辆数（Stock）[a]	0.199*	0.756***	0.955***	0.206**	0.987***	1.201***

*、**、***分别表示在 10%、5%和 1%的水平下显著

a 表示已对该变量的原始数据进行对数处理

3. 铁路部门碳排放影响因素结果分析

在验证中国 31 个省（区、市）铁路部门人均碳排放量存在空间依赖性之后，我们需要选择合适的空间模型。非空间面板模型的估计结果如表 4.10 所示，LM-error 和稳健的 LM-error 检验结果表明在 1%显著水平下拒绝不存在空间误差效应的原假设，LM-lag 检验表明在 1%显著水平下拒绝不存在空间滞后效应的原假设，可认为本书应选择空间杜宾模型拟合数据。此外，根据 LR 检验和 Wald 检验结果，如表 4.11 所示，均显示在 1%显著水平下拒绝原假设，表明应当同时考虑空间误差效应和空间滞后效应，因此，本书应当选择空间杜宾模型进行数据拟合。

表4.10　非空间面板模型的估计结果（三）

变量	混合回归	个体固定效应	时间固定效应	双向固定效应
年末实际人均 GDP（GDP）[a]	0.129	0.398***	0.124	0.144***
年末实际人均 GDP 平方（GDP²）[a]	0.210***	-0.183***	-0.111***	-0.146
能源消耗结构（Struc）[a]	0.131**	-0.090	0.157**	-0.016
城市化率（Urb）[a]	-0.163***	0.509***	0.069	0.221***
铁路运输能源强度（Enei_r）[a]	3.097***	2.971***	3.963***	3.933***
工业化水平（Indl）[a]	0.780***	0.188	-0.028	-0.238*
经济开放度（Fdr）[a]	-0.292***	-0.077	-0.018	-0.020
铁路里程（Rmil）[a]	0.736***	0.522***	0.606***	0.639***
方差（σ^2）	0.103	0.274	0.850	0.946
拟合优度（R^2）	0.664	0.789	0.848	0.894
LM 空间滞后模型	12.045***	0.087	0.093	0.102
稳健 LM 空间滞后模型	90.305***	59.962***	76.630***	60.403***
LM 空间误差模型	80.533***	28.047***	25.088***	22.604***
稳健 LM 空间误差模型	18.890***	100.722***	99.376***	83.055***

*、**、***分别表示在 10%、5%和 1%的水平下显著

a 表示已对该变量的原始数据进行对数处理

表4.11　LR和Wald检验结果（三）

检验	卡方统计量	P 值
LR 检验		
空间滞后模型	114.56	0
空间误差模型	121.04	0
Wald 检验		
空间滞后模型	81.20	0
空间误差模型	88.99	0

　　为了再次确认显著地存在空间滞后效应和空间误差效应，分别对三种空间模型进行估计，其结果如表 4.12 所示，第一列因变量空间回归系数 λ 和第二列误差项空间回归系数 ρ 在 1%显著水平下拒绝原假设，再次表明本书应选用包括空间滞后效应和误差效应的一般模型，即空间杜宾模型，另外，我们采用豪斯曼检验确定应当选择固定效应还是随机效应，检验结果表明，研究应采用个体固定效应模型。下面根据空间杜宾模型的固定效应结果进行具体分析。

表4.12　空间面板模型的估计结果（三）

变量	空间滞后模型	空间误差模型	SDM_A	SDM_B
年末实际人均 GDP（GDP）[a]	0.342***	0.416***	0.414	0.430***
年末实际人均 GDP 平方（GDP^2）[a]	− 0.035	− 0.160***		− 0.265***
能源消耗结构（Struc）[a]	− 0.025	0.004	0.083	0.026
城市化率（Urb）[a]	0.066	0.330***	0.102	0.161**
铁路运输能源强度（Enei_r）[a]	3.843***	2.973***	3.854***	3.892***
工业化水平（Indl）[a]	− 0.155	0.298**	0.047	− 0.057
经济开放度（Fdr）[a]	0.011	− 0.094*	− 0.040	− 0.068*
铁路里程（Rmil）[a]	0.732***	0.562***	0.645***	0.563***
空间权重矩阵（W）×能源消耗结构（Struc）[a]			0.281*	0.082
空间权重矩阵（W）×城市化率（Urb）[a]			0.603***	0.744***
空间权重矩阵（W）×铁路运输能源强度（Enei_r）[a]			− 2.991***	− 2.872***
空间权重矩阵（W）×工业化水平（Indl）[a]			0.216	− 0.293
空间权重矩阵（W）×经济开放度（Fdr）[a]			0.010	− 0.136*
空间权重矩阵（W）×铁路里程（Rmil）[a]			− 0.496***	− 0.622***
误差项空间回归系数（ρ）		0.075***		
因变量空间回归系数（λ）	0.776***		0.403**	0.370**
拟合优度（R^2）	0.740	0.793	0.825	0.879

*、**、***分别表示在 10%、5%和 1%的水平下显著
a 表示已对该变量的原始数据进行对数处理

　　第一，根据年末实际人均 GDP（GDP）、年末实际人均 GDP（GDP^2）的回归

系数结果来看，中国铁路部门人均碳排放量与人均收入之间大致符合传统 EKC 的倒 "U" 形关系，对比发现，加入年末实际人均 GDP 平方的模型回归拟合效果更好，与图 4.3 的拟合结果一致。此外，将是否考虑空间相关性的研究结果进行对比分析，表 4.10 所示的 EKC 研究结果忽视了空间溢出效应，即进行非空间面板数据回归后，与表 4.12 中空间杜宾模型结果比较，很显然，空间面板模型的回归结果比非空间面板模型更加显著。主要原因在于，非空间面板模型忽视数据间的空间溢出效应与反馈效应，即未考虑某个省（区、市）铁路部门碳排放量将作为影响因素对相邻省（区、市）碳排放量产生作用，易造成回归结果存在偏差。

第二，从回归结果看，对外开放度是制约铁路部门人均碳排放量的重要因素，归因于外商直接投资的技术溢出效应可能提高了运输行业的生产率，提升了能源利用效率，在一定程度上并不支持 "污染避难所"。城市化率、铁路运输能源强度和铁路里程的估计系数分别为 0.161、3.892 和 0.563，表明这 3 个因素对中国交通运输行业铁路部门人均碳排放量都具有正向作用。其中，铁路运输能源强度的弹性系数较大，表现为能源强度提升 1%，铁路部门人均碳排放量将增加 3.89%，其对中国铁路部门人均碳排放量影响相对高，是不可忽视的关键因素。

第三，中国铁路部门人均碳排放量的空间回归系数在 5% 显著水平下为 0.370，表明铁路部门人均碳排放量存在正向空间溢出效应，即相邻省（区、市）交通运输行业公路部门人均碳排放量增加 1%，将促进本省（区、市）铁路部门人均碳排放量约增加 0.37%，表明中国各省（区、市）的铁路部门人均碳排放量存在聚集现象，即碳排放量高值与高值或低值与低值相邻分布。主要原因在于，相邻省（区、市）之间经济、投资活动联系密切，若某省（区、市）物流、人流运输需求充足，能源消耗量大，与跨区域公路运输联系度增加会导致邻近地区的铁路运输需求相应增加，从而促进相邻省（区、市）铁路运输业发展，对相邻省（区、市）铁路部门碳排放量产生正向影响。

第四，城市化率和能源消耗结构存在正向空间溢出效应，不过能源消耗结构的溢出效应不显著；铁路运输能源强度、工业化水平、铁路里程和经济开放度存在负向空间溢出效应。因为表 4.12 的估计结果不能反映自变量与因变量之间的边际变动情况，所以不能直接用空间杜宾模型的固定效应估计各影响因素的空间溢出效应。如表 4.13 所示，加入年末实际人均 GDP 平方得出各影响因素的直接效应、间接效应和总效应的系数更加显著，也支持倒 "U" 形碳排放环境库茨涅兹曲线，同时间接效应更符合空间溢出效应定义，表示本省（区、市）各因素对相邻省（区、市）铁路部门碳排放的影响。由表 4.13 可知，在 1% 的显著水平下，铁路运输能源强度与铁路里程的估计参数分别为 −2.179 和 −0.617，而经济开放度则在 10% 的水平下显著，其估计参数为 −0.242，其含义是相邻省（区、市）的铁路运输能源强度与铁路里程每增加 1%，经济开放度每增加 1%，本省（区、市）

交通运输行业铁路部门人均碳排放量分别降低 2.18%、0.62% 和 0.24%。因此，相邻省（区、市）铁路运输能源强度、工业化水平、铁路里程与对外开放度增加将有利于本省（区、市）铁路运输业减排效果的实现，相应地本省（区、市）针对这些因素进行政策性调整以达到减排目标时，应考虑对相邻省（区、市）铁路运输业的不利影响。

表4.13 空间杜宾模型的直接效应、间接效应和总效应（三）

变量	SDM_A			SDM_B		
	直接效应	间接效应	总效应	直接效应	间接效应	总效应
能源消耗结构（Struc）[a]	0.110	0.474*	0.581*	0.026	−0.115	−0.089
城市化率（Urb）[a]	0.150*	1.070***	1.219***	0.211***	1.199***	1.410***
铁路运输能源强度（Enei_r）[a]	3.756***	−2.288***	1.468***	3.807***	−2.179***	1.628***
工业化水平（Indl）[a]	−0.073	−0.415	−0.487	−0.074	−0.473	−0.547*
经济开放度（Fdr）[a]	−0.039**	−0.001	−0.039	−0.079*	−0.242*	−0.320**
铁路里程（Rmil）[a]	0.628***	−0.371*	0.258*	0.531***	−0.617***	−0.079

*、**、***分别表示在 10%、5% 和 1% 的水平下显著
a 表示已对该变量的原始数据进行对数处理

4.2 市场整合和碳排放的测度

4.2.1 市场整合的测度

关于中国国内市场整合的趋势近年来一直是争论的焦点。我们沿袭 Parsley 和 Wei（1996，2001a，2001b）的方法，采用相对价格法进行市场整合的测度，以商品市场上相对价格的方差 $\mathrm{Var}(P_i / P_j)$ 变动为观察对象。其中，本书将市场整合分为消除了地理距离因素的市场整合（integintra）和没有消除地理距离因素的市场整合（integinter）两种情况（段芳娥，2018）。

采用相对价格方差的分析工具需要 3 维（$t \times m \times k$）的面板数据。其中，t 为时间，m 为地区，k 为商品。我们的原始数据来自中国统计局或者历年《中国统计年鉴》中的分地区商品零售价格指数，涵盖了 1995~2016 年中国 28 个省（重庆、西藏、海南除外）、自治区和直辖市 9 类商品（粮食、鲜菜、饮料烟酒、服装鞋帽、中西药品、书报杂志、文化体育用品、日用品及燃料），具备了时间、地点与商品种类 3 个维度（21×28×9）。2003 年之后文化体育用品价格指数采用文化办公用品

价格指数，1997 年以后四川数据为不包含重庆的数据，而之前包括，本书认为重庆从四川分立出去，并不会对四川整体价格指数产生较大影响，故将四川纳入分析范围（Li and Lin，2017）。

我们将观测地点 i、j 与时间 t 固定，算出两地在给定时期各类商品之间价格变动平均值的方差 $\mathrm{Var}\left(P_i^t / P_j^t\right)$，该方差的个数为 $t \times m \times (m-1)/2$。本书采用相对价格的一阶差分形式，即 $\Delta Q_{ijt}^k = \ln\left(P_{it}^k / P_{jt}^k\right) - \ln\left(P_{it-1}^k / P_{jt-1}^k\right)$，来说明相对价格的形式。由方程（4.14）可知，通过直接转换，商品零售价格指数的环比指数 P_{it}^k / P_{it-1}^k 和 P_{jt}^k / P_{jt-1}^k 可以直接表示出 ΔQ_{ijt}^k。

$$\Delta Q_{ijt}^k = \ln(P_{it}^k / P_{jt}^k) - \ln(P_{it-1}^k / P_{jt-1}^k) = \ln(P_{it}^k / P_{it-1}^k) - \ln(P_{jt}^k / P_{jt-1}^k) \quad (4.14)$$

根据我们的样本，9 类商品 61 对（integintra）相邻省（区、市）（详见附表 1）15 年的数据可得出 11 529 个（9×61×21）差分形式的相对价格指标 ΔQ_{ijt}^k（integinter 具有 28×27/2 对，可得出 9×28×27×21 个相对价格指标 ΔQ_{ijt}^k）。逐年计算逐对相邻省（区、市）9 类商品之间相对价格变动平均值的差分形式 $\mathrm{Var}\left(\Delta Q_{ijt}^k\right)$，即可得到 61 组（integinter 为 378 组）相邻省（区、市）21 年的方差时序数据。

之后，我们选用相对价格的绝对值 $\left|\Delta Q_{ijt}^k\right|$ 来衡量方差。为了更加准确地度量相对价格的方差，我们需要剔除 $\left|\Delta Q_{ijt}^k\right|$ 中商品异质性导致的不可加效应。本书采用去均值的方法消除与这种特定商品种类相联系的固定效应 a^k（Parsley and Wei，2001b）带来的系统偏误。做法如下：设 $\left|\Delta Q_{ijt}^k\right|$ 由 a^k 与 ε_{ijt}^k 两项组成，a^k 仅与商品种类 k 相关，ε_{ijt}^k 与 i、j 两地特殊的市场环境相关，以去均值的方法得到 $\left|\Delta Q_{ijt}^k\right| - \left|\Delta Q_t^k\right| = \left(a^k - \bar{a}^k\right) + \left(\varepsilon_{ijt}^k - \bar{\varepsilon}_{ijt}^k\right)$，令 $q_{ijt}^k = \varepsilon_{ijt}^k - \bar{\varepsilon}_{ijt}^k = \left|\Delta Q_{ijt}^k\right| - \left|\Delta Q_t^k\right|$。最终用以计算方差的相对价格变动部分为 q_{ijt}^k，记其方差为 $\mathrm{Var}\left(q_{ijt}^k\right)$。在这里 q_{ijt}^k 仅与地域间分割因素和一些随机因素相关。

经过数据处理，我们得到 61 组（integinter 为 378 组）相邻省（区、市）对在 21 年的 1 281（61×21）个方差值（integinter 可得到 378×21 个方差值），构成了关于 $\mathrm{Var}\left(q_{ijt}^k\right)$ 的 61 组（integinter 为 378 组）时间序列，以此计算 k 种商品的标准差 $\mathrm{Var}\left(q_{ijt}\right)$。然后利用方程（4.15）计算各省（区、市）的市场分割程度，N 代表与其配对省（区、市）的数目。

$$\mathrm{Var}\left(q_{it}\right) = \sum_{i \neq j} \mathrm{Var}\left(q_{ijt}\right)/N \quad (4.15)$$

作为市场分割的对应指标，我们用方程（4.16）定义各省（区、市）的市场整合程度（integ_{it}）。

$$integ_{it} = [1 / Var(q_{it})]^{1/2} \qquad （4.16）$$

4.2.2　碳排放的测度

本书选取碳排放量作为因变量。参照 Li 和 Hu（2012），碳排放量方程如式（4.17）所示。

$$CO_2 = \sum_{l=1}^{7} CO_{2l} = \sum_{l=1}^{7} E_l \times NCV_l \times CEF_l \qquad （4.17）$$

其中，CO_2 表示碳排放总量，分别来源于煤炭、天然气、焦炭、燃料油、汽油、煤油和柴油燃烧排放量；E_l 代表第 l 种化石能源的消耗量；NCV_l 代表第 l 种化石能源的平均低位发热量（来源于《中国能源统计年鉴》）；CEF_l 代表 IPCC（2007）提供的第 l 种化石能源碳排放系数。

4.3　市场整合对碳排放影响评估

市场整合是指各区域、各产业之间商品和生产要素自由流动、规则一致，最终表现为价格合理、资源配置的高效利用，伴随着要素自由流通，意味着规模经济、知识共享和技术外溢（Johansson and Ljungwall，2009），其对碳排放具有直接和间接影响。市场整合对碳排放的直接影响是指市场整合可以促进各地区之间商品和要素的自由流动，从而促进碳排放的增长。大多数学者认为，经济发展对碳排放具有促进作用（Bouznit and Pablo-Romero，2016；Wang C et al.，2017），技术水平对碳排放具有抑制作用（Sun et al.，2013；Wang C et al.，2017）。推动市场一体化进程以促进经济发展是中国政府采取的重要经济政策，这些政策导致的市场整合程度提高会对碳排放产生什么样的影响值得关注。市场整合作为一个重要的经济变量，人们尚不知其是否对碳排放产生影响。

市场整合对碳排放的间接影响主要有两条路径：一条路径是通过促进经济发展（Poncet，2003；Ke，2015）增加碳排放；另一条路径是通过提高技术水平（van Biesebroeck，2005；Grossman and Helpman，2015）减少碳排放。市场整合对碳排放既有促进作用也有抑制作用，其对碳排放的总效应取决于两个方向作用力的大小。

地方保护主义带来的市场分割是阻碍经济发展的主要障碍（Li and Lin，2017）。中国政府在 20 世纪 90 年代就已经注意到建立全国大统一市场及在此基础上实现经济资源有效配置的必要性和重要性，开始实施以市场为导向的经济改革，并相继推出了一系列政策以打破各地区保护主义，提高市场整合程度，实现商品和生产要素的自由流通。通过一系列相关政策的制定和实施[①]，中国各地区之间的市场分割程度逐渐降低，即中国市场整合程度越来越高，为中国经济的发展提供了良好的市场环境。当前，中国作为一个发展中国家，经济稳定增长是首要任务，打破国内各地区的地方保护主义，通过促进商品和生产要素市场的自由流通来促进经济发展是中国重要的经济政策。在此背景下，中国市场整合可能对碳排放带来什么变化，如何更好地发挥市场整合的作用来推动中国低碳经济发展，实现碳减排承诺，都是亟待回答的重要现实与学术问题。本章采用 1995~2016 年面板数据分析市场整合对碳排放的线性与非线性影响，并用路径分析法评估市场整合对碳排放的直接和间接作用路径。

4.3.1　变量选取与模型方法

1. 变量选取

为了控制各地区其他外部环境的变化，我们选取经济发展水平（pergdp）、技术水平（tech）和对外开放程度（open）作为控制变量。经济发展水平、技术水平及对外开放程度不仅会对碳排放产生影响（Wang P et al.，2013；Sheereen，2019），还可能影响市场整合对碳排放的效应。Sadorsky（2013）通过研究发现，在其他变量保持不变的情况下，相较于低收入地区的居民，高收入地区的居民更加注重环境的改善，愿意为拥有节能环保技术的产品和服务买单，企业也更有动力进行节能减排方面的创新。Roy（2016）认为，低技术水平地区的技术进步速度要高于高技术水平地区，可能会使得低技术水平地区的市场整合通过提高技术水平从而更大地降低碳排放的间接效应。Yuan 等（2015）发现，与出口扩张相关的经济发展降低了碳排放，高对外开放水平地区的市场整合可通过提

---

① 1993 年，《中共中央关于建立社会主义市场经济体制若干问题的决定》提出要"建立全国统一开放的市场体系"，同年通过了《中华人民共和国反不正当竞争法》；2001 年 4 月颁布了《国务院关于禁止在市场经济活动中实行地区封锁的规定》；2003 年，《中共中央关于完善社会主义市场经济体制若干问题的决定》再次强调"完善市场体系，加快建设全国统一市场"；2007 年 8 月，十届全国人大常委会第 29 次会议通过《中华人民共和国反垄断法》；2013 年 7 月 23 日，在湖北省召开的部分省（市）负责人座谈会上明确指出要进一步形成全国统一的市场体系，形成公平竞争的发展环境，要更好发挥市场在资源配置中的基础性作用作为下一步深化改革的重要取向，加快形成统一开放、竞争有序的市场体系，着力清除市场壁垒，提高资源配置效率。

高经济发展降低碳排放。

经济发展水平（pergdp），本书采用以 1995 年为基期的人均 GDP 平减指数经平减后的真实人均 GDP 衡量（pergdp）；技术水平（tech），采用单位能源消费产生的 GDP（以 1995 年为基期）来衡量；对外开放程度（open），运用主成分分析法（principal component analysis，PCA）从实际利用外商直接投资占 GDP 的比重和进出口贸易总额占 GDP 的比重两个变量中提取一个主成分，将该主成分作为衡量对外开放程度的数值。

本书使用的数据来自《中国统计年鉴》、《中国能源统计年鉴》、国家统计局和中国各省（区、市）的统计年鉴。根据研究的目的性及数据的可获得性，我们选取中国 28 个省（区、市）（重庆、西藏、海南除外）1995~2016 年的面板数据，相关变量的定义与测量见表 4.14。

表4.14　相关变量的定义与测量

变量	定义	单位
CO_2	化石能源碳排放	10^4 吨
pergdp	经济发展水平，以 1995 年为基期的人均 GDP 平减指数平减后的真实人均 GDP 衡量	元/人（1995 年不变价）
open	对外开放程度	—
tech	技术水平，采用单位能源消耗产生的 GDP 来衡量	10^4 元/吨碳（1995 年不变价）
integintra	市场整合程度（消除了地理距离因素）	—
integinter	市场整合程度（未消除地理距离因素）	—

2. 模型构建

基于 1995~2016 年的面板数据，本书先建立线性面板模型，探究线性关系下市场整合对碳排放的影响，考虑到双对数函数的系数可以作为因变量对于自变量的弹性（Chitnis et al.，2012），同时为了有效消除异方差，采用双对数函数形式进行估计，建立的市场整合程度（integ）、人均 GDP（pergdp）、技术水平（tech）、对外开放程度（open）与碳排放的线性影响模型如方程（4.18）所示。

$$\ln CO_{2it} = \alpha + \alpha_1 \ln pergdp_{it} + \alpha_2 \ln open_{it} + \alpha_3 \ln tech_{it} + \alpha_4 \ln integ_{it} + \delta_{it} \quad (4.18)$$

其中，CO_{2it}、$pergdp_{it}$、$tech_{it}$、$integ_{it}$ 和 $open_{it}$ 分别代表中国 i 地区在第 t 年的碳排放、经济发展水平、技术水平、市场整合程度和对外开放程度。

路径分析法是一种将相关性分解为几种不同解释效应的方法，能够进一步探究现实中存在的各个因素对碳排放的直接和间接作用机制（Li et al.，2011），使我们能够更加深入地探究市场整合对碳排放的影响机制，找出市场整合对碳排放的作用路径。假设有三个变量，自变量 X、Y 和因变量 Z，X 与 Y 之间有相关关系，X 对 Z 的路径系数（$L_{X,Z}$）由直接路径系数（$DL_{X,Z}$）和间接路径系数（$IL_{X,Y,Z}$）两部分构成。直接路径系数表示其他变量保持不变时，X 对 Y 的直接影响；间接

路径系数表示 X 通过其他变量 Y 对 Z 的影响。X 对 Z 的直接路径系数（ $\mathrm{DL}_{X,Z}$ ）、间接路径系数（ $\mathrm{IL}_{X,Y,Z}$ ）及总路径系数（ $L_{X,Z}$ ）的计算分别见方程（4.19）、方程（4.20）、方程（4.21）。

$$\mathrm{DL}_{X,Z} = \phi_n \times \left(\frac{S_X}{S_Z} \right) \tag{4.19}$$

$$\mathrm{IL}_{X,Y,Z} = r_{Y,X} \times \mathrm{DL}_{Y,Z} \tag{4.20}$$

$$L_{X,Z} = \mathrm{DL}_{X,Z} + \sum \mathrm{IL}_{X,Y,Z} \tag{4.21}$$

其中，ϕ_n 表示由回归计算得到的偏相关系数；n 表示自变量的个数；S_X、S_Z 分别表示自变量和因变量的标准差；$r_{Y,X}$ 表示 X 与 Y 之间的相关系数（ $r_{X,Y} = r_{Y,X}$ ）。

　　线性影响模型检验了市场整合程度、经济发展水平、对外开放程度及技术水平对碳排放的线性影响。不过市场整合对碳排放的作用方向及程度，可能还受到地区其他外部环境的影响，如市场整合程度、经济发展水平、技术水平及对外开放程度。为了探究市场整合与碳排放之间可能存在的非线性关系，本书建立面板门限效应模型并且选取不同的门限变量，测算不同机制下市场整合对碳排放的效应。单门限模型和双门限模型可以分别表示为方程（4.22）和方程（4.23）[①]。

$$\ln \mathrm{CO}_{2it} = \beta_1 \ln \mathrm{integ}_{it} I(w_{it} \leqslant \lambda_0) + \beta_2 \ln \mathrm{integ}_{it} I(w_{it} > \lambda_0) + \beta_3 \ln \mathrm{pergdp}_{it} \\ + \beta_4 \ln \mathrm{open}_{it} + \beta_5 \ln \mathrm{tech}_{it} + \mu_{it} \tag{4.22}$$

$$\ln \mathrm{CO}_{2it} = \nu_1 \ln \mathrm{integ}_{it} I(w_{it} \leqslant \lambda_1) + \nu_2 \ln \mathrm{integ}_{it} I(\lambda_1 < w_{it} < \lambda_2) \\ + \nu_3 \ln \mathrm{integ}_{it} (w_{it} \geqslant \lambda_2) + \nu_4 \ln \mathrm{pergdp}_{it} + \nu_5 \ln \mathrm{open}_{it} + \nu_6 \ln \mathrm{tech}_{it} + \mu_{it} \tag{4.23}$$

其中，w_{it} 表示门限变量，这里选取的门限变量有 $\ln \mathrm{integ}$、$\ln \mathrm{pergdp}$、$\ln \mathrm{tech}$ 和 $\ln \mathrm{open}$；$I(\bullet)$ 为示性函数；λ_0 为单门限模型待估计的门限值；λ_1 和 λ_2 为双门限模型待估计的门限值；μ_{it} 表示个体固定效应。

　　对面板门限效应模型门限效应的检验及门限值的估计，本书先得到面板门限效应模型的离差形式，对其进行 OLS（ordinary least squares，普通最小二乘）回归，通过使其回归方程的残差平方和（residual sum of squares，RSS）最小化来选择 λ 的估计值 $\hat{\lambda}$，然后构建统计量 $F = \dfrac{\mathrm{SSR}_0 - \mathrm{SSR}(\hat{\lambda})}{\hat{\sigma}^2}$，$\mathrm{SSR}_0$ 为非门限线性面板模型假定下的回归残差平方和，$\hat{\sigma}^2 = \dfrac{\mathrm{SSR}(\hat{\lambda})}{N(T-1)}$，因为参数 λ 对非门限线性面板模型是不可识别的，所以统计量 F 的渐进分布并不是标准的卡方分布，无法得到其临界值列表，但是通过自举法（Bootstrap）可以对上述 F 统计量进行相应的总体性统计推断。

---

① 因为实证结果并未涉及更多个数的门限效应，所以这里只以单门限模型和双门限模型为例进行说明。

4.3.2　结果分析与讨论

1. 固定效应模型回归结果分析

在对面板门限回归模型进行回归时，为了解决可能存在的自相关和异方差问题，本书采用聚类稳健标准误进行估计（White，1980；Newey and West，1987）。对于固定效应模型和随机效应模型的选择，一般都是通过豪斯曼检验来进行判别的。由于使用了聚类稳健标准误，传统的豪斯曼检验便不再适用，这时，可以使用辅助回归来进行稳健的豪斯曼检验（陈强，2014）。辅助回归是用来计算检验统计量的一种方法。表 4.15 的辅助回归结果表明，由于 P 值为 0，强烈拒绝随机效应模型，我们采用固定效应模型。此外，我们通过多重共线性检验（表 4.16）来确保回归结果的有效性（Wang H et al.，2012；Long et al.，2016），发现所有自变量的 VIF 值都小于 10，说明自变量之间的多重共线性是可以接受的（He et al.，2017），回归结果有效。

表4.15　固定效应和随机效应的辅助回归结果

模型变量	市场整合程度（消除了地理距离因素）（integintra）	市场整合程度（未消除地理距离因素）（integinter）
经济发展水平（pergdp）[a]	0	0
对外开放程度（open）[a]	0	0
技术水平（tech）[a]	0	0
市场整合程度（消除了地理距离因素）（integintra）	0	
市场整合程度（未消除地理距离因素）（integinter）		0
卡方（4）	26.46	46.66
P 值	0	0

a 表示已对该变量的原始数据进行对数处理

表4.16　多重共线性检验VIF值

模型变量	市场整合程度（消除了地理距离因素）（integintra）	市场整合程度（未消除地理距离因素）（integinter）
对外开放程度（open）[a]	1.67	1.72
技术水平（tech）[a]	1.70	1.70
市场整合程度（消除了地理距离因素）（integintra）	1.01	
市场整合程度（未消除地理距离因素）（integinter）		1.08
平均 VIF 值	1.47	1.52

a 表示已对该变量的原始数据进行对数处理

如表 4.17 所示，FE_integintra 和 FE_integinter 分别是以 integintra（消除了地

理距离因素的市场整合程度）和 integinter（未消除地理距离因素的市场整合程度）为核心解释变量的固定效应模型，我们可以得出以下结果。

表4.17　市场整合对CO_2排放的影响结果

模型变量	FE_integintra	FE_integinter
经济发展水平（pergdp）[a]	1.032***	1.028***
对外开放程度（open）[a]	−0.029*	−0.028*
技术水平（tech）[a]	−0.843***	−0.842***
市场整合程度（消除了地理距离因素）（integintra）	0.039**	
市场整合程度（未消除地理距离因素）（integinter）		0.054**
常数项	−0.521*	−0.506*
拟合优度（R^2）	0.976	0.977

*、**、***分别表示在 10%、5%和 1%的水平下显著

a 表示已对该变量的原始数据进行对数处理

在线性关系下，市场整合对碳排放具有显著的正向影响，其影响小于经济发展水平（pergdp）和技术水平（tech）对碳排放的影响，大于对外开放程度（open）对碳排放的影响，市场整合程度（消除了地理距离因素）（integintra）和市场整合程度（未消除地理距离因素）（integinter）对碳排放的弹性系数分别为 0.039、0.054。这说明市场整合程度每增加 1%，碳排放会分别增加 0.039%（integintra）和 0.054%（integinter）。因为市场整合程度的提升意味着各地区地方保护壁垒的减少，而各地区地方保护壁垒的减少使得交易成本得以降低，企业和消费者能够以更低的成本获得所需的生产要素和商品，在其他条件不变的情况下，这意味着企业和消费者购买力的提升，从而促使他们购买更多的生产要素和商品，生产要素和商品流通的增加最终会导致碳排放量的增加。为了进一步加强欧盟成员国的能源安全，欧盟委员会制定了建设能源联盟的构想，但是，有学者研究发现，能源联盟的构想并不能降低碳排放量，反而会导致碳排放量的增加，我们的结果与此类似。然而，该结果与陆远权和张德钢（2016）得出的市场分割会加剧碳排放的结论不一致，主要是因为碳排放指标选用的不同。本书选用能源消费产生的碳排放量为碳排放指标，而陆远权和张德钢（2016）使用碳排放强度作为碳排放指标，碳排放强度是一个相对指标，当经济增长速度低于能源消耗、碳排放的增长率时，碳排放强度总体会呈现上升趋势。此外，地理距离的变化没有改变我们的结论，即市场整合会促进碳排放的增加，因为 integintra 的系数比 integinter 的系数小 38.46%，说明 60%以上的影响来自人为的障碍（如地方保护主义），而不是地理因素。

2. 路径分析结果分析

本书基于路径分析法探究市场整合对碳排放的直接作用和间接作用机制。路径系数如表 4.18、表 4.19 所示。

表4.18　路径系数分析结果（integintra）

解释变量	被解释变量	总路径系数	直接路径系数	间接路径系数			
				pergdp[a]	open[a]	tech[a]	integintra
pergdp[a]	化石能源碳排放[a]	0.620	0.620	—	—	—	—
open[a]		−0.094	−0.094	—	—	—	—
tech[a]		−0.184	−0.184	—	—	—	—
integintra		0.137	0.101	0.045	—	−0.009	—

a 表示已对该变量的原始数据进行对数处理
注：各变量的含义同表 4.15

表4.19　路径系数分析结果（integinter）

解释变量	被解释变量	总路径系数	直接路径系数	间接路径系数			
				pergdp[a]	open[a]	tech[a]	Integinter
pergdp[a]	化石能源碳排放[a]	0.601	0.601	—	—	—	—
open[a]		−0.075	−0.075	—	—	—	—
tech[a]		−0.186	−0.186	—	—	—	—
integinter		0.219	0.120	0.111	—	−0.012	—

a 表示已对该变量的原始数据进行对数处理
注：各变量的含义同表 4.15

第一，经济发展水平（pergdp）、市场整合程度（消除了地理距离因素）（integintra）和市场整合程度（未消除地理距离因素）（integinter）对碳排放的直接路径系数都为正值，对外开放程度（open）和技术水平（tech）对碳排放的直接路径系数都为负值，这些路径系数的绝对值大小分别为 pergdp>integinter>tech>integintra>open，说明市场整合程度（消除了地理距离因素）（integintra）和市场整合程度（未消除地理距离因素）（integinter）对碳排放的直接影响小于经济发展水平（pergdp）和技术水平（tech）对碳排放的直接影响，大于对外开放程度（open）对碳排放的直接影响。

第二，经济发展水平（pergdp）、技术水平（tech）和对外开放程度（open）对碳排放的总影响都来自直接路径影响，而市场整合程度（消除了地理距离因素）（integintra）和市场整合程度（未消除地理距离因素）（integinter）对碳排放的总影响除了直接路径影响外，还通过经济发展水平（pergdp）与技术水平（tech）对碳排放产生间接影响。其中，市场整合对碳排放的直接促进作用大于市场整合通过促进经济发展增加碳排放的间接促进作用，市场整合通过促进经济发展从而增加碳排放的间接促进作用大于市场整合通过促进技术进步从而降低碳排放的间接抑制作用。市场整合程度（消除了地理距离因素）（integintra）对碳排放的总路径系数为 0.137，直接路径系数为 0.101，通过经济发展水平（pergdp）对碳排放的间接路径系数为 0.045，通过技术水平（tech）对碳排放的间接路径系数为-0.009。市场整合程度（未消除地理距离因素）（integinter）对碳排放的总路径系数为 0.219，直接路径系数为 0.120，通过经济发展水平（pergdp）对碳排放的间接路径系数为 0.111，通过技术水平（tech）对碳排放的间接路径系数为-0.012。该结果证实了我们的推论，即市场整合对碳排放的影响具有三条路径：直接对碳排放产生促进作用；通过促进经济发展增加碳排放；通过提高技术水平从而减少碳排放。该结果与 Li 和 Lin（2017）、Lin 和 Du（2015）发现的市场整合能够促进碳排放效率和能源效率的研究结论一致，也支持了 Ke（2015）得出的市场整合能够促进经济发展的结论。同时，我们发现，市场整合对碳排放的影响主要通过直接促进碳排放和通过促进经济发展增加碳排放两条路径，而通过提高技术水平减少碳排放的间接路径作用虽然显著但效果不大。

3. 面板门限回归模型结果分析

根据方程（4.22）和方程（4.23），分别将市场整合程度、经济发展水平、技术水平和对外开放程度作为门限变量，将市场整合程度作为核心解释变量，将化石能源碳排放作为被解释变量建立面板门限效应模型进行估计。其中，各模型的门限效应检验如表 4.20 所示，可以发现，在市场整合程度（消除了地理距离因素）（integintra）和市场整合程度（未消除地理距离因素）（integinter）的模型中，以市场整合程度（消除了地理距离因素）（integintra）、市场整合程度（未消除地理距离因素）（integinter）、经济发展水平（pergdp）和技术水平（tech）为门限变量的模型仅显著存在一个门限效应，以对外开放程度（open）为门限变量的模型在 10%显著性水平下不存在门限效应。

表4.20　门限效应检验结果

模型	门限变量	单一模型（H_0: 无门限）		双模型（H_0: 最多一个门限）	
		F 统计	P 值	F 统计	P 值
integintra	市场整合程度（消除了地理距离因素）（integintra）[a]	21.75**	0.050 0	12.71	0.103 3
	经济发展水平（pergdp）[a]	147.89***	0	19.07	0.380 0
	对外开放程度（open）[a]	63.16**	0.050 0	22.67	0.363 3
	技术水平（tech）[a]	46.07	0.180 0	8.76	0.873 3

续表

模型	门限变量	单一模型 （H₀：无门限）		双模型 （H₀：最多一个门限）	
		F 统计	P 值	F 统计	P 值
integinter	市场整合程度（未消除地理距离因素）（integinter）[a]	37.18**	0.020 0	19.82	0.090 0
	经济发展水平（pergdp）[a]	153.67***	0.003 3	19.19	0.383 3
	对外开放程度（open）[a]	66.46*	0.080 0	15.54	0.680 0
	技术水平（tech）[a]	49.65	0.133 3	8.71	0.860 0

*、**、***分别表示在 10%、5% 和 1% 的水平下显著

a 表示已对该变量的原始数据进行对数处理

表 4.21 进一步得到各个模型相应的门限估计值及置信区间。可知，以两种市场整合（integintra、integinter）的门限估计值为界可以划分高市场整合机制（lnintegintra>1.239 7，integintra>3.454 6；lnineginter>1.410 1，integinter>4.096 4）和低市场整合机制 （lnintegintra≤1.239 7，integintra≤3.454 6；lninteginter≤1.410 1，integinter≤4.096 4）；以经济发展水平（pergdp）为门限变量的模型可以划分为高经济发展水平机制（lnpergdp>10.682 5，pergdp>5 323 元）和低经济发展水平机制（lnpergdp≤10.682 5，pergdp≤5 323 元）；以技术水平（tech）为门限变量的模型可以划分为高技术水平机制（lntech>0.073 5，tech>1.076 3 万元/吨标准煤）和低技术水平机制（lntech≤0.073 5，tech≤1.076 3 万元/吨标准煤）。

表4.21　门限估计值及置信区间

模型	门限变量	门限估计	置信区间
integintra	市场整合程度（消除了地理距离因素）（integintra）[a]	1.239 7	（1.230 5,1.397 6）
	经济发展水平（pergdp）[a]	10.682 5	（10.615 2,10.686 9）
	对外开放程度（open）[a]	0.073 5	（0.069 4,0.079 8）
	技术水平（tech）[a]	—	—
integinter	市场整合程度（未消除地理距离因素）（integinter）[a]	1.410 1	（1.340 6,1.473 6）
	经济发展水平（pergdp）[a]	10.682 5	（10.637 9,10.686 9）
	对外开放程度（open）[a]	0.073 5	（0.069 4,0.079 8）
	技术水平（tech）[a]	—	—

a 表示已对该变量的原始数据进行对数处理

然后，根据方程（4.22）分别得到各个模型的估计结果，如表 4.22 所示，可以发现，各个模型的系数基本在 1% 显著性水平下十分显著，我们可以得出以下结果。

表4.22　门限效应回归结果

模型	市场整合程度（消除了地理距离因素）(integintra)			市场整合程度（未消除地理距离因素）(integinter)		
门限变量	市场整合程度（消除了地理距离因素）a	经济发展水平 a	技术水平 a	市场整合程度（未消除地理距离因素）a	经济发展水平 a	技术水平 a
门限拐点	1.239 7	10.682 5	0.073 5	1.410 1	10.682 5	0.073 5
市场整合程度 a（lnintegintra a<1.239 7）	0.176 2***					
市场整合程度 a（lnintegintra a>1.239 7）	0.090 3***					
市场整合程度 a（lninteginter a<1.410 1）				0.262 1***		
市场整合程度 a（lninteginter a>1.410 1）				0.152 6***		
市场整合程度 a（经济发展水平 a<10.682 5）		0.023 0**			0.037 2***	
市场整合程度 a（经济发展水平 a>10.682 5）		0.138 4***			0.157 8***	
市场整合程度 a（技术水平 a<0.073 5）			0.023 4**			0.036 8***
市场整合程度 a（技术水平 a>0.073 5）			0.080 8***			0.097 5***
经济发展水平（pergdp）a	1.023 6***	1.039 4***	1.030 6***	1.005 2***	1.036 6***	1.027 2***
对外开放程度（open）a	−0.030 5***	−0.019 1**	−0.028 4***	−0.025 2***	−0.018 4**	−0.027 6***
技术水平（tech）a	−0.860 9***	−0.915 6***	−0.893 8***	−0.859 5***	−0.917 3***	−0.895 3***
常数项	−0.558 2***	−0.606 1***	−0.524 7***	−0.498 6***	−0.605 7***	−0.517 4***
拟合优度 R^2	0.977 0	0.981 2	0.978 8	0.977 9	0.981 4	0.979 0
F 统计量	21.75**	147.89***	63.16*	37.18***	153.67***	66.46*

*、**、***分别表示在 10%、5% 和 1% 的水平下显著

a 表示已对该变量的原始数据进行对数处理

　　第一，随着市场整合程度由低到高，市场整合对碳排放的正效应得以减弱。1995~2015 年，中国市场整合程度（消除了地理距离因素）(integintra) 低于 3.454 6，

市场整合程度（未消除地理距离因素）（integinter）低于 4.096 4 的地区，即低市场整合机制下，integintra 对碳排放的弹性系数为 0.176 2，integinter 对碳排放的弹性系数为 0.262 1，也就是在市场整合程度低的地区（部分年份的北京），integintra 每提高 1%，碳排放平均增加 0.176 2%，integinter 每提高 1%，碳排放平均增加 0.262 1%；在 integintra 高于 3.454 6，integinter 高于 4.096 4 的地区，即高市场整合机制下，integintra 对碳排放的弹性系数为 0.090 3，integinter 对碳排放的弹性系数为 0.152 6，也就是在市场整合程度高的地区（绝大部分地区），integintra 每提高 1%，碳排放平均增加 0.090 3%，integinter 每提高 1%，碳排放平均增加 0.152 6%。这表明，市场整合对碳排放的影响可能符合"边际效应递减"规律，即市场整合对市场整合程度低的地区具有更大的影响，随着该地区市场整合程度的提升，提升相同程度的市场整合对碳排放的影响会逐渐减少，在低市场整合程度地区，能源市场不完善，使得能源价格主要由人为自主决定或者由政府调控，从而影响碳排放效率（Feng and Wang，2017），并使得市场整合通过提升技术水平从而减少碳排放的间接抑制作用减弱，增加碳排放量。因此，推动市场分割现象严重（市场整合程度低）地区的市场一体化进程，可以帮助我们降低碳排放，实现低碳经济的发展。

第二，随着经济发展水平由低到高，市场整合对碳排放的正效应得以增强。1995~2016 年，经济发展水平低于 53 236 元的省（区、市）[绝大部分省（区、市）]，即低经济发展水平机制下，市场整合对碳排放的弹性系数为 0.023 0（0.037 2），也就是在低经济发展水平地区，市场整合程度每提高 1%，碳排放平均增加 0.023 0%（0.037 2%）；在经济发展水平高于 53 236 元的省（市）（只有北京、天津和上海三个地区），即高经济发展水平机制下，市场整合对碳排放的弹性系数为 0.138 4（0.157 8），也就是在高经济发展水平地区，市场整合程度每提高 1%，碳排放平均增加 0.138 4%（0.157 8%）。该结果支持 Sadorsky（2013）认为的，高收入地区的居民更注重环境保护的观点，其他外部条件不变的情况下，高经济发展水平地区的居民愿意投入更多金钱为节能减排的材料和技术买单（Cao et al.，2016），从而削弱市场整合对碳排放的促进作用。此外，高经济发展水平地区往往具有更完善的市场机制和交通网络（Abdalla，2011；Yu et al.，2012），使得市场整合更能促进这些地区商品和要素的流通，从而产生更多的碳排放。

第三，随着技术水平由低到高，市场整合对碳排放的正效应得以增强。1995~2016 年，技术水平低于 1.076 3 万元/吨标准煤的地区（如江西、新疆、云南等大部分地区），即低技术水平机制下，市场整合对碳排放的弹性系数为 0.023 4（0.036 8），也就是在低技术水平地区，市场整合程度每提高 1%，碳排放平均增加 0.023 4%（0.036 8%）；在技术水平高于 1.076 3 万元/吨标准煤的地区（如北京、天津、上海、江苏、浙江、福建），即高技术水平机制下，市场整合程度对碳排放的弹性系数为 0.080 8（0.097 5），也就是在高技术水平地区，市场整合程度每提高 1%，碳排放平均增加 0.080 8%（0.097 5%）。这可能是因为，市场整合对碳排放的影响会受到当地技术水平的影响，技术的进步为能源效率政策和相应的碳减排提供了机会（Cao et al.，2016），对低技术水平地区，技术水平提高的速度更快（Roy，2016），市场整合通过提高技术水平从而减少碳排放的间接作用更大。

4.4 本 章 小 结

本章系统测算了 2003~2016 年中国 31 个省（区、市）交通运输行业（公路和铁路部门）的碳排放量和人均碳排放量，分析了交通运输行业碳排放量的时空特征和地区差异性，在此基础上构建了空间计量模型分析影响省级碳排放量的相关因素，得到以下主要研究结论。

（1）基于整体和局部的研究视角对各省（区、市）交通运输行业总体和分部门碳排放量、人均碳排放量的空间相关性检验及波动趋势表明，2003~2016 年中国 31 个省（区、市）交通运输行业碳排放具有明显的空间集聚性，且不同地区碳排放量和人均碳排放量的收敛性特征不明显且存在显著差异。

（2）依据传统 EKC 模型，研究交通运输行业（公路和铁路部门）碳排放与经济增长的关系发现，人均碳排放量与年末实际人均 GDP 之间呈倒 "U" 形关系，并存在明显的人均收入拐点，即经济增长并不一定导致交通运输行业碳排放量的增加。

（3）空间计量实证结果表明，城市化率、交通能源强度、工业化水平和能源消耗结构等是影响中国省级人均碳排放量的主要因素。

为此，本书提出以下几点政策性建议。

第一，建立高效通达的交通运输系统，优化中国交通运输结构。针对全国公路部门碳排放较为突出的特点，在公路体系基本完善的条件下，可以适当控制各省（区、市）的公路建设投资占比，同时相应提高对环境污染较低的铁路和水路运输的比重。

第二，增加石油、天然气等能源的比重，推行清洁能源及推广替代能源相关技术，全面降低交通运输行业的碳排放量。用替代能源推动交通运输行业低碳发展已经是国内外学者的共识。煤炭占中国能源消耗比重长期在 60% 以上，改善以煤炭为主的能源消耗结构，可大幅度缓解中国交通运输行业碳排放量高的问题。例如，在各省（区、市）的公共交通和出租车运输中推广液化天然气和液化石油气的使用率，同时进一步开拓替代能源的范围。政府要发挥财政政策和税收优惠的作用，为替代能源的技术开发和推广使用给予必要的扶持，促进清洁能源与替代能源快速发展。

第三，私人交通运输工具的大规模使用，占中国公路部门运输业碳排放量很大的比例。因此，一方面，要结合各省（区、市）的公路运输结构，完善公共交通体系，鼓励公共交通出行模式；另一方面，鼓励公众购买低能耗、低排放量的小型节能环保型家庭乘用车，降低私人部门对中国交通运输行业碳排放的贡献率。

本章使用固定效应模型检验了市场整合对碳排放的影响，结合路径分析法分析了市场整合对碳排放的直接和间接作用机制，并采用门限回归法探究了市场整合与碳排放之间的非线性关系。根据以上讨论，可得以下结论。

（1）在线性关系下，市场整合对碳排放具有显著的正向影响，消除了地理距离因素的市场整合程度和未消除地理距离因素的市场整合程度对碳排放的弹性系数分别为 0.039、0.054。

（2）市场整合对碳排放具有直接影响和间接影响，消除了地理距离因素的市场整合和未消除地理距离因素的市场整合对碳排放的总影响路径系数分别为 0.137、0.219。其中，直接影响路径系数分别为 0.101、0.120；通过经济发展水平对碳排放的间接影响路径系数分别为 0.045、0.111；通过技术水平对碳排放的间接影响路径系数分别为-0.009、-0.012。

（3）市场整合程度、经济发展水平及技术水平对市场整合与碳排放之间的关系具有显著影响：市场整合程度的提高将减弱市场整合对碳排放的正效应；经济发展水平和技术水平的提高能够增强市场整合对碳排放的正效应。

（4）线性模型和非线性模型的结果均表明经济发展水平对碳排放具有较大的促进作用；技术水平对碳排放的抑制作用较大；对外开放程度对碳排放的抑制作用较小。

基于以上的研究结果，我们提出以下政策建议，以期促进低碳经济发展，实现中国碳减排目标。

第一，积极推动经济发展水平高而市场分割严重地区（北京、天津和上海）进行市场一体化改革，降低政府对地区经济活动的干预。

第二，加大对技术创新的支持力度，如增加技术研发的投资，建立技术创新奖励制度。

第三，在制定提高各地区技术水平（尤其是节能减排技术）的政策时，应该考虑在技术水平较低的地区（如江西、新疆、云南等大部分地区）更广泛、着重地实施。

第5章 交通运输行业能源效率与影响因素

为实现绿色、低碳和环保的目标，提高交通部门的能源利用效率和降低碳排放量，中国交通运输部 2011 年发布了《交通运输"十二五"发展规划》，规划提出，到 2015 年，"与 2005 年相比，营运车辆单位运输周转量的能耗和二氧化碳排放分别下降 10% 和 11%"。另外，2012 年发布的《节能减排"十二五"规划》中制定了铁路交通部门的节能减排目标，要求与 2010 年相比，2015 年铁路单位运输工作量综合能源消耗下降 5%。

在中国，中短途运输与长途运输的重要角色代表分别为公路部门与铁路部门，它们分别在中短途运输和长途运输中扮演至关重要的角色。一方面，从世界银行发布的数据可以看出，中国公路部门的能源消耗占全国能源消耗比重在不断增加，从 1999 年的 0.9%，发展到 2011 年的 6.2%。Cai 等（2011）研究中国交通运输行业碳排放的结果表明，2007 年公路部门主导着中国交通运输行业的碳排放，其碳排放量占整个交通运输行业碳排放量的 86.32%。因此，公路部门是中国交通运输行业能源消耗和碳排放量最大的部门。另一方面，中国的铁路运输量在迅速增长，成为世界第一铁路运输国家之一，同时，铁路运输设备利用效率也达到最高。为了更好地实现交通运输部门节能减排，如何有效地控制公路与铁路部门的能源消耗和碳排放是关键。

能源效率、环境效率的高低依赖于运输过程中的能源消耗与碳排放量，能源效率越高说明能源消耗越少，同样地，环境效率越高说明碳排放量越低。公路和铁路部门在能源和环境两个方面的总体效率（能源环境效率）是一个值得关注的问题。本书对能源环境效率的定义基于 DEA 窗口分析法，评价各个省（区、市）能源投入和 CO_2 产出的相对效率。中国清洁能源的利用情况地区差异性较大，如电力部门，东部地区和中部地区主要是火力发电，相应会产生更多 CO_2，西部地区使用水力和风力等清洁能源，发电比例相对较高（Zhou et al., 2007）。但哪个地区的能源环境效率更高，无法直观判断。

现有关于交通运输行业效率研究的对象较丰富，大多是宏观层面的分析，研究结果具有丰富的经济内涵。基于公路和铁路部门在中国交通运输行业占有重要的地位，本章从微观的视角研究中国各省（区、市）公路和铁路部门的能源环境效率，结合超效率非径向 DEA 模型和窗口分析法测算 2003~2016 年中国 30 个省（区、市）（香港、澳门、台湾、西藏除外）公路部门能源环境效率与 2003~2014 年铁路部门能源环境效率，然后用对数回归模型分析影响这两个交通部门能源环境效率的因素，以期为政策决策者制定合理的节能减排措施提供理论依据。

5.1　交通运输行业能源效率测算
与影响因素评估

5.1.1　交通运输行业能源环境效率评估模型构建

DEA 模型有很多种，最典型的是径向 DEA 模型与非径向 DEA 模型。传统的径向 DEA 模型可能会使计算出的能源环境效率值区分度较低，而非径向 DEA 模型则克服了这一缺点（Wang K et al.，2013），加之非径向 DEA 模型计算误差较小，因此被许多学者广泛地应用于某一行业甚至区域整体宏观能源效率研究。本章采用非径向 DEA 模型研究中国公路部门 2002~2016 年省级全要素能源环境效率，进而更好地研究能源环境效率随时间的变化趋势及不同地区间的区域差异。

在非径向 DEA 模型中，每一个决策单元的得分值介于 0~1，当决策单元的得分值为 1 的时候，代表该决策单元为有效决策单元，当决策单元的得分值大于 0 小于 1 时，代表该决策单元为非有效决策单元。然而，在传统的非径向 DEA 模型中，所有的有效决策单元都达到生产前沿时，有效单元的得分值均为 1，这会导致难以对被评价单元进行比较和区分。为了克服这一弊端，在研究中国公路部门全要素能源环境效率时，我们参考 K. Wang 等（2013）的非径向 DEA 模型，并将其改进成超效率非径向 DEA 模型，具体如方程（5.1）所示。

$$EEEI = \min \frac{1}{2}(\theta^{\varepsilon} + \theta^{b})$$

$$\text{s.t.} \sum_{m=1, m \neq m_0}^{30} \lambda_m x_m + s^{x-} = x_{m_0}$$

$$\sum_{m=1, m \neq m_0}^{30} \lambda_m e_m + s^{\varepsilon-} = \theta^{\varepsilon} e_{m_0}$$

$$\sum_{m=1, m \neq m_0}^{30} \lambda_m y_{km} - s_k^{y+} = y_{km_0} \ (k = 1, 2, 3) \qquad (5.1)$$

$$\sum_{m=1, m \neq m_0}^{30} \lambda_m b_m = \theta^b b_{m_0}$$

$$\sum_{m=1}^{30} \lambda_m = 1$$

$$\lambda_m, s^{x-}, s^{\varepsilon-}, s_k^{y+} \geqslant 0$$

其中，EEEI 表示能源环境效率；x_{m_0} 表示第 m_0 个决策单元当前正在被评价；λ_m 表示第 m 个决策单元的权重；x_m 表示第 m 个决策单元的非能源投入；e_m 表示第 m 个决策单元的汽油、柴油、天然气及电力投入，即能源投入；y_{1m} 表示第 m 个决策单元的客运周转量产出；y_{2m} 表示第 m 个决策单元的货运周转量产出；b_m 表示第 m 个决策单元的非期望产出；θ^{ε} 和 θ^b 分别表示能源投入效率和 CO_2 产出效率。能源效率和环境效率加权平均值表示能源环境效率，能源效率和环境效率的权重根据决策者对于这两者的偏好而设定（这里我们取的权重是能源效率和环境效率均为 1/2）。超效率 DEA（super efficiency-DEA）模型的基本思想是在进行第 m_0 个决策单元效率评价时，使第 m_0 个决策单元的投入和产出被其他所有决策单元投入和产出的线性组合代替，从而将第 m_0 个决策单元排除在外，而传统 DEA 模型则将这一决策单元包括在内。在方程（5.1）中，当 θ^{ε} 和 θ^b 大于或等于 1 时，且所有的松弛因子 s^{x-}、$s^{\varepsilon-}$、s_k^{y+} 都为 0 时，表示决策单元有效。一个有效的决策单元可以使其投入按比例增加，而其效率可保持不变，其投入增加比例即其超效率评价值。超效率 DEA 模型能够有效地区分出能源效率有效（即效率值为 1）的决策单元之间的效率差异，可以对所评价的决策单元进行有效的排序。针对有效的决策单元（得分 ≥1），如效率值为 1.1，则表示该决策单元即使再等比例地增加 10% 的投入，它在所有决策单元集合中仍能保持相对有效。

5.1.2　交通运输行业能源环境效率影响因素度量模型构建

对能源环境效率影响因素的研究可以帮助我们制定有效的政策提高能源利用率，降低环境污染。环境 EKC 理论指出，收入水平对能源环境效率会产生影响，为区分它们之间的关系是"U"形还是"N"形，我们在模型中加入收入水平的平方项与立方项。此外，能源环境效率通常会受到科研投入水平与外资投入水平的影响（Li and Shi，2014），交通运输工具技术创新离不开科研投入增加，新技术可以节约能耗，减少排放。外资投入会带来先进的高效率运输设备，同时还可能对交通运输部门增加相应的负荷，从而会直接与间接地影响能源环境效率。人口密度也会影响能源环境效率，能源消耗和碳排放量会受到人口密度大小的影响，人口密度越大，对环境造成的压力也越大，因此人口密度也被认为是能源环境效率的影响因素。人们通过更好的教育，提升环保意识，积极配合政府节能减排工作。因此，本书综合考虑用以上因素来研究它们与能源环境效率之间的关系，如表 5.1 所示。表 5.1 中因素统计数据来自《中国统计年鉴》（2003 年和 2014 年），为消除价格影响因素，以 2002 年的价格计价。

表5.1　影响交通运输行业能源环境效率的因素

符号	名称	定义	单位
INC	收入水平	省（区、市）人均地区生产总值	万元/人
INC^2	收入水平 ^{2}	收入水平的平方	—
INC^3	收入水平 ^{3}	收入水平的立方	—
RESI	科研投入	省（区、市）科研固定资产投入/省（区、市）地区生产总值	%
EDUI	教育投入	省（区、市）教育固定资产投入/省（区、市）地区生产总值	%
FORI	外资投入	省（区、市）外商固定资产投入/省（区、市）地区生产总值	%
POPD	人口密度	省（区、市）人口数量/省（区、市）面积	千人/千米 ^{2}

为了剖析中国公路及铁路部门与各影响因素之间的关系，我们构建对数回归方程（5.2）。

$$EEEI_{mt} = \beta_0 + \beta_1 \ln(INC_{mt}) + \beta_2 [\ln(INC_{mt})]^2 + \beta_3 [\ln(INC_{mt})]^3 + \beta_4 \ln(RESI_{mt}) \quad (5.2)$$
$$+ \beta_5 \ln(EDUI_{mt}) + \beta_6 \ln(FORI_{mt}) + \beta_7 \ln(POPD_{mt}) + \varepsilon_{mt}$$

其中，m 和 t 分别表示第 m 个省（区、市）和第 t 年；ε_{mt} 表示随机误差。

5.1.3　变量说明与数据选取

基于 2003~2016 年的数据，本章对中国 30 个省（区、市）公路部门能源
和环境两个方面的总体效率，即能源环境效率进行评估。将交通运输部门的
"劳动力"和"能源消耗"设定为投入指标，期望产出指标为"旅客周转量"
和"货运周转量"及"地区生产总值"，选取碳排放量为非期望产出指标，如
表 5.2 所示。

表5.2　公路和铁路部门投入产出表

公路部门变量	铁路部门变量	单位	投入和产出类别
就业人数	就业人数	人	非能源投入
	煤	吨标准煤	能源投入
柴油	柴油	吨标准煤	能源投入
汽油		吨标准煤	能源投入
	电力	吨标准煤	能源投入
旅客周转量	旅客周转量	亿人公里	期望产出
货物周转量	货运周转量	亿吨公里	期望产出
碳排放量	碳排放量	吨	非期望产出

公路和铁路部门的能源消耗量可通过表 3.1 各种能源的碳排放系数计算得
到，而其碳排放量由方程（3.1）计算而得。"就业人数""旅客周转量""货物
周转量"及地区生产总值（以 2002 年价格为基准）来自《中国统计年鉴》
（2004~2017 年）和《中国交通统计年鉴》（2004~2017 年）。本书只考虑中国 30
个省（区、市）（香港、澳门、台湾、西藏除外），东部、中部、西部地区划分
标准，如表 5.3 所示。

表5.3　中国三大地区及30个省（区、市）分布

地区	省（区、市）
东部	北京，天津，河北，辽宁，上海，江苏，浙江，福建，山东，广东，海南
中部	山西，吉林，黑龙江，安徽，江西，河南，湖北，湖南
西部	四川，重庆，贵州，云南，陕西，甘肃，青海，宁夏，新疆，广西，内蒙古

5.2　交通运输行业能源环境效率及区域差异

5.2.1　公路部门全要素能源环境效率评估结果

根据方程（5.1）测算中国 30 个省（区、市）及不同地区公路部门 2003~2016 年全要素能源环境效率值，结果见表 5.4。图 5.1 是中国三个地区公路部门 2002~2016 年的全要素能源环境效率及其变化趋势，图 5.2~图 5.4 是中国部分地区公路部门 2002~2016 年的能源消耗量、碳排放量、地区生产总值。

表5.4　中国30个省（区、市）及不同地区2002~2016年公路部门全要素能源环境效率

地区	2002年	2003年	2004年	2005年	2006年	2007年	2008年	2009年	2010年	2011年	2012年	2013年	2014年	2015年	2016年	均值
北京	0.37	0.29	0.26	0.48	0.54	0.50	0.53	0.52	0.56	0.57	0.87	0.79	0.80	0.92	1.15	0.61
天津	1.16	0.57	0.66	0.75	0.73	0.69	0.75	0.72	0.73	0.75	1.09	1.25	1.40	1.50	1.64	0.96
河北	1.15	0.90	0.97	0.95	0.84	0.77	0.84	0.87	0.90	0.96	0.75	0.75	0.80	0.86	0.57	0.86
辽宁	0.60	0.73	0.77	1.02	0.99	1.02	0.86	0.97	0.97	1.03	0.85	0.96	0.94	0.91	0.64	0.88
上海	0.85	1.40	1.27	1.25	1.16	1.20	1.14	1.16	1.24	1.67	1.71	1.84	1.80	1.64	1.50	1.39
江苏	1.59	1.75	1.17	1.11	1.22	1.20	1.26	0.90	0.85	1.09	1.00	1.31	1.15	1.02	1.05	1.18
浙江	1.20	0.84	0.84	0.79	0.80	0.82	0.81	0.84	0.85	0.87	0.72	0.71	0.71	0.71	0.70	0.81
福建	1.37	1.80	2.40	1.05	1.02	0.90	0.99	1.00	0.98	0.93	1.02	1.02	1.01	1.00	0.99	1.17
山东	1.33	1.36	1.32	1.23	1.18	1.11	1.08	0.92	0.91	0.90	0.87	0.92	0.92	0.82	0.87	1.05
广东	0.78	0.73	0.92	0.69	0.77	0.81	1.01	1.02	1.19	1.30	1.04	1.07	1.07	1.04	1.13	0.97
海南	0.95	0.81	0.72	0.77	0.73	2.04	1.21	1.32	1.58	1.59	1.02	0.98	0.88	0.85	0.80	1.08
山西	0.79	0.91	0.97	0.90	0.90	0.92	0.59	0.56	0.60	0.67	0.48	0.48	0.46	0.47	0.41	0.67
吉林	0.53	0.58	0.61	0.72	0.72	0.70	0.68	0.68	0.66	0.70	0.77	0.79	0.79	0.73	0.68	0.69
黑龙江	0.51	0.71	0.82	0.84	0.93	1.07	1.66	1.35	1.16	0.99	0.61	0.64	0.63	0.61	0.57	0.87
安徽	1.32	1.18	1.27	0.75	0.72	0.92	1.20	1.18	1.23	1.07	1.56	1.60	1.66	1.54	1.61	1.25
江西	0.85	0.85	0.87	0.92	0.91	1.01	1.32	1.31	1.26	0.96	0.99	0.92	0.92	1.16	1.07	1.02
河南	1.15	0.85	0.94	1.07	1.05	1.18	1.19	1.12	1.10	1.02	0.99	0.91	0.77	0.85	0.85	1.00
湖北	1.44	1.53	1.33	1.13	1.20	0.97	0.97	1.02	1.01	1.05	1.04	0.97	1.03	1.06		1.11
湖南	1.18	1.48	1.51	1.39	1.45	1.56	1.02	1.07	1.07	1.06	1.04	1.11	1.33	1.28	1.42	1.27
广西	1.44	1.54	1.30	1.27	1.44	1.36	1.48	1.35	1.27	1.18	1.00	0.80	0.81	0.94	0.93	1.21
内蒙古	0.69	0.87	0.84	0.91	0.88	0.92	1.00	0.87	0.98	0.99	1.07	1.04	1.04	1.32	1.18	0.98
重庆	0.81	0.77	0.94	0.88	0.81	0.83	0.96	1.23	1.55	2.16	1.15	1.86	1.73	1.69	1.62	1.27

续表

地区	2002年	2003年	2004年	2005年	2006年	2007年	2008年	2009年	2010年	2011年	2012年	2013年	2014年	2015年	2016年	均值
四川	0.88	0.87	0.82	0.91	0.91	1.08	1.15	1.06	0.85	0.84	0.83	0.90	0.74	0.84	0.76	0.90
贵州	0.64	0.83	0.80	0.61	0.62	0.60	0.66	0.65	0.68	0.67	0.77	0.81	0.83	0.91	1.10	0.75
云南	1.01	1.13	1.00	0.84	0.83	0.93	0.57	0.71	0.52	0.77	0.53	0.50	0.50	0.55	0.55	0.73
陕西	0.55	0.64	0.76	1.17	0.95	0.90	0.85	0.78	0.76	0.72	0.76	0.71	0.72	0.73	0.73	0.78
甘肃	0.78	0.91	1.18	0.90	0.80	0.76	0.75	0.74	0.91	0.65	0.68	0.69	0.70	0.98	1.36	0.85
青海	0.66	0.79	1.04	1.14	1.68	0.80	1.91	1.64	0.89	0.54	0.55	0.52	0.50	0.54	0.56	0.92
宁夏	1.30	1.41	1.35	0.94	0.76	0.67	1.53	0.78	0.66	0.66	1.03	0.49	0.49	1.26	1.39	0.98
新疆	0.74	1.01	1.19	0.94	0.95	0.86	0.59	0.55	0.56	0.50	0.48	0.64	0.69	0.93	1.17	0.79
东部	1.03	1.02	1.03	0.92	0.91	1.00	0.95	0.93	0.98	1.06	0.99	1.05	1.04	1.02	1.00	1.00
中部	0.97	1.01	1.04	0.96	0.98	1.04	1.08	1.04	1.01	0.94	0.94	0.93	0.94	0.96	0.96	0.99
西部	0.86	0.98	1.02	0.96	0.97	0.88	1.04	0.94	0.88	0.88	0.80	0.81	0.79	0.97	1.03	0.92
全国平均	0.95	1.00	1.03	0.94	0.95	0.97	1.02	0.96	0.95	0.96	0.91	0.93	0.92	0.99	1.00	0.97

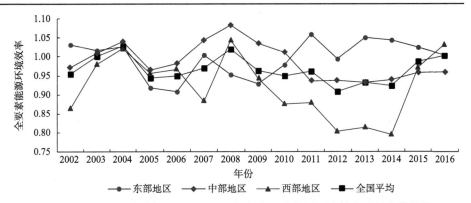

图 5.1　中国三个地区公路部门 2002~2016 年的全要素能源环境效率及其变化趋势

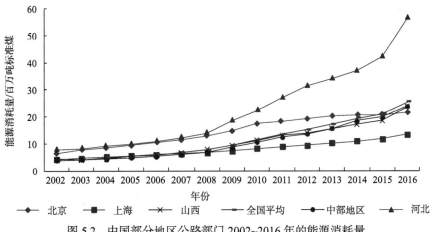

图 5.2　中国部分地区公路部门 2002~2016 年的能源消耗量

图 5.3 中国部分地区公路部门 2002~2016 年的碳排放量

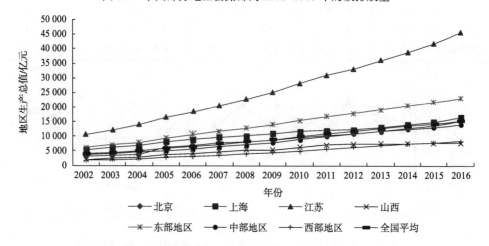

图 5.4 中国部分地区公路部门 2002~2016 年的地区生产总值

首先，在中国 30 个省（区、市）中，公路部门全要素能源环境效率最高的是上海，2002~2016 年，平均能源环境效率值为 1.39；而北京公路部门能源环境效率值则最低，2002~2016 年，平均能源环境效率值仅为 0.61，远低于全国 30 个省（区、市）2002~2016 年平均能源环境效率值 0.97。这是北京的能源消耗总量与碳排放总量较高所致，同时北京的地区生产总值也仅处于中等水平。由图 5.2、图 5.3 与图 5.4 中部分省（市）能源消耗量、碳排放量及地区生产总值的具体变化趋势可知：能源消耗量与碳排放量的减少及地区生产总值的增长是提高全要素能源环境效率的关键因素。公路部门能源环境效率的提高离不开发达的经济与技术支撑，同时提高公路部门能源环境效率的关键是合理有效地控制碳排放量。公路部门能源环境效率较低的地区往往伴随着过度的能源消耗与废气排放（Song et al.，2016）；高效率地区往往可以相对较小的环境投入，产出相对较高的期望产出地区生产总值（Yang et al.，2015）。根据图 5.3 与图 5.4，北京、河北的能源消耗量与碳排放量较大，2003~2014 年，北京的能源消耗量与碳排放量皆高于全国平均水平。值得注意的是，北京在 2015~2016 年两年间有效地抑制了能源消耗量与碳排放量的增长趋势，因此，这两年北京公路部门能源环境效率有了明显的改善（分别为 0.92 与 1.15）。河北的能源消耗量与碳排放量呈逐年上升趋势，远高于全国平均水平，故河北的能源环境效率较低，平均为 0.86。山西的能源消耗量与碳排放量虽然与全国平均水平相当，但其期望产出地区生产总值远低于全国平均值，因此山西公路部门的能源环境效率值较低，平均仅为 0.67。相反，能源环境效率值较高的地方，如上海、重庆，能源消耗量与碳排放量较北京、河北而言则低得多。同时，根据图 5.2，可知江苏虽然是能源消耗大省，但其地区生产总值常年稳居全国前列，因此江苏公路部门能源环境效率较高，这与 Omrani 等（2018）的研究结论相符合。注重节能减排、促进经济发展是提升各地区公路部门全要素能源环境效率的关键。

其次，公路部门平均能源环境效率由高到低依次是东部地区、中部地区与西部地区，分别为 1.00、0.99 和 0.92。全国公路部门在 2002~2016 年平均能源环境效率值为 0.97，而只有西部地区低于全国平均水平。东部地区整体的能源环境效率值高达 1，达到有效水平。西部地区公路部门的平均能源环境效率仅为 0.92，低于全国平均水平，节能减排空间较大。综合分析，东部地区绩效较好的原因主要归功于较高的"经济和科技"水平。在能源环境效率较高的地区拥有最发达的科技水平与生产工艺，这使得它们的投入与产出能够达到最优水平。先进的科学技术可以在相对较少的投入之下（包括能源投入与非能源投入），产出相对较高的期望产出与较低的非期望产出（Hu and Wang，2006）。由图 5.3 可以看出，在 2002~2016 年东部地区的地区生产总值远高于全国平均值，经济发展水平较高，中部地区次之，最差的是西部地区。东部地区公路部门能源环境效率在 2002~2016 年一直保持在较高的水平，在 0.9~1.1 波动。明显地，"经济与科技"水平的提升是提高能源环境效率的关键。

从图 5.1 可以看出，三个地区的能源环境效率变化趋势呈波动状分布。其中，中部地区的变化趋势与全国公路部门的变化趋势较为接近。2006~2010 年，中部地区公路部门的能源环境效率值最高，不仅超过了全国平均水平，还领先于东部地区公路部门。这可能是受到了 2006 年中国政府出台的中部崛起战略的影响，优化了交通资源配置，完善了公路干线网络，以绿色、循环和低碳公路运输为代表的节能减排示范项目相继实施，并重点推广使用了新能源公路运输工具。西部地区在 2014~2016 年能源环境效率上升明显，说明《西部大开发"十二五"规划》实施效果显著，西部地区公路网得到良好的改造与完善。就全国而言，2002~2004 年、2005~2008 年与 2014~2016 年，能源环境效率呈上升趋势，其中的原因可能是受到"十五"规划（2001~2005年）、"十一五"规划（2006~2010年），"十二五"规划（2011~2015年）及"十三五"规划（2016~2020年）中国政府大力提倡节能减排方面的政策影响。例如，推进替代能源的应用，优化能源消耗结构；营运车辆单位运输周转量能源消耗从2010年的7.9千克标准煤/百吨公里下降到2015年的7.5千克标准煤/百吨公里。

5.2.2　铁路部门全要素能源环境效率评估结果

表5.5测算了中国30个省（区、市）及不同地区铁路部门2003~2014年全要素能源环境效率值，图5.5展现了中国不同地区铁路部门2003~2014年的全要素能源环境效率。

表5.5　中国30个省（区、市）及不同地区铁路部门2003~2014年全要素能源环境效率

地区	2003年	2004年	2005年	2006年	2007年	2008年	2009年	2010年	2011年	2012年	2013年	2014年	平均
北京	1.00	1.00	1.01	1.04	1.14	1.10	1.15	1.20	1.19	1.10	1.03	1.02	1.08
天津	1.00	1.00	1.00	0.91	0.99	1.00	1.00	1.00	1.00	1.00	1.00	1.01	0.99
河北	0.91	1.00	1.07	1.00	1.03	1.01	1.01	1.01	0.90	1.00	0.89	0.96	0.98
辽宁	1.00	1.00	1.00	1.00	0.99	1.00	1.00	1.00	1.00	1.00	1.00	1.00	1.00
上海	1.61	1.51	1.47	1.44	1.44	1.58	1.51	1.41	1.92	1.90	2.13	2.07	1.67
江苏	1.01	1.01	1.00	1.00	0.94	1.01	1.00	1.00	0.99	1.07	0.99	0.95	1.00
浙江	0.81	0.62	0.82	0.75	0.86	0.87	0.84	0.78	0.83	0.99	1.00	0.98	0.85
福建	1.00	1.00	1.00	1.00	0.95	1.00	1.00	1.00	1.00	1.01	1.00	1.00	1.00
山东	0.99	0.99	0.99	1.00	0.98	1.00	1.00	1.00	1.00	1.00	1.00	1.00	1.00
广东	0.97	0.98	0.93	0.97	0.95	0.96	0.97	0.99	1.00	0.99	1.00	1.00	0.97
海南	2.66	2.57	2.86	2.18	2.02	1.38	1.34	1.50	1.09	1.09	1.04	1.00	1.73
山西	1.03	1.02	1.01	0.99	1.00	1.00	1.00	1.00	1.00	1.00	1.00	1.00	1.00
吉林	1.00	1.00	1.00	1.00	0.97	1.00	1.00	1.00	1.00	1.00	1.00	1.00	1.00
黑龙江	1.00	1.01	1.01	1.02	0.98	1.02	1.00	1.00	0.99	0.99	1.12	0.99	1.01
安徽	0.91	0.93	0.92	0.94	0.98	0.99	0.98	0.99	1.00	1.00	1.00	0.99	0.97
江西	0.99	0.98	0.98	0.98	0.97	0.97	0.96	0.83	0.97	0.96	0.97	0.97	0.96
河南	1.00	1.00	1.00	1.00	0.99	1.00	1.00	1.00	1.00	1.00	1.00	1.00	1.00
湖北	1.00	1.00	1.00	1.00	1.02	1.00	0.87	1.00	1.00	1.00	1.00	1.00	0.99
湖南	0.99	0.99	1.00	0.88	1.00	1.00	1.00	1.00	1.00	1.00	1.00	0.89	0.98
广西	1.00	1.00	1.00	1.00	1.03	1.00	1.00	1.00	1.00	1.00	1.00	1.00	1.00
内蒙古	1.00	1.00	1.00	1.00	1.00	1.00	1.00	1.00	1.00	1.00	1.00	1.00	1.00

续表

地区	2003年	2004年	2005年	2006年	2007年	2008年	2009年	2010年	2011年	2012年	2013年	2014年	平均
重庆	1.15	1.01	1.01	1.00	1.09	1.00	1.00	1.00	1.00	1.00	1.00	1.00	1.02
四川	1.00	1.00	1.00	1.00	0.97	1.00	1.00	1.00	1.00	1.00	1.00	1.00	1.00
贵州	1.00	1.00	1.00	1.00	0.95	1.00	1.00	1.00	1.00	1.00	1.00	1.00	1.00
云南	1.03	1.00	1.00	1.00	1.00	1.00	1.00	1.00	1.00	1.00	1.00	1.00	1.00
陕西	1.00	1.00	1.00	1.00	0.97	1.00	1.00	1.00	1.00	1.00	1.00	1.00	1.00
甘肃	0.94	1.00	1.00	0.94	0.97	0.93	0.93	0.94	0.94	0.94	0.94	0.95	0.95
青海	1.06	1.09	1.43	1.03	1.14	1.00	1.00	1.00	1.00	1.00	0.98	1.00	1.06
宁夏	1.01	1.00	1.00	1.00	0.95	1.00	1.00	1.00	1.00	1.00	1.00	1.00	1.00
新疆	1.00	1.00	1.00	1.00	0.95	1.00	1.00	1.00	1.00	1.00	1.00	1.00	1.00
东部	1.18	1.15	1.20	1.12	1.12	1.08	1.08	1.08	1.08	1.11	1.10	1.09	1.11
中部	0.99	0.99	0.99	0.98	0.99	1.00	0.98	0.98	1.00	0.99	1.01	0.98	0.99
西部	1.02	1.01	1.04	1.00	1.00	0.99	0.99	0.99	0.99	0.99	0.99	1.00	1.00
全国	1.07	1.06	1.08	1.04	1.04	1.03	1.02	1.02	1.03	1.03	1.04	1.03	1.04

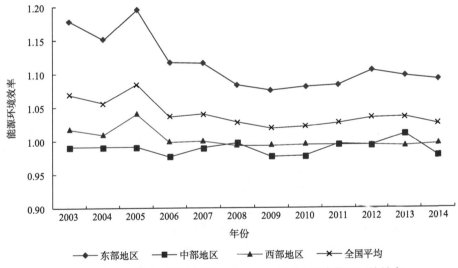

图 5.5　中国不同地区铁路部门 2003~2014 年的全要素能源环境效率

由表 5.5 和图 5.5 可知以下信息。

第一，铁路部门的全要素能源环境效率高于公路部门。总体来看，铁路部门的平均能源环境效率为 1.04，相比公路部门的平均能源环境效率 0.97 略高。

这与许多研究结果相一致，主要是由于铁路部门使用柴油与电力能源，柴油的燃烧效率高于汽油，同时柴油发动机排放的尾气中 CO_2 占 9.1%~15.2%，而汽油发动机排放的尾气中 CO_2 约占 19.84%（Wang et al.，2014），因此铁路部门能源环境效率高于公路部门。

第二，铁路部门平均能源环境效率最高的是东部地区，西部地区次之，最低的是中部地区，分别为 1.11、1.00 和 0.99，东部地区铁路部门能源环境效率高于全国平均水平 1.04。东部地区能源环境效率较高的原因可能是东部地区具有较为发达的铁路交通网络系统，相对于中部地区和西部地区灵活性更强，灵活性较强有利于能源环境效率的提高。此外，中国各地区平均能源环境效率较高的地方很大程度上依赖于发达的科技与经济发展水平（Yang et al.，2015）。东部地区经济技术先进发达，地区生产总值相对中部地区和西部地区而言较高。由此，东部地区铁路部门能源环境效率最高。西部地区铁路部门的平均能源环境效率为 1.00，为有效水平且高于中部地区，这是由于西部地区使用清洁能源发电的效率较高，东部地区和中部地区主要是火力发电，产生的 CO_2 更多。电力部门碳排放强度最高的是东部地区（10.9 吨 CO_2/千瓦时），最低的是西部地区（8.1 吨 CO_2/千瓦时）。柴油是铁路部门消耗的主要能源，1998~2012 年铁路部门柴油消耗占比的平均值约为 73.19%。同时，电力机车的使用不断增加，铁路部门在 1998 年的电力消耗为 6.02%，到 2012 年上涨到 23.28%，同时，柴油消耗量却下降了。加之西部地区铁路部门的能源消耗最低，因此，西部地区铁路部门的能源效率和环境效率都是相对较高的。

第三，结合图 5.5 我们发现，效率较高的年份出现在 2003 年、2005 年、2012 年，这 3 个年份正好处在"十五"（2001~2005 年）与"十二五"规划（2011~2015 年）的重要历史时刻中，这也可以得出铁路部门能源环境效率的提高离不开中国政府在五年规划中制定与实施的相关的能源和环境政策。由于电气化机车比重的上升，发电过程中的燃料与碳排放量随之降低，能源环境效率得到提高。例如，在山西、陕西、内蒙古、贵州、云南东部等煤炭富集地区优化建设煤电基地，火电消耗标准煤从 2000 年的 392 克/千瓦时下降到 2005 年的 370 克/千瓦时，"十一五"期间单位火电煤耗量下降 37 克。同时，西部地区清洁能源丰富，可以充分利用。2010 年，中国水电规模达到 2.2 亿千瓦，为世界最大规模。在 2010 年，风电入网规模达到了全世界第二位的水平，"十一五"期间风电规模新增约 3 000 万千瓦。全国铁路部门能源环境效率 2006~2014 年变化不大，总体来说，无论是全国还是东部、中部、西部三个地区都处于一个较为理想的状态。

5.3 能源环境效率的影响因素评估

测算出中国公路和铁路部门的能源环境效率后，代入方程（5.2），进一步探索公路和铁路部门能源环境效率的影响因素，结果如表 5.6 所示，其中，公路和铁路都是包含了收入水平的平方项与收入水平的立方项的回归结果。

表5.6 Tobit模型回归结果

变量	公路			铁路		
	系数	标准差	t 统计量	系数	标准差	Z 统计量
常数项	1.462 4***	0.006 3	2.748 3	−1.032 6***	0.264 3	−3.906 8
收入水平（INC）	−0.009 3***	0.076 4	1.173 5	−0.201 1***	0.037 0	−5.432 5
收入水平²（INC²）	−0.331 2***	0.086 9	−3.809 3	−0.105 8**	0.043 6	−2.424 8
收入水平³（INC³）	0.206 6***	0.045 5	4.541 7	0.111 5***	0.025 5	4.379 5
科研投入（RESI）	−0.020 1	0.021 4	−0.941 9	−0.008 9	0.011 1	−0.802 0
教育投入（EDUI）	−0.126 0***	0.041 8	−3.011 3	−0.033 7	0.023 1	−1.456 8
外资投入（FORI）	0.081 3***	0.021 6	3.763 9	0.022 6*	0.012 0	1.882 0
人口密度（POPD）	−0.404 2***	0.146 5	−2.759 7	0.293 1***	0.072 8	4.023 6
对数似然比统计量		−80.567 4			207.230 8	
样本量		420			360	

*、**、***分别表示在 10%、5%和 1%的水平下显著

第一，公路和铁路部门能源环境效率与收入水平之间，存在的是"U"形曲线关系。回归系数中，无论是公路还是铁路部门，收入水平的平方项都显著，且系数都为负值。这就可以得出，在中国公路与铁路部门，随着居民收入的提高，公路与铁路部门的能源环境效率起初会呈现一个上升趋势，达到峰值后呈下降趋势。在环境经济学角度上看，污染物排放水平不是只看能源环境效率，但是能源环境效率的机会成本可以反映污染物排放水平，因此，不管是公路部门还是铁路部门，其环境绩效都与收入水平存在倒"U"形曲线关系，即支持 EKC 的观点。

第二，科研投入方面，公路与铁路部门科研投入的系数都不显著，证明科研投入对公路与铁路部门的影响并不显著。造成这种结果的原因可能是全部的科研投入包括了对公路与铁路部门的科研投入两个部分，这两个部门的变化可能与总体的变化不能对应起来。各省（区、市）的科研投入并不能代表交通运输行业科研投入水平，因此该系数不显著。教育投入方面，公路部门教育投入水平的回

归系数为-0.126 0，铁路部门为-0.033 7，但是对铁路部门的影响不显著，教育投入每增加 1%，公路部门的能源环境效率减少 0.126 0%。教育投入的增加会对公路部门产生一定的影响，因为教育也会带动公路交通的发展，从而增加环境的负担。同时，随着教育的普及，家庭对公路交通的使用率开始增加，这也在一定程度上增加了公路交通量，从而增加了公路部门的交通负担。

第三，外资投入对公路和铁路部门的能源环境效率影响都是正向的，回归系数分别是 0.081 3 和 0.022 6。这说明外资投入每增加 1%，公路和铁路部门能源环境效率分别提高 0.081 3%和 0.022 6%。外资投入增加的同时带来了国外先进的科技，使得能源环境效率也随着提高。然而，"污染避难所"假说却与该观点相反，即发达国家通过转移投资，给发展中国家带来了巨大的污染排放与环境破坏，显然公路与铁路部门都不支持"污染避难所"假说，说明外资投入带来的科技水平提升的效果更加明显。扩大外资投入不仅可以促进科技发展，也可以带来一定程度的经济发展与增长，同时促进公路和铁路部门能源环境效率提升。

第四，人口密度的回归系数在公路与铁路部门中分别为-0.404 2 和 0.293 1，分别是负向和正向的影响，而且都在 1%的水平下显著。这说明人口密度每增加 1%，公路和铁路部门的能源环境效率分别降低 0.404 2%和提高 0.293 1%。这是因为人口密度越大，人口数量越大，促使能源消耗量增加，碳排放量增加，造成城市公路交通环境压力提升。铁路出行相对公路出行来说较为廉价，规模效应随着人口密度上升而更加明显，能源消耗量与人均碳排放量都减少。因此，交通部门应该根据不同省（区、市）的人口数量与人口密度，合理规划交通运输工具，在人口密度小的地区优化公路布局与建设，在人口密度大的地区积极推动铁路交通的建设。

5.4 本 章 小 结

本章运用超效率非径向 DEA 模型测算出中国 30 个省（区、市）2002~2016年公路部门与 2003~2014 年铁路部门的全要素能源环境效率，并且研究分析了能源环境效率的影响因素。基于以上讨论可得以下结论。

第一，中国公路部门全要素能源环境效率的提高，很大程度上依赖于发达的科技水平与经济发展水平。先进的科学技术可以在相对较小的投入之下（包括能源投入与非能源投入），产出相对较高的期望产出与较低的非期望产出。

第二，铁路部门的全要素能源环境效率高于公路部门。柴油作为铁路部门的主要燃料，燃烧效率高于汽油，促使铁路部门的能源环境效率高于公路部门。

第三，公路部门平均能源环境效率最高的是东部地区，中部地区次之，最低的是西部地区；铁路部门平均能源环境效率最高的是东部地区，西部地区次之，最低的是中部地区。

第四，公路和铁路部门能源环境效率与收入水平之间都存在"U"形关系。

第五，外资投入与公路和铁路部门的能源环境效率存在正向影响关系；人口密度在公路部门中对能源环境效率有负向影响，在铁路部门中有正向影响。

根据本章研究结论，针对未来中国公路部门与铁路部门节能减排工作，我们提出以下几点政策性建议。

第一，公路部门全要素能源环境效率的提升离不开发达的科学技术与经济发展水平作为支撑，因此，应重视对科技的投入与研发及经济建设水平的提高，加大科技力度，增加技术性投入。

第二，适当合理地调整燃料税及推广节能交通工具。同时，为了减少 CO_2 的排放，政府应制定相应的废气排放标准，推广使用清洁能源。推动新能源汽车的普及，增加电力机车在铁路部门的比重，积极充分使用西部地区资源，推广风电类清洁能源。

第三，国家应重视对于西部地区与中部地区交通运输网的完善与建设，西部地区与中部各地区政府及相关部门应借鉴东部地区，引进先进技术，增加交通运输系统的灵活性。

随着居民人均收入的增加，国家应出台相应的燃料价格政策，如调整燃料税。

第 6 章　农业环境效率与碳减排成本

近年来，中国的农业经济取得了巨大成就，粮食总产量突破历史新高，实现了用世界百分之五的土地养活世界百分之二十的人口的目标。但中国的农业生产依然保持着"三高"（高耗能、高投入、高废物）的生产形式，中国农业生产环境不断恶化。农业自古以来就作为人类社会赖以生存、发展的基础，被当作经济发展、社会安定、国家自立的根本，对人类社会的发展和进步有着不可替代的作用。农业生产存在安全隐患，会给人类的生产、生活造成负面影响，因此，中国农业领域的节能减排工作极其重要。

近年来，中国政府响应国际社会的节能减排号召，积极地采取措施来履行大国责任。在 2015 年巴黎气候变化大会上，中国政府承诺到 2030 年单位 GDP 碳排放量比 2005 年下降 60%~65%。为此，党的十八大报告把生态文明建设写入党章，提高了全党、全国对生态文明建设的关注程度，该报告对环境保护和节能减排的一系列战略方针进行了高度概括和总结，形成了生态文明、物质文明、精神文明等"五位一体"的总布局。习近平总书记也一直强调生态文明建设的重要性，指出"绿水青山就是金山银山"，突出了生态文明建设的重要意义。

中国政府部门也出台了一系列碳减排方案，发展低碳农业。2012 年出台的《"十二五"控制温室气体排放工作方案》明确指出要发展低碳农业，"努力控制农业领域温室气体排放"。2016 年 10 月出台的《"十三五"控制温室气体排放工作方案》明确指出要"大力发展低碳农业"，"坚持减缓与适应协同，降低农业领域的温室气体排放。实施化肥使用量零增长行动"。

农业领域碳减排的关键在于找出农业碳排放的重点区域，并确定影响农业碳排放的主导因素，碳排放主导因素的确定对于农业领域碳减排及农业的可持续发展具有重要的作用（Shahbaz et al., 2015；Meyers et al., 2016）。部分研究者从寻找影响碳排放的主要因素入手，进而提出农业碳减排的具体方案，如 Wang 和 Feng（2017）对中国工业、居民、交通三大行业的碳排放进行因素分解，得出了经济产出是推动碳排放的主导因素，而能源强度是减少碳排放的主导因素。

考虑到社会的实际总效益，在碳减排工作中不应盲目减少碳排放总量，应该在减少全国碳排放总量的同时，考虑到碳减排的经济成本，以确定最有效的碳减排区域；要确定影响不同地区农业碳排放的主导因素，这样才能科学地指导不同地区进行碳减排工作。因此，本书把中国农业碳减排成本，即农业碳排放影子价格与农业碳排放的主导因素综合起来研究，以确定中国农业碳排放减少的最佳区域和有效措施。

6.1　农业碳排放重心变化趋势与环境效率测算

近年来，国际社会和国家对于温室气体排放的关注度不断提高，工业部门是温室气体排放的主要部门，在之前的研究中，很多学者过多地关注工业部门的碳减排问题，忽视了其他部门的碳排放。农业生产过程中化肥、农药、薄膜的使用及机械的使用等会带来大量的碳排放，因此，农业领域的碳排放问题也不容忽视。特别地，中国农业生产采用的是粗放型的生产方式，高投入、高污染已经成为中国农业生产的重要特征，近年来中国农业生产产生的碳排放问题受到重视。本章主要基于合适的模型探讨中国各省（区、市）农业部门碳排放重心的变化趋势、环境效率，为中国农业环境效率提升提供重要的理论支持。

6.1.1　模型方法与数据来源

1. 重力模型构建

重力模型是一个用于描述事物的地理分布特征、测量事物重心变化趋势的模型。重心的测量只能用该模型来测量，该模型没有得到发展改进，但使用范围逐渐变广，现在，随着能源和环境问题日益成为全球的重点问题，重力模型主要用于测量能源或污染物排放的重心变化。本书也利用重力模型探索了中国2005~2014 年农业碳排放重心的流动趋势，其作用主要包括以下两点：第一，能够帮助我们初步了解中国农业领域碳排放的分布重心流动格局；第二，能够在了解现有农业碳排放重心变化的基础上预测未来一段时间内中国农业碳排放重心的变化趋势。

重力模型法的具体情况如下：用第 m 个省（区、市）经纬度的平均值乘以每个省（区、市）每年的碳排放量之积，再用这个乘积除以每个省（区、市）每年的碳排放之和。本书中，我们考虑 30 个省（区、市）在 2005~2014 年 10 年间的碳排放重心的变化趋势，因此，$m = 30$，$n = 10$，即可以得到每一年全国碳排放重心的位置所在，本书采用 Wang 和 Feng（2017）的重力模型。

在第 n 年重力区域中心的位置（X_m^n, Y_m^n）如方程（6.1）和方程（6.2）所示。

$$X_m^n = \frac{\sum_m M_m^n \times \dfrac{x_{m\max} + x_{m\min}}{2}}{\sum_m M_m^n} \tag{6.1}$$

$$Y_m^n = \frac{\sum_m M_m^n \times \dfrac{y_{m\max} + y_{m\min}}{2}}{\sum_m M_m^n} \tag{6.2}$$

其中，M_m^n 表示 m 省（区、市）第 n 年的属性值（碳排放）；（x_m, y_m）表示 m 省（区、市）的坐标，由于每个省（区、市）的经纬度跨度较大，我们根据 Wang 和 Feng（2017）的研究将每个省（区、市）的经纬度最大值和最小值取平均值；$x_{m\max}, x_{m\min}, y_{m\max}, y_{m\min}$ 分别表示 m 省（区、市）的经纬度的最大值和最小值。

2. 农业环境效率度量模型

DEA 模型是一种用于研究相对效率的最普遍的模型，由 Charnes（1978）最早提出，此后学者结合松弛量与比例效率在 DEA 模型的基础上提出 SBM-DEA 模型。本书借鉴 Li 等（2013）改进的 SBM-DEA 模型评估我国 30 个省（区、市）的农业环境效率。该模型主要有以下优势：一方面，可以通过时间序列和横截面数据来对比不同时间的环境效率变化情况；另一方面，可以通过测算横截面数据来对比不同省（区、市）之间的环境效率差异情况。全国各地区经济发展状况、资源禀赋等差异较大，导致不同省（区、市）的碳减排成本存在较大差异，确定各地区农业碳减排成本的大小对合理规划全国农业节能减排工作，保证国家粮食安全具有很大的意义。因为 SBM 模型同时考虑了输入和输出变量的松弛量，其输出的环境效率值不能被直接解释，但是效率得分值越高，输入和输出变量的松弛量就越小，越接近理想状态。因此，本书参考 Li 等（2013）提出的模型，计算我国 30 个省（区、市）农业环境效率的基本情况，具体模型如方程（6.3）所示。

$$P = \{(x, y, b) \mid x \geqslant X\lambda, y \leqslant Y\lambda, b \geqslant B\lambda, \lambda \geqslant 0\} \tag{6.3}$$

$$\rho^* = \min \frac{1 - \dfrac{1}{n}\sum_{i=1}^{n}\dfrac{s_i^-}{x_i}}{1 + \dfrac{1}{s_1+s_2}\left(\sum_{r=1}^{s_1}\dfrac{s_r^y}{y_r} + \sum_{r=1}^{s_2}\dfrac{s_r^b}{b_r}\right)}$$

$$\text{s.t.} \, x_0 = X\lambda + s^-$$

$$y_0 = Y\lambda - s^y \qquad\qquad (6.4)$$

$$b_0 = B\lambda + s^b$$

$$s^- \geqslant 0, s^y \geqslant 0, s^b \geqslant 0, \lambda \geqslant 0$$

其中，$n=1,2,\cdots,7$ 表示 7 种投入变量；s_1 表示期望产出；s_2 表示非期望产出；s 表示投入产出的松弛量；s_i^- 表示投入变量的松弛量；s_r^y 表示期望产出的松弛量；s_r^b 表示非期望产出的松弛量；y_r 表示期望产出的数量；b_r 表示非期望产出的数量；λ 表示的是调整矩阵；$X\lambda$ 表示前沿上的投入量；$Y\lambda$ 表示前沿上的产出量。$\dfrac{1}{n}\sum_{i=1}^{n}\dfrac{s_i^-}{x_i}$ 表示 n 个投入的松弛量占其实际投入量比值的平均值，也就是 n 个投入变量的平均非效率水平，那么方程（6.4）的分子就表示各个投入量的平均效率水平。同理，方程（6.4）的分母表示期望产出和非期望产出的平均非效率水平，故 $\dfrac{1}{1 + \dfrac{1}{s_1+s_2}(\sum_{r=1}^{s_1}\dfrac{s_r^y}{y_r} + \sum_{r=1}^{s_2}\dfrac{s_r^b}{b_r})}$ 表示期望产出和非期望产出的平均效率水平，那么，这个效率值就等于投入量的平均效率水平乘以产出量的平均效率水平。这个模型还区分了期望产出与非期望产出，能够有效地计算出 30 个省（区、市）的农业环境效率。

3. 数据来源说明

基于 2005~2014 年我国 30 个省（区、市）（西藏除外）农业部门的面板数据（农业的具体分类见表 6.1，农业的分类基于《中国统计年鉴》）进行农业碳排放重心变化趋势与环境效率研究。Robaina-Alves 和 Moutinho（2014）在其研究中把化石能源消费量、氮肥消费量、农业劳动力、有效灌溉面积作为输入变量，以便研究欧盟国家农业化石能源与非化石能源对碳排放的影响大小。Li 等（2014）把能源消费量、农业补助额、农业生产总值、农业从业人口、GDP 等作为输入变量，研究农业补助因素及其他因素对中国碳排放的影响。我们选取 7 个变量作为农业环境效率测算的输入输出模型（表 6.1）：农业从业人口；非能源投入；能源投入；有效灌溉面积；农业补助额作为输入变量，以农业碳排放总量作为非期望产出，农业生产总值作为期望产出。各省（区、市）的经纬度数据取其最大值和最小值的平均值，数据基于谷歌地图测量所得。

表6.1　变量和数据说明（一）

变量	变量名称	变量说明[1]	数据来源
P	农业从业人口		《中国统计年鉴》
I	农业补助额	农业部门的财政支出	《中国统计年鉴》
N	非能源投入	农药、化肥、薄膜等生产资料使用量	《中国统计年鉴》
E	能源投入	农用柴油、电力等能源使用量	各省（区、市）统计年鉴和《中国能源统计年鉴》
A	有效灌溉面积		《中国统计年鉴》
C	农业碳排放总量	农业能源投入、非能源投入分别乘以其相应的碳排放系数（表3.1）	计算所得
Y	农业生产总值		《中国统计年鉴》

1）各项数据均基于省级水平

注：新疆 2006 年和 2008 年、上海 2008 年和 2009 年、重庆 2006 年和 2007 年的农业用电数据有缺失，我们用线性插值法将其补充完整

不同物质资源的碳排放系数如表 6.2 所示。

表6.2　不同物质资源的碳排放系数

碳排放源	碳排放系数	数据来源
化肥	0.895 6 千克/千克	West 和 Marl（2002）
农药	4.934 1 千克/千克	Mosier 等（1998）
薄膜	5.18 千克/千克	张林等（2015）
农用柴油	0.592 7 千克/千克	IPCC（2007）
灌溉面积	25 千克/千米^2	Dubey 和 Lal（2011）
农业耕地	312.6 千克/千米^2	张林等（2015）

6.1.2　农业碳排放重心变化趋势

依据重力模型，我们可以计算出中国农业领域 2005~2014 年碳排放重心变化趋势，结果如图 6.1 所示。

如图 6.1 所示，研究期间碳排放重心的经纬度主要分布在 103.4°E~116.8°E，33.4°N~34.2°N，主要集中在河南境内。河南作为一个农业大省，农作物播种面积大，农业生产中能源和非能源投入量较大，并且农业生产技术相对东南部省（区、市）来说落后一些，故而能源与非能源投入所排放的 CO_2 量很大，导致河南的农业碳排放量居高不下。2004 年《中华人民共和国农业机械化促进法》正式实施，

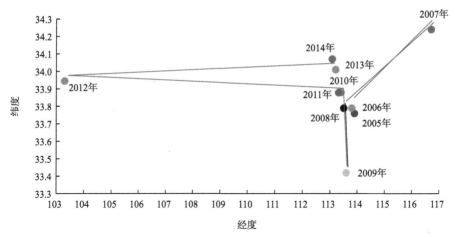

图 6.1　全国农业碳排放重心分布

河南作为一个农业大省，其农业机械的购置量大大增加，2006 年全省农机总动力比 2000 年增长了 43.7%，随之而来的是能源消耗量大大提升，这与之前学者的研究结论类似，除个别年份（2007 年和 2012 年），其余年份全国碳排放的重心均落在河南境内。研究期间全国农业领域碳排放重心变化趋势可以分为以下四个阶段：第一个阶段是 2005~2007 年重心向东北方移动，从 2005 年的 113.8°E、33.7°N 到2007 年的 116.8°E、34.2°N；第二个阶段是 2007~2009 年重心向西南方移动；第三个阶段是 2009~2012 年重心向西北方向移动；第四个阶段是 2012~2014 年重心向东北方移动。但变动范围都不大，重心的变化可能与全国不同省（区、市）在不同年份的农业生产碳排放量高低有一定的关系，但总体变动较小，还不至于使全国农业碳排放重心离开河南境内。

从 2005~2014 年的整个研究期间来看，忽略中间具体年份的碳排放重心变动，总体来看，农业碳排放重心有向西北方移动的趋势，这种现象出现的原因如下：第一，西部和北部地区省（区、市）经济发展相对缓慢，农业生产中没有采用先进的生产技术，农业生产中能源利用效率比东部和南部地区要低（Li et al.，2014），从而导致农业碳排放量居高不下；第二，东部和南部地区省（区、市）第二产业和第三产业发展迅速，因而东部和南部地区省（区、市）的第一产业比西部和北部地区省（区、市）的第一产业在总体国民经济生产总值的所占比重下降得要快，在之后的年份，由于东部和南部地区省（区、市）农业生产减少，从而农业碳排放减少；第三，东部和南部地区省（区、市）的经济发展相对较先进，技术发展较快，从而农业生产中技术水平的提高相对较快而使污染物排放减少。以上几个原因导致了中国农业碳排放重心逐渐向西北方向移动。由此我们可以得出影响农业碳排放重心变动的因素主要是，生产技术的高低导致的能源使用效率的高低、经济发展程度和农业生产技术水平造成的污染物排放量及污染物治理水平的高低，以及第一产业在各省（区、市）生产总值中所占比重的大小。当前，中国东部和南部地区经济发展水平较发达，东部和南部地区省（区、市）与西部和北部地区省（区、市）之间在未来一段时间内在经济发展水平、农业生产与科技水平、第一产业在地区生产总值中所占的比重都会保持现有水平甚至有扩大趋势，因而未来一段时间内农业生产的碳排放重心可能会继续向西北方移动。

6.1.3　农业环境效率结果分析

1. 全国平均农业环境效率的时间序列分析

在上面的研究部分，我们得出了在研究期间中国总体农业碳排放重心随时间的空间变化趋势，并对未来一段时间的农业碳排放重心进行了预测。首先，我们对全国平均农业环境效率情况进行分析，以得出研究期间全国农业环境效率的整体变化趋势；其次，我们对不同省（区、市）之间的平均环境效率之间进行比较得出不同省（区、市）间环境效率的差距。

图 6.2 为全国平均农业环境效率值随时间的变化趋势，从全国加权平均农业环境效率来看，研究期间中国整体的农业环境效率呈现不断下降的态势，这与之前 Li 等（2016a）的研究显示比利时与澳大利亚在研究期间环境效率呈现不断下降的结果类似。

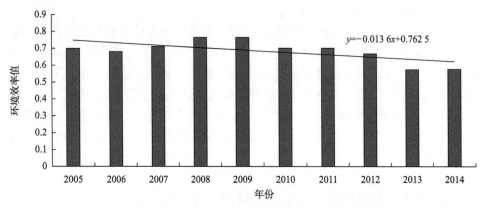

图 6.2　全国平均农业环境效率值随时间的变化趋势

从具体年份的环境效率变化趋势来看，2005~2008 年全国平均农业环境效率值不断上升，在 2008 年农业环境效率值达到最大为 0.769，此后便开始呈现持续下降趋势。2008 年，中国政府为了在奥运会期间向全世界人们展现一个更好、更绿色的自然环境，增加了全国各省（区、市）的碳减排任务，从而全国各省（区、市）、各行业在生产中更加注重环境因素，减少碳排放，导致全国农业碳排放增长量在此期间增长缓慢（《中国统计年鉴》），从而在这段时间内全国平均农业环境效率值呈现上升态势。2008 年爆发了全球金融危机，中国也受到很大的冲击，各省（区、市）、各行业为了实现经济复苏，大力发展经济，以牺牲环境为代价，从而忽略了环境污染、资源浪费等其他问题，农业也是如此。农业作为一个基础性的产业，国家为了保护农业、实现农业经济的复苏，在 2008 年进一步提高了最低粮食收购标准，农户为增加农作物产量加大了化肥、农药等非能源的投入，于是农业碳排放总量的增长速度也加快了（《中国统计年鉴》）。此外，国家为了振兴农机工业，2008 年大力提高农机具购置补贴，补贴额达到 40 亿元，比 2007 年翻了一番，到 2009 年农机具购置补贴更是达到了历史新高，高达 100 亿元，农业机械的使用会导致柴油等能源的使用量增加，从而使能源消耗所产生的碳排放量上升。从总体来说，全国农业非能源投入的变化趋势如图 6.3 所示，非能源生产资料的投入量呈现出逐步递增趋势（《中国统计年鉴》），并且根据非能源投入的增长趋势线与全国平均农业环境效率变化趋势线可以知道，非能源投入是在不断增加的，而全国农业环境效率却在不断下降。由此，我们可以推知，农业领域非能源投入量与农业环境效率的下降有较大的关联程度。

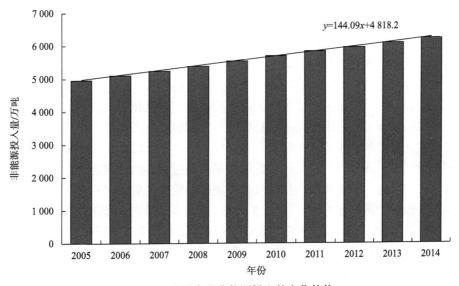

图 6.3　全国农业非能源投入的变化趋势

2. 不同省（区、市）农业环境效率对比分析

由表 6.3 的时间序列数据可以知道，30 个省（区、市）在研究期间的农业环境效率基本上均有所下降，但不同省（区、市）之间下降的幅度不同。由表 6.3 可以看出，那些在研究初期环境效率得分较低的省（区、市）在研究期间环境效率均有所下降，如宁夏、山西、陕西等，宁夏从 2005 年的 0.485 到 2014 年的 0.292，山西从 2005 年的 0.535 到 2014 年的 0.337，陕西从 2005 年的 0.462 到 2014 年的 0.266，均出现了较大幅度的下降。从研究初期来看，不同省（区、市）之间的农业环境效率差异较小，相对处于较高水平，但经过一段时间的发展，那些农业环境效率在初期本来较低的省（区、市）比那些在研究初期农业环境效率相对较高的省（区、市）的农业环境效率下降得更快，导致全国不同省（区、市）之间的农业环境效率差异越来越大，这种时间序列结果表明中国各省（区、市）之间的环境效率的绩效差别较大且不断呈现扩大趋势。不同省（区、市）农业环境效率呈现不断下降趋势的原因主要在于，农业领域能源与非能源的使用效率低下，尤其是山西、陕西这些煤炭密集型的省，在研究期间过度重视经济发展而忽略了环境破坏，为了提高农业产量采取过度粗放型的能源使用模式导致环境效率较低。不同省（区、市）之间农业环境效率呈现扩大趋势现象的主要原因是研究初期全国对于环境的重视度不够，因此会出现一定的粗放型发展方式。但在研究初期，农业主要依靠传统的方式耕作，没有进行大面积的机械化生产，采用小农生产模式，农户自己种好自己家里的几亩地，于是会更多地使用自己的农家肥，对化肥、农药等使用相对较少，因此，研究初期各个省（区、市）的农业环境效率没有达到最优，但是总体处于相对较高水平。随着社会的进步，尤其是工业化的发展，越来越多的农民进入城市，农村的土地开始集中由少数人承包，国家对于农业机械化的推动也在不断跟进，以及对于农业的补贴，包括化肥、农药等也在不断加强，导致部分省（区、市）尤其是那些农业大省的农业环境效率下降较快，而这些省（区、市）本来在研究初期农业占国民经济的比重较高，从而使其农业环境效率在研究初期就全国而言处于较低的水平，经过这样的发展之后，环境效率下降得更快。同时，那些在研究初期农业环境效率较高的省（区、市）是那些经济发展水平相对较高的省（区、市），这些省（区、市）的农业经济在其生产总值中的比重相对较小，因此，在研究初期其农业环境效率本来在全国就处于较高水平。并且，随着时间的推移，国家开始关注环境问题，注重各个行业的碳排放减少，因此，对这些经济发展水平较高的省（区、市），如北京、上海等在农业方面的环境管制更加严格，这些省（区、市）在整个研究期间农业环境效率下降较少，甚至有所上升。

表6.3 不同省（区、市）2005~2014年的平均农业环境效率值

省（区、市）	2005 年	2006 年	2007 年	2008 年	2009 年	2010 年	2011 年	2012 年	2013 年	2014 年	均值
安徽	0.520	0.525	0.548	0.559	0.645	0.654	0.508	0.491	0.353	0.353	0.515
福建	0.829	0.925	0.851	1.000	1.000	0.943	1.000	1.000	0.643	0.660	0.885
甘肃	0.514	0.492	0.523	0.555	0.512	0.501	0.476	0.461	0.357	0.356	0.475
广东	1.000	1.000	0.997	0.990	1.000	0.920	0.680	0.606	0.486	0.639	0.832
广西	0.665	0.719	0.685	0.773	0.794	0.765	0.555	0.505	0.387	0.384	0.623
贵州	0.535	0.563	1.000	1.000	1.000	1.000	1.000	1.000	1.000	1.000	0.910
海南	1.000	1.000	1.000	1.000	1.000	0.840	1.000	0.663	1.000		0.950
河南	0.546	0.554	0.535	0.549	0.540	0.505	0.577	0.563	0.377	0.406	0.515
河北	0.999	0.996	0.998	0.706	0.641	0.728	0.459	0.465	0.469	0.432	0.689
黑龙江	0.653	0.652	0.619	0.716	0.672	0.629	0.504	0.543	0.537	0.521	0.605
湖北	0.554	0.587	0.566	0.5626	0.573	0.549	1.000	0.435	0.340	0.357	0.552
湖南	0.718	0.720	1.000	0.959	1.000	1.000	0.760	0.719	0.484	0.481	0.784
吉林	0.586	0.631	0.597	0.675	0.723	0.629	0.481	0.451	0.397	0.382	0.555
江苏	1.000	1.000	1.000	1.000	1.000	1.000	1.000	1.000	0.574	0.567	0.914
江西	0.646	0.704	0.693	0.731	0.782	0.750	0.591	0.558	0.433	0.447	0.633
辽宁	1.000	1.000	1.000	1.000	1.000	1.000	0.863	0.833	0.609	0.583	0.889
内蒙古	0.728	0.710	0.679	0.695	0.625	0.624	0.509	0.486	0.426	0.396	0.588
宁夏	0.485	0.457	0.445	0.455	0.426	0.511	0.339	0.349	0.355	0.292	0.411
青海	1.000	1.000	1.000	0.657	0.636	1.000	1.000	0.697	0.563	0.562	0.812
山东	0.615	0.629	0.616	0.693	0.755	0.675	0.560	0.538	0.453	0.449	0.589
山西	0.535	0.430	0.415	0.407	0.523	0.467	0.389	0.377	0.343	0.337	0.422
陕西	0.462	0.390	0.446	0.354	0.412	0.408	0.265	0.265	0.279	0.266	0.355
四川	1.000	1.000	1.000	1.000	1.000	1.000	1.000	1.000	1.000	0.740	0.974
云南	0.489	0.539	0.524	0.550	0.543	0.476	0.445	0.450	0.351	0.358	0.472
浙江	1.000	1.000	1.000	1.000	0.981	1.000	0.624	0.605	0.601	0.534	0.835
新疆	0.482	0.451	0.457	1.000	0.712	0.469	1.000	1.000	0.999	0.998	0.757
北京	0.480	0.453	0.446	1.000	1.000	0.403	1.000	1.000	1.000	1.000	0.778
上海	0.902	0.421	0.766	1.000	1.000	0.896	1.000	1.000	1.000	1.000	0.898
天津	0.613	0.507	0.508	0.668	0.609	0.325	0.685	0.773	0.819	1.000	0.651
重庆	0.484	0.412	0.433	0.825	0.919	0.379	1.000	1.000	1.000	1.000	0.745
全国	0.701	0.682	0.712	0.769	0.767	0.707	0.704	0.672	0.577	0.583	

表 6.3 主要展示了不同省（区、市）的农业环境效率值，由不同省（区、市）之间的平均农业环境效率值可以知道，农业环境效率得分高的主要为海南、贵州、四川等，环境效率得分分别达到了 0.950、0.910 和 0.974，这些省的农业环境效率只是在个别年份未实现效率最优，在其他年份均达到了环境效率最优。平均农业

环境效率得分低的有山西、陕西、宁夏等，仅分别为 0.422、0.355 和 0.411，在对不同省（区、市）之间的平均农业环境效率进行对比分析中，我们可以知道，中国不同省（区、市）之间的农业环境效率差异较大，我们可以从影响农业碳排放影子价格差异的因素入手得到造成这种结果的原因。

6.2　农业碳减排成本及主要影响因素测算

中国各省（区、市）之间在能源使用情况、技术条件及资源禀赋上存在较大差异，导致在碳减排过程中各个省（区、市）间的减排成本存在较大差异。有的地区虽然通过努力也确实减少了一定的碳排放量，却为此付出了巨大成本，导致部分工厂减产甚至停产。有的地区则通过制定一些地方政策，如限制居民使用煤炭等化石能源作为生活能源，增加一些科技投入等，来实现提高能源使用效率，减少碳排放，而为此付出的成本却不高。因此，全国范围内农业领域的碳减排需要进行合理规划，那些减排成本低的省（区、市）可以适当加大减排力度，而那些减排成本高的省（区、市）则可以适当减小减排力度，在全国减排量一定的前提下实现全国减排成本的最小化。在分析了不同省（区、市）间碳减排成本情况之后，我们更需要一些有针对性的措施来指导减排工作的顺利进行，这就有必要对不同省（区、市）的碳排放影响因素进行研究。因此，本节主要探讨了中国不同省（区、市）之间的碳排放影子价格差异，并在此基础上分析了不同省（区、市）碳排放的主导因素，以期能够为合理规划全国的农业碳减排量，降低碳减排成本提供理论支撑，并对不同省（区、市）的具体碳减排措施提供理论指导。

6.2.1　模型构建与数据来源

1. SBM-DEA 模型

SBM-DEA 模型是 Tone（2001）等在 DEA 模型的基础上对其进行发展改进而来的（Hong et al.，2006），这是一种非径向模型，能够在原来 DEA 的基础上测算输入输出的松弛量大小，可以非比例地调整输入输出变量，主要用于解决相对效率问题。后来，Li 等（2016b）对 SBM 模型的对偶模型进行探索，发现其可以求出非期望产出和期望产出的虚拟价格，进而能够求出非期望产出的影子价格。

在使用 SBM 模型计算各省（区、市）的农业环境效率时只能将模型转化为非期望产出的影子价格的非线性模型，无法计算得出最值（何莎，2018），因此，我们根据 Li 等（2016b）将 SBM-DEA 模型的对偶线性规划推导出来，如方程（6.5）所示。

$$\max u^y y_0 - vx_0 - u^b b_0$$
$$\text{s.t.} \ u^y Y - vX - u^b B \leqslant 0$$
$$v \geqslant \frac{1}{m}\left[1/x_0\right] \qquad\qquad (6.5)$$
$$u^y \geqslant \frac{1 + u^y y_0 - vx_0 - u^b b_0}{s}\left[1/y_0\right]$$
$$u^b \geqslant \frac{1 + u^y y_0 - vx_0 - u^b b_0}{s}\left[1/b_0\right]$$

其中，$m=1,2,\cdots,7$ 表示投入量的种数；$s=s_1+s_2$，s_1 和 s_2 分别表示期望产出与非期望产出；对偶变量 v 属于输入变量的实数；u^y 属于期望输出变量的实数；u^b 属于非期望产出实数，分别表示输入变量、期望产出和非期望产出的虚拟价格，目标函数表示虚拟利润的最大化。本书使用的模型中区分了期望产出和非期望产出，这样我们能够根据期望产出与投入量来计算出非期望产出的影子价格。假定市场化期望产出的绝对影子价格等于市场价格，那么，非期望产出的影子价格可以用非期望产出关于期望产出的相对影子价格表示（Cooper et al.，1999），如方程（6.6）所示。

$$P^b = P^y \times \frac{u^b}{u^y} \qquad\qquad (6.6)$$

环境效率模型与影子价格模型相互补充，它们均考虑了经济活动和碳排放量，环境效率同样也考虑了能源以外的生产因素，因此，这两者之间是相辅相成的。

2. LMDI 因素分解模型

LMDI 因素分解是 IDA 法中使用最为广泛的一种方法。参考学者的研究，我们将影响因素分为能源利用效率、能源排放强度、人口因素等。考虑到中国农业受到中国政府补助，以及农药、化肥等非能源投入的实际情况，我们用 Kaya 恒方程将中国各省（区、市）农业部门碳排放（C）的影响因素分解成为农业碳排放总量与农业能源投入的比值（C_{CE}）、农业能源投入与农业总投入的比重（C_N）、农业能源投入与农业生产总值的比值（C_{EY}）、农业生产总值与农业补助额的比值（C_{YI}）、农业补助额与农业种植面积的比值（C_{IA}）、农业种植面积与农业从业人口的比值（C_{AP}）及人口因素（C_{PC}），将总的碳排放量分解成为以下几大主要因素，可以用方程（6.7）表示。

$$C_i = \frac{C_i}{E_i} \times \frac{E_i}{E} \times \frac{E}{Y} \times \frac{Y}{I} \times \frac{I}{A} \times \frac{A}{P} \times P = CE_i \times N \times EY \times YI \times IA \times AP \times PC \quad (6.7)$$

具体来说，方程（6.7）可以用 LMDI 方法表示为

$$\Delta C = L(C^t, C^0) = \Delta CE + \Delta N + \Delta EY + \Delta YI + \Delta IA + \Delta AP + \Delta PC \quad (6.8)$$

$$\Delta CE = L(C^t, C^0)\ln\left(\frac{CE^t}{CE^0}\right) = \frac{C^t - C^0}{\ln C^t - \ln C^0}\ln\left(\frac{CE^t}{CE^0}\right) \quad (6.9)$$

$$\Delta N = L(C^t, C^0)\ln\left(\frac{N^t}{N^0}\right) = \frac{C^t - C^0}{\ln C^t - \ln C^0}\ln\left(\frac{N^t}{N^0}\right) \quad (6.10)$$

$$\Delta EY = L(C^t, C^0)\ln\left(\frac{EY^t}{EY^0}\right) = \frac{C^t - C^0}{\ln C^t - \ln C^0}\ln\left(\frac{EY^t}{EY^0}\right) \quad (6.11)$$

$$\Delta YI = L(C^t, C^0)\ln\left(\frac{YI^t}{YI^0}\right) = \frac{C^t - C^0}{\ln C^t - \ln C^0}\ln\left(\frac{YI^t}{YI^0}\right) \quad (6.12)$$

$$\Delta IA = L(C^t, C^0)\ln\left(\frac{IA^t}{IA^0}\right) = \frac{C^t - C^0}{\ln C^t - \ln C^0}\ln\left(\frac{IA^t}{IA^0}\right) \quad (6.13)$$

$$\Delta AP = L(C^t, C^0)\ln\left(\frac{AP^t}{AP^0}\right) = \frac{C^t - C^0}{\ln C^t - \ln C^0}\ln\left(\frac{AP^t}{AP^0}\right) \quad (6.14)$$

$$\Delta PC = L(C^t, C^0)\ln\left(\frac{PC^t}{PC^0}\right) = \frac{C^t - C^0}{\ln C^t - \ln C^0}\ln\left(\frac{PC^t}{PC^0}\right) \quad (6.15)$$

其中，ΔC 表示在基年 0 和目标年份 t 之间碳排放量的变化；C^t 表示 t 年份碳排放总量；C^0 表示 0 年份碳排放总量。碳排放量的变化 ΔC 可以分解成七种效应：①碳排放系数，用 CE 表示，指的是单位能耗（生产资料消耗）碳排放量的变化，用于反映减排技术、能源、生产资料质量；②能源消耗结构效应，用 N 表示，是农业能源投入在农业总投入中所占的比重；③能源利用效率，用 EY 表示，是生产资料投入（能源消耗）与农业生产总值的比值，单位产值所消耗的生产资料（能源）数量；④农业补贴激励效应（Li et al., 2014），用 YI 表示，是单位农业补助的农业生产增加值，反映了农业补助强度与碳排放的关系；⑤单位面积农业补助额，用 IA 表示，是农业补助额与农业种植面积的比值，即每公顷土地补助金额；⑥AP 表示单位农业人口所耕种的面积，即人均耕地面积，是规模因素，表示劳动生产效率的高低；⑦PC 表示人口因素。

3. 变量选取与数据来源

本书基于中国 30 个省（区、市）2005~2014 年农业部门的面板数据（农业的分类基于《中国统计年鉴》）来研究农业碳排放的影响因素。在研究碳排放的影子价格时，我们基于农业环境效率的计算数据进行评估，而碳排放主导因素的选择

则参考学者的研究，如 Robaina-Alves 和 Moutinho（2014）在其研究中把化石能源碳排放强度、化石能源与氮肥消费量之比、每单位土地面积所使用的氮肥量、人均耕地面积、人均劳动生产效率作为农业碳排放的主要影响因素。Li 等（2014）把碳排放强度、农业产值与农业补助比值、农业产值与 GDP 之比、人均财富、人口因素作为影响因素。本章选取以下几个变量来研究其对农业碳排放的影响程度：农业从业人口；生产资料使用量（主要包括农药、化肥、薄膜等非能源使用量，柴油、电力等能源使用量）；农作物种植面积；农业补助额；农业碳排放及农业产值，并由此构造出碳排放系数、能源消耗结构效应、能源利用效率、农业补贴激励效应、单位面积农业补助额、规模因素、人口因素等几个影响系数（表 6.4）。

表6.4　变量和数据说明（二）

变量	变量名称	变量说明[1]	数据来源
CE	碳排放系数	农业碳排放量与农业能源投入之比	计算所得
N	能源消耗结构效应	农业能源投入与农业总投入之比	计算所得
EY	能源利用效率	农业总投入与农业生产总值之比	计算所得
YI	农业补贴激励效应	农业生产总值与农业补助额之比	计算所得
IA	单位面积农业补助额	农业补助额与农业种植面积之比	计算所得
AP	规模因素	农业种植面积与农业从业人口之比	计算所得
PC	人口因素	农业总从业人口	《中国统计年鉴》

1）各项数据均基于省级水平

注：上海、新疆、重庆的农业用电数据有缺失，本书用线性插值法将其补充完整

6.2.2　农业碳减排成本结果分析

我们根据相关碳排放源的碳排放系数计算出各省（区、市）的农业碳排放总量，然后再根据方程（6.5）测算出农业碳排放影子价格，接下来我们分三步对中国农业碳排放影子价格（即碳减排成本）的结果进行分析（Coggins and Swinton, 1996；Lee, 2005）。首先，我们对全国平均农业碳排放影子价格情况进行分析以得出农业碳排放整体变化趋势；其次，我们对不同省（区、市）之间的农业碳排放影子价格进行横向对比，以得出不同省（区、市）之间农业碳排放价格的差距大小；最后，对比不同省（区、市）之间农业碳排放影子价格随时间的变化情况。

1. 全国平均农业碳排放影子价格分析

全国平均农业碳排放影子价格的基本情况如图 6.4 所示。我们可以看出，全国平均农业碳排放影子价格整体呈现上升趋势，2005 年全国平均农业碳排放影子价格为 1.119 万元/吨，到 2013 年平均达到最大值 1.819 万元/吨，2014 较 2013

年有所下降，为 1.792 万元/吨。总体而言，全国平均农业碳排放影子价格在研究期间呈现上升趋势，这与吴贤荣等（2014）在中国省域低碳农业绩效评估及边际减排成本分析中的研究结果类似，说明在特定的技术水平下中国农业碳排放的减排成本在逐步增加。全国平均农业碳排放影子价格呈现不断上升趋势的主要原因有以下几点：一是随着年份的推移，物价水平会上升，这样会造成全国农业碳排放量有较小的上升；二是随着时间的推移，农业生产技术水平不断提升，要想实现农业领域的碳减排要付出更多资本用于技术研发，从而会导致农业碳排放减少的成本更高；三是随着时间的不断推进，全球对于碳排放的重视程度不断上升，各种碳减排的政策也不断出台，这就包括了在全国范围内推广使用清洁能源，清洁能源占总能源的消费比重上升会导致碳排放影子价格上升。这三个方面综合导致了农业碳排放影子价格的不断上升。

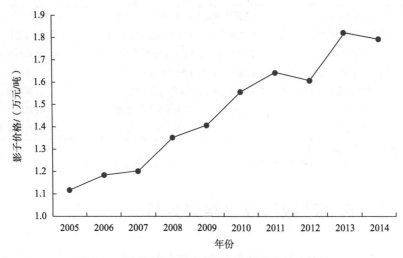

图 6.4　全国平均农业碳排放影子价格的基本情况

2. 不同省（区、市）之间农业碳排放影子价格横向对比分析

由表 6.5 中不同省（区、市）农业碳排放影子价格的时间序列数据，我们可以得出以下结论，主要表现为：全国各省（区、市）之间的农业碳排放影子价格在研究的前期差异不大，随着时间的推移，到了研究后期，各省（区、市）之间的碳排放影子价格的差异呈现日益增大的趋势。这主要是因为一些经济发达的地区，如广东、江苏、北京、上海、天津等在研究期间，平均农业碳排放影子价格部分年份的低值导致总体平均的影子价格偏低，但在研究期间这些省（区、市）的农业碳排放影子价格增长很快，导致这些省（区、市）到研究后期农业碳排放影子价格在全国遥遥领先。例如，广东从 2005 年的 0.823 万元/吨增长到 2014 年的 3.700 万元/吨，江苏从 2005 年的 0.177 万元/吨增长到 2014 年的 1.539 万元/吨，增长将近 8 倍，但

是那些经济发展相对落后的农业大省，如安徽、河南等在整个研究期间农业碳排放影子价格增长相对缓慢，安徽 2005 年为 1.125 万元/吨，到 2014 年增长为 1.595 万元/吨，河南则由 2005 年的 1.319 万元/吨增长到 2014 年的 1.730 万元/吨。这种不同省（区、市）之间碳排放影子价格差异不断扩大的原因主要是，在研究期间早期各地对环境的重视度不够，节能减排的意识不强，采取简单的粗放型经济发展方式，在能源使用中非清洁能源所占的比重较大，政府对各地的环境管制不严格，从而使得不同省（区、市）在研究期间的初期农业碳减排成本均偏低，那些经济发展水平较高的省（区、市）在研究期间的初期农业生产总值占经济生产总值的比重相对较小，因此，农业碳排放影子价格在初期更低。随着时间的推移，全民的环保意识不断增强，政府对环境的管制日益严格，那些经济发展水平较高的省（区、市）也凭借其发达的经济发展水平和技术水平，不断提高农业的清洁能源使用比例，因而实现了这些地区农业碳排放影子价格的快速增长。因此，随着国家对环境重视程度的不断加强，清洁能源使用比重的不断增加，以及生产技术水平和科学技术投入的不断增加，农业碳排放影子价格会呈现不断增长趋势。

表6.5　不同省（区、市）2005~2014年的农业碳排放影子价格　　　单位：万元/吨

省（区、市）	2005 年	2006 年	2007 年	2008 年	2009 年	2010 年	2011 年	2012 年	2013 年	2014 年	均值
安徽	1.125	1.242	1.228	1.347	1.081	0.881	1.381	1.581	1.561	1.595	1.302
福建	1.278	0.329	0.250	0.400	0.978	1.216	1.147	1.1945	2.299	3.000	1.284
甘肃	1.446	1.572	1.470	1.528	1.507	1.587	1.612	1.695	1.800	1.715	1.593
广东	0.823	0.423	1.703	2.897	2.893	3.754	3.203	3.465	3.800	3.700	2.666
广西	1.362	1.461	1.542	1.535	1.373	1.381	1.824	1.916	2.011	1.927	1.633
贵州	1.433	1.424	0.328	0.130	0.767	1.352	0.388	0.388	0.675	1.040	0.762
海南	0.285	0.903	0.417	1.064	1.858	2.700	2.373	1.546	1.670	1.588	1.441
河南	1.319	1.362	1.314	1.546	1.337	1.332	1.694	1.809	1.921	1.730	1.536
河北	1.828	1.413	1.236	1.539	1.556	1.739	1.887	2.000	2.080	1.971	1.725
黑龙江	1.494	1.512	5.306	1.494	1.477	1.583	1.715	0.988	1.099	0.181	1.685
湖北	1.068	1.044	1.277	1.371	1.201	1.213	1.511	1.654	1.677	1.6312	1.365
湖南	1.209	1.390	1.240	2.868	2.434	3.040	2.730	3.240	0.769	1.564	2.048
吉林	1.416	1.415	1.306	1.439	1.385	1.520	1.650	1.695	1.783	1.640	1.525
江苏	0.177	0.224	0.738	0.088	0.898	0.827	1.062	1.448	1.795	1.539	0.880
江西	1.207	1.158	1.112	1.337	1.411	1.410	1.476	0.132	1.713	1.563	1.252
辽宁	1.477	1.540	0.103	0.173	0.571	0.197	0.709	0.036	0.029	1.802	0.664
内蒙古	1.623	1.684	1.502	1.587	1.558	1.687	1.860	0.817	1.934	1.817	1.607
宁夏	1.516	1.518	1.519	1.656	1.565	1.674	1.933	1.825	2.184	2.188	1.758
青海	2.650	1.338	2.675	2.893	3.106	2.867	2.582	3.469	2.049	3.270	2.690
山东	1.297	1.359	1.239	1.440	1.412	1.588	1.739	1.813	1.922	1.818	1.563
山西	1.456	1.601	1.455	1.869	1.692	1.875	2.036	2.163	2.253	2.157	1.856
陕西	1.552	1.682	1.542	1.721	1.690	1.845	2.011	2.052	2.165	2.074	1.833
四川	0.273	1.828	0.868	0.669	1.186	1.571	1.427	1.218	1.691	1.623	1.235

续表

省（区、市）	2005 年	2006 年	2007 年	2008 年	2009 年	2010 年	2011 年	2012 年	2013 年	2014 年	均值
云南	1.557	1.532	1.639	1.713	1.581	1.714	1.789	1.837	2.043	1.932	1.734
浙江	0.349	0.452	0.033	0.356	0.669	0.866	0.868	0.035	0.441	0.399	0.447
新疆	0.407	1.236	0.030	1.184	0.214	0.458	1.502	0.893	4.894	2.788	1.360
北京	0.185	0.141	0.071	1.450	1.490	1.274	1.505	1.015	0.842	0.163	0.814
上海	0.009	0.060	0.106	0.093	0.173	0.166	0.134	1.394	1.757	1.463	0.535
天津	0.377	1.361	1.221	1.468	1.474	1.628	1.799	1.937	1.985	1.911	1.516
重庆	1.365	1.363	1.632	1.751	1.660	1.755	2.000	2.151	1.727	1.974	1.738
全国	1.119	1.186	1.203	1.353	1.407	1.557	1.641	1.605	1.819	1.792	1.468

2010 年不同省（区、市）碳排放影子价格较往年均异常偏高，说明减少单位碳排放会导致农业生产总值大幅减少，可能是 2008 年以来国家产粮大县奖励政策的实施及对农业补贴力度加大，尤其是对农业柴油、机械购置、化肥、农药等补贴力度的加强，使得湖南、广东、山东等农业机械化程度较高或对化肥等非能源投入加大的省（区、市）增多，这些生产资料的投入使得产量增加。例如，山东、河南的农业薄膜使用量均超过 10 万吨，山东、河南、湖南的农药使用量在全国也名列前茅，从而使得这些地区的农业碳排放影子价格偏高。

随着时间的推移，省（区、市）之间的农业碳排放的减排成本差异日益扩大，尤其是山东、河南农业碳排放影子价格上升速度不断加快，到 2014 年这两个省的碳排放影子价格分别位列全国第一、第二。这些省的农业机械化水平不断提高，但能源使用效率并没有相应提高。例如，山东小麦机收率达到 98.5%，玉米机播率达到 97.1%，但能源利用效率一直处于全国较低水平，能源环境效率位居全国第 15 位，对机械化的依赖程度日益提升，但能源使用的效率低。还有一个重要的原因是，山东对农药、化肥等生产资料的投入也是全国最多的省，使得山东在 2014 年成为碳排放影子价格最高的省。同样，截至 2016 年，河南的综合农业机械化水平已经超过 80%，位居全国前列，非能源使用量同样仅次于山东。黑龙江的农业机械化总体水平已经超过 85%，位居全国第一，其农业碳排放影子价格并没有很高，主要是其能源利用效率高。截至 2008 年，黑龙江农用柴油使用 110 万吨，但机械化水平很高，其农药、化肥、薄膜使用量相对不多，因此其农业碳排放影子价格相对较低。

一般而言，影响农业碳排放影子价格的因素主要有以下几个。

第一，能源消耗结构因素。如果一个省（区、市）的能源消耗结构偏向于清洁、可持续，那么该省（区、市）的碳排放影子价格就会偏高，这是因为如果这个省（区、市）农业能源消耗结构中清洁能源的使用比例较大时，通过减少煤炭等非清洁能源的消费比例来减少农业碳排放的可能性更小，清洁能源提升的范围受到限制，因而碳排放减少受到提升清洁能源使用比例这种较为简单的减排方式的限制，只能通过更加困难、成本更高的方式，如技术改进、减少甚至停止生产等方式进行。在其他所有条件相同的情况下，清洁能源在总能源消耗中所占比重较高的省（区、市）碳减排成本更高，如表 6.5 中北京、广东、重庆等地区的碳减排成本偏高。相反，那些以煤炭为主要能源消耗形式的省（区、市），可以通过降低煤炭使用比例，增加清洁能源的使用比重来实现碳减排，碳减排成本相对偏低，如表 6.5 中山西、河南、贵州等地区的农业碳减排成本相对较低。

第二，生态环境的脆弱程度。如果一个省（区、市）的生态环境脆弱，一经破坏恢复成本高昂，这些地区的碳排放影子价格成本就较高，如青海等地区，其影子价格一直处于较高水平，青海的平均农业碳减排成本居于全国之首。对于一些农业生产大省，如安徽、河南、江苏等，由于植被覆盖率较高，生态环境较好，可能某些年份碳排放量过大，但这种碳排放量对生态环境带来的伤害比较容易恢复，可以用相对较低的成本弥补，因此其碳减排成本相对较低。

第三，地区的农业生产技术水平差异。一个省（区、市）的农业生产技术水平越高，能源利用效率就会越高，碳排放量也会越少，因此碳减排成本会越高。在广东、江苏等尽管生态环境较容易恢复，但经济较为发达、农业生产技术水平较高的省（区、市），其影子价格在全国也位居前列，如广东达 2.666 万元/吨。一个生态环境较容易恢复的省（区、市），如果只是农业生产技术水平较为落后，那么它可以通过引进技术，提高能源利用效率、减少非能源投入的浪费而实现农业碳减排，因而碳减排成本相对较低，如河南、安徽、河北等碳减排成本分别为 1.536 万元/吨、1.302 万元/吨、1.725 万元/吨。

6.2.3　影响因素分解结果分析

我们用各种农业能源和非能源投入的碳排放系数乘以各种生产资料的消耗量分别得到各省（区、市）农业领域能源和非能源投入的碳排放量，之后利用其他几个变量构造出七个影响因素，再结合 LMDI 因素分解法得出不同省（区、市）不同年份各种因素对于农业碳排放总量的影响程度，如表 6.6 所示。为了更好地分析农业碳排放的影响因素，我们接下来从以下几个方面进行分析：首先，分析全国的总体情况，我们在研究中选取不同省（区、市）各影响因素的平均水平的数据来分析其时间序列的变化，以探究能源投入或非能源投入在全国农业碳排放总量中起主要作用的因素；其次，分析各个因素对农业碳排放量进行影响的机理；最后，从不同省（区、市）的横向对比来探讨影响不同省（区、市）农业碳排放的不同因素。

表6.6　能源投入影响程度及占农业碳排放总量的比重

年份	因素												
	CE_1	N	EY	YI	IA	AP	PC	δ_{CE_1}	δ_N	δ_{EY}	δ_{YI}	δ_{IA}	δ_{AP}	δ_{PC}
2005~2006	13.53	0.58	−6.62	−27.29	38.03	6.22	−4.37	0.67	0.03	−0.33	−1.36	1.89	0.31	−0.22
2006~2007	−10.11	2.97	−47.59	−51.97	124.81	−2.29	−5.44	−0.98	0.29	−4.59	−5.01	12.04	−0.22	−0.52
2007~2008	11.08	−3.99	96.33	−185.12	77.45	6.16	−1.71	58.42	−21.10	508.10	−976.00	408.50	32.46	−9.02
2008~2009	22.32	−3.47	−18.41	−102.24	116.03	6.37	−2.40	1.23	−0.19	−1.01	−5.62	6.38	0.35	−0.13
2009~2010	18.74	−3.47	−245.95	189.04	49.50	7.89	−4.64	1.69	−0.31	−22.10	17.01	4.45	0.71	−0.42
2010~2011	27.64	−6.18	184.51	−256.51	57.36	5.91	−2.68	2.75	−0.61	18.34	−25.50	5.70	0.59	−0.27
2011~2012	17.49	−2.86	−23.65	−33.74	54.45	3.38	−1.86	1.32	−0.22	−1.79	−2.56	4.12	0.26	−0.14
2012~2013	9.02	−4.51	−18.99	−22.46	32.07	7.38	−5.67	−2.95	1.48	6.21	7.34	−10.5	−2.41	1.82
2013~2014	15.43	−8.89	−37.39	4.69	17.85	77.91	−5.71	−2.53	1.46	6.12	−0.77	−2.92	−1.30	0.93
2005~2014	125.14	−29.80	−117.80	−485.60	567.55	48.94	−34.50	1.69	−0.40	−1.59	−6.56	7.66	0.66	−0.46

注：CE_1、N、EY、YI、IA、AP、PC 分别表示能源投入碳排放系数、能源消耗结构效应、能源利用效率、农业补贴激励效应、单位面积农业补助额、规模因素、人口因素；δ_{CE_1}、δ_N、δ_{EY}、δ_{YI}、δ_{IA}、δ_{AP}、δ_{PC} 分别表示能源投入碳排放系数、能源消耗结构效应、能源利用效率、农业补贴激励效应、单位面积农业补助额、规模因素、人口因素在农业碳排放总量中所占比重大小

1. 全国平均影响因素的时间序列分析

从全国的平均情况来看，图 6.5 表示能源与非能源投入对碳排放的影响。由图 6.5 我们可以知道，首先，农业能源投入所带来的碳排放量对农业碳排放总量的影响自 2005 年以来呈现下降趋势，尤其从 2012 年开始农业能源投入对农业碳排放总量起到抑制作用，农业能源投入对农业碳排放增长的作用波动较大，在某些年份有较大的推动作用，但在研究期间总体趋势是对农业碳排放总量增长的推动作用越来越小，甚至起到抑制作用，由此可以看出，中国农业能源使用量的减少和农业能源利用率的提高；其次，由非能源投入（化肥、农药、薄膜）对全国农业碳排放总量增长所带来的影响也相对较为平稳，整体而言是略有下降，比起能源投入对农业碳排放总量增长的作用来说，非能源投入的影响是稳定的，对碳排放总量增长的推动作用越来越弱，这说明非能源投入的利用效率在不断提高，但从研究期间来看，能源与非能源投入总体还是对碳排放总量起到推动作用，但是这种推动作用随着年份的推进在不断减弱，到 2014 年能源和非能源投入对农业碳排放总量增长起到了抑制作用，也就是说，2014 年农业碳排放总量比 2013 年农业碳排放总量要少。

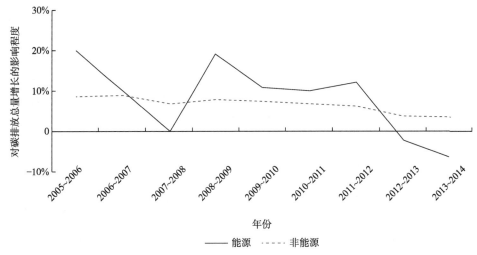

图 6.5　能源与非能源投入对碳排放的影响

根据 LMDI 分解法，中国 2005~2014 年农业碳排放的变化被分解为人口因素（PC）、规模因素（AP）、单位面积农业补助额（IA）、农业补贴激励效应（YI）、能源利用效率（EY）、能源消耗结构效应（N）、碳排放系数（CE），表 6.6 和表 6.7 分别列出了能源相关碳排放与非能源相关碳排放各因素的年际影响、累积影响及影响比重。

表6.7　非能源投入影响程度及占农业碳排放总量的比重

年份	因素												
	CE_2	N	EY	YI	IA	AP	PC	δ_{CE_2}	δ_N	δ_{EY}	δ_{YI}	δ_{IA}	δ_{AP}	δ_{PC}
2005~2006	0.71	−0.67	−7.12	−20.57	33.61	5.23	−3.69	0.10	−0.09	−0.95	−2.74	4.47	0.696	−0.49
2006~2007	0.86	1.75	−46.81	−46.77	105.58	−1.17	−5.08	0.10	0.209	−5.59	−5.59	12.62	−0.14	−0.61
2007~2008	0.09	10.73	81.82	−156.74	65.68	5.59	−1.08	0.02	2.003	15.28	−29.30	12.26	1.04	−0.34
2008~2009	0.84	8.62	−14.33	−84.67	93.58	5.76	−5.76	0.11	1.168	−1.94	−11.50	12.68	0.78	−0.33
2009~2010	0.68	7.19	−195.44	151.67	39.97	6.20	−3.23	0.10	1.012	−27.50	21.36	5.62	0.87	−0.45
2010~2011	0.92	10.56	156.63	−208.84	45.39	4.50	−2.33	0.14	1.547	22.94	−30.60	6.65	0.659	−0.34
2011~2012	0.52	3.42	−15.43	−26.05	42.15	5.15	−3.79	0.09	0.565	−2.53	−4.31	6.96	0.851	−0.63
2012~2013	1.02	5.26	−9.82	−19.63	25.48	6.98	−5.29	0.26	1.132	−2.46	−4.92	6.39	1.75	−1.33
2013~2014	0.36	12.52	−28.98	5.94	13.08	5.36	−4.18	0.09	3.052	−7.06	1.45	3.18	1.31	−1.02
2005~2014	5.99	59.38	−79.39	−405.60	464.50	43.60	−31.80	0.11	1.047	−1.40	−7.15	8.19	0.769	−0.56

注：CE_2、N、EY、YI、IA、AP、PC 分别表示非能源投入碳排放系数、非能源消耗结构效应、非能源利用效率、农业补贴激励效应、单位面积农业补助额、规模因素、人口因素；δ_{CE_2}、δ_N、δ_{EY}、δ_{YI}、δ_{IA}、δ_{AP}、δ_{PC} 分别表示非能源投入碳排放系数、非能源消耗结构效应、非能源利用效率、农业补贴激励效应、单位面积农业补助额、规模因素、人口因素在农业碳排放总量中所占比重大小

从能源投入相关碳排放累积影响的视角看，单位面积农业补助额和能源投入

碳排放系数是推动农业碳排放量增加的主要因素，分别占到 766%和 169%，而能源利用效率和农业补贴激励效应是抑制农业碳排放量的主要因素，分别占到 159%和 656%。规模因素也是推动碳排放的因素，占到了 66%，而人口因素对碳排放起到了抑制作用，占比 46%，能源消耗结构效应对碳排放起到抑制作用，占比 40%。从非能源投入相关碳排放累积影响的视角看，单位面积农业补助额对农业碳排放起到重要的推动作用，占比达到 819%，而农业补贴激励效应是抑制农业碳排放的主导因素，占比达到 715%，总的抑制碳排放增长因素不足以抵消促进碳排放增长因素的促进作用，因此农业碳排放量呈现增长趋势。下面我们对各因素进行具体分析。

（1）农业补助因素（包括单位面积农业补助额与农业补贴激励效应）对农业碳排放有不同的影响，这与之前 Li 等（2014）的研究结果类似。单位面积农业补助额是农业碳排放的主要驱动因素，农业补贴激励效应有效地减少了农业碳排放，农业补贴激励效应对农业碳排放的影响随着农业补贴激励效应的变化而变化，在 2005~2012 年，国家农业补助强度加大，到 2008 年达到顶峰，增加农业补助减少农民负担确保粮食收购，农民为增加产量而增加化肥、农药等非能源投入和柴油等能源投入，因此该因素对农业碳排放起到重要的推动作用。但要关注的是，从 2012 年开始能源相关投入的农业补助因素对农业碳排放起到了抑制作用，而非能源投入因素的农业补助对农业碳排放的正向推动作用也在 2008 年左右达到顶峰，有逐渐减弱趋势，说明非能源投入对农业碳排放的推动作用不断减小，这是因为中国政府增加了绿色农业的补助额，所以农业补贴激励效应因素对农业碳排放的推动作用减弱。但从研究期间来看，农业补助因素对农业碳排放的影响最为显著。因此，应该增加农业补贴，有效发展绿色农业，减少农业碳排放量。

（2）能源与非能源投入碳排放系数因素用于评估生产资料的质量，结果表明该因素对农业碳排放起到推动作用，尤其是能源投入碳排放系数对碳排放起到的推动作用更为明显，这与之前 Robaina-Alves 和 Moutinho（2014）的研究结果相反。这是因为中国的能源与非能源投入所产生的碳排放相比欧盟国家要多，由此可见，中国的能源与非能源投入碳排放系数相对较高，要通过技术研发，降低生产资料尤其是能源投入碳排放系数。

（3）能源与非能源消耗结构效应因素，能源占总能源的比重因素对农业碳排放在不同年份发挥的作用不同，总体来看起到轻微的抑制作用。2007~2012 年能源消耗结构效应因素对农业碳排放起抑制作用，这意味着减少能源投入会增加农业碳排放。从 2005~2014 年的整体研究期间来看，能源投入占比对农业碳排放有负向的抑制作用，而非能源投入占比对农业碳排放有正向的推动作用，由此可见，应该适当降低非能源投入的比例而相对提高能源投入的比例，才能有效地减少全国的农业碳排放量。

（4）规模因素，即农业从业人口人均耕地面积这个因素可以被解释为机械化程度指标，对农业碳排放起到正向的推动作用，这与 Robaina-Alves 和 Moutinho（2014）的研究结果相同，因为不管在哪个国家，机械化程度高、机械化导致能源的使用增加，从而导致碳排放量的增加，因此，规模因素对农业碳排放起到微弱的正向推动作用。

（5）能源利用效率因素，即单位农业产出导致的生产资料消耗，结果表明该因素对农业碳排放具有抑制作用，这与 Wang 和 Feng（2017）等的研究结果类似。但从表 6.6 中的具体年份来看，有部分年份对农业碳排放具有正向的推动作用，如 2007~2008 年、2010~2011 年及 2012~2014 年，能源利用效率的异常变化导致农业碳排放的变化。

（6）人口因素对农业碳排放起到轻微的抑制作用，这与 Li 等（2014）的研究结果相反。这是因为在研究期间全国第一产业的从业人员数量在不断减少（《中国统计年鉴》），所以本书中人口因素对农业碳排放起抑制作用，同样在 C. Wang 等（2017）的研究中，有部分省（区、市）的人口因素也对碳排放起到了抑制作用，因为在这些省（区、市）中从业人员的数量在不断减少。

2. 不同省（区、市）农业碳排放影响因素比较

由上面的分析结果我们可以知道，中国农业碳排放中非能源投入对农业碳排放总量的作用更明显。因此，我们接下来重点分析非能源投入中各个因素对农业碳排放总量的影响情况。

影响各省（区、市）非能源投入的碳排放因素在不同省（区、市）之间的区别是制定各省（区、市）减排措施的关键，因为在研究期间不同年份的各影响因素大小有差别，故取每个省（区、市）在研究期间的平均值作为每个影响因素大小的代表值，研究结果如表 6.8 所示。

表6.8 不同省（区、市）非能源投入影响因素及占全国比重的大小

省（区、市）	CE_2	N	EY	YI	IA	AP	PC	δ_{CE_2}	δ_N	δ_{EY}	δ_{YI}	δ_{IA}	δ_{AP}	δ_{PC}
安徽	0.20	4.20	-5.71	-88.40	98.35	8.77	-9.78	0.03	0.55	-0.74	-11.59	12.90	1.15	-1.28
福建	1.41	6.96	-10.91	-37.60	43.05	1.09	-2.41	0.93	4.60	-7.21	-24.89	28.40	0.72	-1.59
甘肃	5.37	6.97	-7.87	-29.60	33.95	2.49	-0.37	0.49	0.64	-0.72	-2.71	3.11	0.23	-0.03
广东	0.56	10.76	-6.24	-47.87	49.58	4.71	-4.86	0.08	1.62	0.94	-7.22	7.48	0.71	-0.73
广西	0.85	9.77	-10.49	-50.39	60.47	-0.77	-1.53	0.11	1.23	-1.32	-6.36	7.64	-0.10	-0.19
贵州	0.52	-8.30	3.95	-17.26	22.98	4.63	-2.81	0.14	-2.24	1.07	-4.66	6.20	1.25	-0.76
海南	1.29	4.67	-4.48	-16.07	17.31	0.21	0.53	0.37	1.35	-1.29	-4.63	5.00	0.06	0.15
河南	0.24	25.64	-10.94	-164.70	170.60	14.58	-12.20	0.01	1.10	-0.47	-7.10	7.35	0.63	-0.53
河北	0.68	4.22	-5.61	-89.80	95.85	4.45	-4.81	0.14	0.84	-1.12	-17.89	19.10	0.89	-0.96

续表

省（区、市）	CE$_2$	N	EY	YI	IA	AP	PC	δ_{CE_2}	δ_N	δ_{EY}	δ_{YI}	δ_{IA}	δ_{AP}	δ_{PC}
黑龙江	−0.23	19.56	−22.83	−38.47	51.18	6.81	−2.17	−0.02	1.41	−1.65	−2.78	3.70	0.49	−0.16
湖北	−0.29	4.21	−6.96	−75.20	81.62	9.33	−4.77	−0.04	0.53	−0.88	−9.49	10.30	1.18	−0.60
湖南	0.36	−11.78	9.24	−59.80	64.39	7.01	−3.63	0.06	−2.05	1.61	−10.4	11.20	1.22	−0.63
吉林	−0.16	6.95	−0.77	−37.14	39.37	4.81	−1.64	−0.01	0.61	−0.07	−3.25	3.45	0.42	−0.14
江苏	2.27	6.45	−19.10	−87.17	97.07	19.14	−18.93	−8.60	−24.40	72.30	330.00	−367.00	−72.40	71.60
江西	0.63	−7.42	6.31	−47.03	49.13	4.02	−2.75	0.22	−2.58	2.19	−16.30	17.10	1.40	−0.95
辽宁	1.53	8.59	−9.22	−36.10	40.04	3.36	−1.13	0.22	1.21	−1.30	−5.10	5.65	0.47	−0.16
内蒙古	0.81	13.42	−7.04	−32.85	36.59	2.49	0.83	0.06	0.94	−0.49	−2.30	2.57	0.17	0.06
宁夏	0.39	2.24	−2.98	−7.49	8.87	−0.08	0.60	0.25	1.44	−1.92	−4.82	5.71	−0.05	0.38
青海	0.26	0.53	−0.74	−2.19	2.62	0.38	−0.23	0.42	0.85	−1.20	−3.50	4.21	0.61	−0.37
山东	−1.56	25.71	−40.32	−148.7	161.37	13.26	−11.2	1.08	−17.90	28.10	103.00	−112.00	−9.20	7.80
山西	0.46	2.89	−6.06	−21.06	27.48	−0.51	0.48	0.12	0.78	−1.65	−5.72	7.46	−0.14	0.13
陕西	0.07	8.53	−8.82	−30.36	39.56	4.82	−4.37	0.01	0.90	−0.94	−3.22	4.19	0.51	−0.46
四川	1.35	−2.34	0.97	−67.59	72.24	8.71	−8.01	0.25	−0.44	0.18	−12.7	13.56	1.63	−1.50
云南	0.48	3.11	−1.54	−40.55	46.11	6.71	−1.99	0.04	0.25	−0.13	−3.29	3.74	0.54	−0.16
浙江	1.23	1.78	−2.54	−28.84	32.24	3.09	−6.60	3.38	4.88	−6.97	−79.10	88.40	8.47	−18.1
新疆	0.68	46.79	−66.28	−25.22	55.86	8.11	2.25	0.03	2.11	−2.99	−1.14	2.52	0.36	0.10
北京	0.17	−1.15	−1.76	−2.50	5.94	−0.68	−0.38	−0.44	3.05	4.66	6.63	−15.70	1.80	1.01
上海	0.06	0.19	−3.34	−3.00	5.50	0.46	−0.78	−0.07	−0.21	3.65	3.27	−6.00	−0.50	0.85
天津	−0.05	0.50	−3.90	−4.59	8.14	0.39	−0.53	1.05	−10.00	78.20	91.90	−163	−7.80	10.60
重庆	0.33	3.87	−16.90	−11.19	26.14	2.93	−2.47	0.12	1.44	−6.28	−4.16	9.71	1.09	−0.92

注：CE$_2$、N、EY、YI、IA、AP、PC 分别表示非能源投入碳排放系数、非能源消耗结构效应、非能源利用效率、农业补贴激励效应、单位面积农业补助额、规模因素、人口因素；δ_{CE_2}、δ_N、δ_{EY}、δ_{YI}、δ_{IA}、δ_{AP}、δ_{PC} 分别表示非能源投入碳排放系数、非能源消耗结构效应、非能源利用效率、农业补贴激励效应、单位面积农业补助额、规模因素及人口因素在农业碳排放总量中所占比重大小

　　由 LMDI 因素分解法我们可以得出，不同省（区、市）之间在研究期间农业碳排放总量的变化情况，结果表明只有少数几个省（市），如江苏、上海、北京、天津、山东等在研究期间农业碳排放总量有所减少，这些较为发达的省（市），受到环境管制较为明显，故在研究期间农业碳排放总量有所下降。

　　非能源碳排放系数对全国不同省（区、市）之间的农业碳排放量增长作用的差异相对较小，基本所有的省（区、市）的非能源碳排放系数因素都推动该省（区、市）的农业碳排放总量的增长，但各个省（区、市）之间的推动作用大小差异不大，甘肃的非能源碳排放系数对于农业碳排放总量有较大的推动作用（为537%），其他省（区、市）的该因素对于农业碳排放总量的推动作用较弱，甚至还对农业碳排放总量起到抑制作用，如山东、湖北、黑龙江等，但是总体而言对农业碳排

放总量的抑制作用不强。浙江的非能源碳排放系数在对农业碳排放总量增长中所起的推动作用最明显，达到了 338%，主要是因为其农业碳排放总量增长较少，所以非能源碳排放系数较小也会使其在总量中占比较高。因此，从全国不同省（区、市）来看，可能非能源碳排放系数对于不同省（区、市）农业碳排放的减排效果并不是非常理想。但部分省（区、市），如甘肃，该因素对农业碳排放总量的增长也起到了 49% 的推动作用，因此需要加强非能源投入的利用率。全国总体而言，该因素还是起到了推动农业碳排放总量增长的作用，这主要是因为目前中国农业领域的非能源投入的利用率虽然还达不到西方发达国家水平，但是也有较大改善。

能源碳排放系数在不同省（区、市）来看则差异较大，并且这个因素对于不同省（区、市）的农业碳排放总量影响较大，广东、河南、黑龙江、山东、新疆等省（区）应该大力提高能源利用效率。

农业的非能源投入占农业总投入比重因素在不同省（区、市）之间的差异程度较大，新疆的非能源消耗结构效应对碳排放总量增长的推动作用最明显，说明新疆的非能源投入量过多，还有河南、黑龙江、山东、内蒙古、广东的非能源投入对农业碳排放总量增长有较大的推动作用，说明这些省（区）可以适当降低非能源投入在农业生产资料中的比重，而贵州、湖南、江西、四川等省该因素对于农业碳排放总量增长反而起到了极大的抑制作用，这些省则可以继续保持目前的非能源投入在农业生产资料中所占的比重。目前，全国大多数省（区、市）的能源投入占农业总投入的比重因素都能够对不同省（区、市）的农业碳排放总量增长起到抑制作用，只有少数省（区、市）该因素对农业碳排放总量增长起促进作用，并且这种促进作用很微弱。因此，各个省（区、市）可以保持目前能源投入在农业总投入中所占的比重。

非能源强度因素几乎在所有省（区、市）都对农业碳排放总量起着负向的推动作用，山东、黑龙江、新疆、江苏、重庆等省（区、市）的抑制作用最为明显，只有部分省（区、市）这个因素对农业碳排放总量起到推动作用，如贵州、湖南、江西，这个研究结果也与其他学者的研究结果类似（吴贤荣等，2014）。能源强度同样也对不同省（区、市）的农业碳排放总量起到了负向抑制作用，但抑制效果不明显，需要注意的是，湖南的能源强度对该省的农业碳排放总量起到了极大的促进作用，这是能源效率不高所导致。

农业补助强度对于农业碳排放总量的影响是双方面的，它在农业补助因素中会对农业碳排放总量起到极大的抑制作用，对全国所有省（区、市）的农业碳排放总量起着或大或小的抑制作用，但是，当农业补助用单位面积补助额的因素来计算时，它又会极大地促进农业碳排放总量的增长。并且，这种促进作用比抑制作用更大，但是广东、海南、宁夏、青海、北京等省（区、市）之间这个差距要小一些，主要是因为这些省（区、市）的环境管制相对较严格，因此多把农业补助用于环保技术的开发和生产资料利用率的提高上面。因此，农业补助要更多地用在农业新环保技术的开发和提高能源效率与非能源效率上面，才能让国家的农业补助对抑制农业碳排放总量的增长发挥作用。

农业生产的规模因素对全国不同省（区、市）的农业碳排放总量产生不同的影响，但对大多数省（区、市）基本起到了推动作用，对少数省（区、市）农业碳排放总量的抑制作用也是非常微弱的，正向推动作用最大的要数山东、河南、江苏、湖北和安徽，可以通过适当降低农业生产规模来实现农业碳排放总量的减少，但这种方式的成效或许也不显著。

农业人口因素对绝大多数省（区、市）的农业碳排放总量也起到了抑制作用，虽然抑制作用并不是特别明显。另外，还有极个别省（区、市）的人口因素对该省（区、市）的农业碳排放总量起到了微弱的推动作用，该因素的改善对于抑制各个省（区、市）农业碳排放总量的效果并不是特别明显。

不同省（区、市）能源投入影响因素及占全国比重的大小见表6.9。

表6.9　不同省（区、市）能源投入影响因素及占全国比重的大小

省（区、市）	CE_1	N	EY	YI	IA	AP	PC	δ_{CE_1}	δ_N	δ_{EY}	δ_{YI}	δ_{IA}	δ_{AP}	δ_{PC}
安徽	4.59	−1.86	−2.06	−32.10	35.80	3.39	−3.79	1.15	−0.47	−0.52	−8.06	8.99	0.85	−0.95
福建	23.18	−2.87	−9.75	−35.40	39.60	1.43	−2.28	1.66	−0.21	−0.70	−2.53	2.84	0.10	−0.16
甘肃	12.92	−2.48	−12.90	−43.40	51.00	3.43	−0.33	1.57	−0.30	−0.57	−5.27	6.19	0.42	−0.04
广东	38.05	−5.90	−12.40	−109.00	110.00	9.66	−10.40	1.85	−0.29	−0.61	−5.30	5.37	0.47	−0.51
广西	17.85	−5.50	−7.76	−36.40	43.60	−0.27	−1.25	1.74	−0.54	−0.76	−3.55	4.25	−0.03	−0.12
贵州	−16.30	0.60	−2.04	−8.19	13.60	1.83	−1.63	1.34	−0.05	0.17	0.67	−1.11	−0.15	0.13
海南	10.77	−1.94	−4.34	−16.00	17.00	0.17	0.57	1.73	−0.31	−0.70	−2.56	2.73	0.03	0.09
河南	39.94	−18.4	−14.30	−153.00	160.00	13.90	−11.70	2.44	−1.13	−0.88	−9.40	9.82	0.85	−0.71
河北	−36.20	−1.10	−19.50	−296.00	325.00	14.80	−15.80	1.25	0.04	0.67	10.20	−11.20	−0.51	0.55
黑龙江	39.80	−9.13	−25.80	−36.30	52.50	6.62	−2.46	1.58	−0.36	−1.02	−1.44	2.08	0.26	−0.10
湖北	3.56	−1.55	−4.63	−37.00	42.00	5.66	−3.40	0.86	−0.38	−1.12	−8.99	10.10	1.37	−0.82
湖南	−80.80	14.46	27.00	−130.00	135.00	14.60	−7.23	2.96	−0.53	−0.99	4.77	−4.94	−0.53	0.26
吉林	6.44	−3.37	−0.17	−19.00	20.00	2.28	−0.76	1.19	−0.62	−0.03	−3.52	3.70	0.42	−0.14
江苏	22.95	−1.02	−11.00	−61.40	67.80	14.20	−14.00	1.31	−0.06	−0.64	−3.52	3.89	0.81	−0.80
江西	−20.40	3.59	2.53	−37.00	40.80	2.53	−1.60	2.15	−0.38	−0.27	3.89	−4.30	−0.27	0.17
辽宁	17.90	−3.46	−9.34	−40.20	43.70	3.42	−1.24	1.66	−0.32	−0.86	−3.72	4.04	0.32	−0.11
内蒙古	20.48	−7.70	−10.60	−59.50	63.50	4.20	1.52	1.70	−0.64	−0.88	−4.95	5.29	0.35	0.13
宁夏	9.89	−1.24	−7.70	−19.40	22.80	−0.07	1.40	1.72	−0.22	−1.34	−3.37	3.97	−0.01	0.24
青海	1.16	−0.21	−1.03	−2.14	2.86	0.43	−0.25	1.41	−0.25	−1.25	−2.61	3.50	0.52	−0.31
山东	75.89	−12.50	−39.00	−147.00	156.00	14.20	−12.00	2.13	−0.35	−1.10	−4.13	4.38	0.40	−0.33

续表

省（区、市）	CE_1	N	EY	YI	IA	AP	PC	δ_{CE_1}	δ_N	δ_{EY}	δ_{YI}	δ_{IA}	δ_{AP}	δ_{PC}
山西	3.10	−1.46	−12.30	−46.50	59.60	−1.20	1.14	1.35	−0.63	−5.36	−20.2	25.90	−0.25	0.50
陕西	12.89	−5.41	−15.20	−57.30	73.80	8.68	−7.98	1.36	−0.57	−1.61	−6.05	7.80	0.92	−0.84
四川	−6.45	1.01	0.33	−31.60	34.10	3.89	−3.67	2.66	−0.42	−0.13	13.00	−14.10	−1.60	1.51
云南	−2.03	−1.77	−0.89	−26.30	29.20	3.62	−1.14	−2.95	−2.57	−1.29	−38.20	42.40	5.25	−1.66
浙江	14.30	−0.54	−3.20	−51.00	56.00	5.23	−11.50	1.54	−0.06	−0.34	−5.50	6.04	0.56	−1.23
新疆	183.00	−27.90	−152.00	−50.30	121.00	22.80	1.58	1.86	−0.28	−1.54	−0.51	1.23	0.23	0.02
北京	−2.64	0.45	−2.27	−3.40	7.58	−0.74	−0.44	1.81	−0.31	1.56	2.33	−5.20	0.51	0.30
上海	13.15	−0.08	−17.30	−13.70	26.20	0.57	−2.56	2.09	−0.01	−2.75	−2.18	4.16	0.09	−0.41
天津	2.53	−0.21	−7.80	−8.61	15.60	0.85	−1.07	1.90	−0.16	−5.83	−6.46	11.70	0.64	−0.80
重庆	7.50	−1.93	−16.50	−10.50	25.20	2.81	−2.44	1.83	−0.47	−4.04	−2.57	6.16	0.69	−0.60

注：CE_1、N、EY、YI、IA、AP、PC 分别表示能源投入碳排放系数、能源消耗结构效应、能源利用效率、农业补贴激励效应、单位面积农业补助额、规模因素、人口因素；δ_{CE_1}、δ_N、δ_{EY}、δ_{YI}、δ_{IA}、δ_{AP}、δ_{PC} 分别表示能源投入碳排放系数、能源消耗结构效应、能源利用效率、农业补贴激励效应、单位面积农业补助额、规模因素、人口因素在农业碳排放总量中所占比重大小

6.3　本　章　小　结

本章使用重力模型测算了 2005~2014 年中国农业领域碳排放重心的变化趋势，并用 SBM-DEA 模型测算各省（区、市）农业环境效率变化趋势，得出中国农业生产资料投入的碳排放效率状况分析，然后用其对偶模型测算出农业碳排放影子价格来确定农业重点减排区域，再用 LMDI 分解法找出影响各省（区、市）农业碳排放总量的主导因素，确定具体的减排方案，通过研究分析，可以得出以下结论。

第一，总体而言，河南是中国农业碳排放大省，2005~2014 年中国农业碳排放的重心主要集中于河南境内。从农业碳排放重心的变化趋势看，中国农业碳排放的重心有向西北方移动的趋势。全国整体的环境效率呈现下降趋势，且不同省（区、市）之间的环境效率差异越来越大，在 2005 年左右环境效率相对较低的省（区、市）下降得更为明显，从而导致不同省（区、市）之间的环境效率差异日益扩大。

第二，由影子价格模型计算的结果显示，2005~2014 年中国不同省（区、市）的农业碳排放影子价格均呈现增长趋势，这主要是因为人们环境保护意识的不断增强。中国各省（区、市）农业碳排放影子价格差异很大，北京、江苏、广东、

青海等经济较为发达或生态环境较为脆弱的省（区、市）影子价格高，如青海高达 2.690 万元/吨，而贵州、辽宁等资源密集型农业大省的农业碳排放影子价格则较低，如辽宁仅为 0.664 万元/吨。2005~2014 年，中国各省（区、市）农业碳排放影子价格差异日益扩大，经济较发达的省（区、市）农业碳排放影子价格增长更快，这是由于北京、上海等经济发达地区在开始的时候对环境管制不严格并且农业非其主要的经济部门，农业领域的清洁能源使用比例偏低，故农业碳排放影子价格偏低，但之后这些地区受到环境管制的制约且技术水平较为先进，因而农业碳排放影子价格呈现快速增长趋势。

第三，从能源投入和非能源投入分别在农业总投入中所占的比重可以得出，能源投入占比对农业碳排放量的增长起抑制作用，而非能源投入占比对农业碳排放量的增长起推动作用，这主要是因为能源投入中，技术进步可以大大减少能源使用过程中产生的碳排放量，所以在农业生产中可以用能源投入代替非能源投入以减少碳排放总量。影响农业碳排放的主导因素结果显示，农业补助强度对农业碳排放总量的正向推动作用较大。农业补助强度较大地推动了农业碳排放总量的增长，当农业补助主要用于机械、化肥、农药等生产资料的购置补助时，将会加快农业碳排放总量的增长，如果农业补助偏向于绿色农业发展和提升农业生产资料利用效率的技术投资，将会抑制农业碳排放总量的增长。另外，人均农业生产总值（财富因素）也推动了中国农业碳排放总量的增长。农业补贴激励效应抑制了农业碳排放总量的增长。

基于上述结果，我们提出以下建议。

第一，北京、上海、浙江、江苏等经济发达地区，政府部门应该利用其经济、技术发达的优势条件为落后的农业生产提供先进的技术水平以提升这些地区农业的能源利用效率或提高其农业领域的清洁能源使用比例，从而实现减排目标；对贵州、辽宁等一些能源密集型的地区进行技术改造，减少其农业领域碳排放。青海等生态环境较为脆弱的地区农业碳排放影子价格相对较高，要在维持现有碳排放量的基础上，分配较少的碳减排任务。生态环境相对较好并且农业领域的非清洁能源使用占比高的地区，如安徽、湖南、河南等农业大省可以适当增加农业减排任务，降低全国农业碳减排成本，实现全国农业碳减排的优化布局。

第二，加大对农业的科技投入，转变补助方向。将生产资料购置补助转为良种补助，或者利用财政补助引导农户在农业生产中用清洁能源取代非清洁能源，以减少农业碳排放量。

第三，在能源与非能源投入比例因素为正值的地区，应相应减少其能源与非能源投入，非能源投入对全国农业碳排放总量的增长起到的推动作用更明显。在全国大部分地区，尤其是河南、山东、新疆等地区应大力减少农药、化肥、薄膜等非能源投入，而湖南、江西等地区则应该适当减少电力、柴油等能源投入。

第 7 章　公路部门能源回弹效应研究

根据能源回弹效应的定义，公路部门能源环境效率提升使得能源服务成本下降，造成公路交通能源需求量上升，能源环境效率提升所带来的预期的能源节约量可能会由于能源需求的提高而被折抵。能源环境效率的提升可以直接反映能源效率的提升，燃料价格的下降也可以间接地反映能源效率的提升。同时，由于中国公路网络建设成熟，各地区公路越发与运输关联密切，根据空间相关性理论，公路部门能源服务可能存在空间相关性，相邻省（区、市）之间公路部门能源消耗可能会相互影响。由此引发了下列研究问题：首先，公路部门能源环境效率提升引发的能源回弹效应是多少？燃料价格下降引发的能源回弹效应是多少？其次，公路部门能源环境效率提升带来的能源节约是否被能源回弹效应大幅度折抵？最后，由于各地区公路部门出行及运输来往联系密切，公路部门能源回弹效应是否存在空间溢出效应，即邻省（区、市）公路部门能源环境效率与燃料价格变动对本省（区、市）公路部门能源消耗的影响如何？如果存在，具体的数值是多少？

7.1　公路部门能源回弹效应测算

7.1.1　LA-AIDS 模型构建

参考 Q. Wang 等（2012）的研究，我们使用 LA-AIDS 模型得到需求系统中各种商品支出比例与总消费支出和各种商品价格之间的关系，然后利用仿真方法得到各种商品支出比例随公路运输价格的变化，进而计算中部地区 6 省（山西、安徽、江西、河南、湖南、湖北）公路部门的 CO_2 回弹效应，详细模型如下所示[①]。

第一，根据《中国统计年鉴》的商品分类方法，将中部地区 6 省居民家庭消费支出的各种商品分为 7 类：①食品；②服装；③家庭设施、用品和服务（Hfas）；④卫生保健和医疗服务（Ha&Ms）；⑤交通；⑥教育、文化和娱乐服务（ECRs）；⑦居民住宅。假设消费者将总消费支出分配到 7 类商品中，基于 LA-AIDS 模型可以得到第 r 类商品支出比例与总消费支出和 7 类商品价格之间的关系如方程（7.1）所示。

$$w_{it}^r = \tau_r + \sum_{s=1}^{7} \eta_{rs} \ln P_{it}^s + \phi_r(\ln X_{it} - \ln P_{it}), \quad r = 1, 2, \cdots, 7 \quad (7.1)$$

其中，i 表示实施过中部崛起战略的 6 个省；w_{it}^r 表示第 i 个省的第 r 类商品在第 t 年的支出比例；P_{it}^s 表示第 i 个省的第 s 类商品在第 t 年的价格；X_{it} 表示第 i 个省在第 t 年的总消费支出；P_{it} 为 Stone's 价格指数。P_{it} 的定义如方程（7.2）所示。

$$\ln P_{it} = \sum_{s=1}^{7} w_{it}^s \ln P_{it}^s \quad (7.2)$$

为了满足需求理论（Deaton and Muellbauer, 1980），在估计 LA-AIDS 模型时，需要考虑附加条件（adding up）、同质性（homogeneity）和对称性（symmetry）三个约束条件，即

（a）adding up: $\sum_{r=1}^{7} \tau_r = 1$, $\sum_{r=1}^{7} \phi_r = 0$。

（b）homogeneity: $\sum_{s=1}^{7} \eta_{rs} = 0$。

（c）symmetry: $\eta_{rs} = \eta_{sr}, \forall r, s$。

第二，由前面的分析可知，能源回弹效应主要是能源效率提升，导致消费者行为变化引起的。然而，中部崛起战略导致的这 6 省公路部门能源效率提升通常很难估算。因此，我们使用中部地区 6 省公路运输价格降低代替对应 6 省的公路部门能源效率提升。参考 Mizobuchi（2008），假设中部地区 6 省公路运输价格降低（公路部门能源效率提升）使得对应 6 省的交通运输价格下降 φ，则中部地区 6 省交通运输的新价格按照方程（7.3）变成[②]：

$$NP_{it}^5 = P_{it}^5 \times (1 - \varphi) \quad (7.3)$$

同时，由于中部地区 6 省的交通运输价格变化将对 Stone's 价格指数 P_{it} 产生影响，需要使用方程（7.2）计算出新的 Stone's 价格指数 NP_{it}。然后，将这些新变量重新代入方程（7.1），计算出中部地区 6 省消费者将总消费支出重新分配到 7 类商品的新支出比例 Nw_{it}^r（$r = 1, 2, \cdots, 7$）。

---

① 回弹效应包括能源回弹效应和 CO_2 回弹效应，为了计算方便，本文采用 CO_2 回弹效应。

② 交通是第 5 类商品，此外，其余 6 类商品的新价格 $NP_{it}^r = P_{it}^r$，$r = 1,2,3,4,6,7$。

第三，基于第二步得到的结果，我们利用方程（7.4）估算中部地区 6 省居民家庭第 r 类商品的真实支出变化：

$$\Delta X_{it}^r = \mathrm{Nw}_{it}^r \times \frac{X_{it}}{\mathrm{NP}_{it}^r} - w_{it}^r \times \frac{X_{it}}{P_{it}^r}, \quad r = 1, 2, \cdots, 7 \qquad (7.4)$$

根据 Lin 等（2013）的推导，这 6 省公路部门能源效率提升导致其居民家庭消费 7 类商品产生的总碳排放变化为[①]

$$\Delta \mathrm{CO}_{2it} = \sum_{r=1}^{7} e_{it}^r \times \Delta X_{it}^r \qquad (7.5)$$

其中，e_{it}^r 表示第 i 个省在第 t 年的第 r 类商品在生产、运输和消费过程中的碳排放系数[②]。

第四，能源回弹效应和对应的 CO_2 回弹效应具有一致性（Lin et al.，2013），因此，与能源回弹效应的定义类似，总 CO_2 回弹效应可以定义为方程（7.6）：

$$\mathrm{RE}_{it} = |\Delta \mathrm{CO}_{2it} / \Delta \mathrm{CO}_{2it}^0| \times 100\% \qquad (7.6)$$

其中，$\Delta \mathrm{CO}_{2it}^0$ 表示第 i 个省在第 t 年预期的总 CO_2 节约量。

7.1.2　变量说明与数据选取

本书的数据包括中国 31 个省（区、市）公路部门的人均碳排放量，城市化率，公路部门能源强度，公路部门总周转量，公路里程，山西、河南、湖北、湖南、安徽和江西 6 省的 7 类商品支出比例，商品价格分类指数和总消费支出（表 7.1）。

表7.1　变量和数据说明（三）

变量	变量名称	变量说明[1)]	单位
C	公路部门的人均碳排放量	公路部门碳排放量/总人口	吨/万人
Urb	城市化率	城镇人口/总人口	%
Enei	公路部门能源强度	公路部门能源消耗/公路部门总周转量	吨标准煤/亿吨公里
Turn	公路部门总周转量	货运周转量+客运周转量/10[2)]	亿吨公里
Mil	公路里程	—	千米
w	商品支出比例	各类商品消费支出/总消费支出	%
P	商品价格分类指数	—	—
X	总消费支出	7 类商品的人均消费支出之和	元/人

1）各项数据都基于省级水平；2）参考 Liu 等（2016），客运周转量转换系数为 1/10

由于中国各省（区、市）公路部门能源消耗和碳排放量没有统计数据，我们

---

① 本书假设居民家庭消费各类商品产生的 CO_2 主要来源于商品在生产、运输和消费过程中的能源消耗（Mizobuchi，2008）。

② 单位商品在生产、运输和消费过程中的碳排放系数参考 Feng 等（2011）。

通过计算获取。参考 Yang 和 He（2016），假设公路部门能源消耗来源于 10 类汽车的燃油消耗，即 LPV-D、MPV-G、SPV-G、MNPV-G、HDT-D、MDT-D、LDT-D、MNT-G、PB-D 和 Taxi-G[①]。第 m 类汽车的燃油消耗量如方程（7.7）所示。

$$EC_{it}^m = N_{it}^m \times V_{it}^m \times F_m, \quad m = 1,2,\cdots,10 \qquad (7.7)$$

其中，EC_{it}^m 表示第 i 个省（区、市）在第 t 年的第 m 类汽车的燃油消耗量；N_{it}^m 表示第 i 个省（区、市）在第 t 年的第 m 类汽车的数量；V_{it}^m 表示第 i 个省（区、市）第 m 类汽车在第 t 年的年均行驶里程（单位：千米）[②]；F_m 表示第 m 类汽车的燃油经济（单位：升/千米）[③]。此外，根据 IPCC（2007），中国公路部门 2002~2016 年的碳排放量可以通过公路部门的各类燃油消耗和碳排放系数计算得到。

中国三个地区公路部门的平均碳排放量存在明显差异，东部地区公路部门的平均碳排放量高于其他两个地区，西部地区公路部门的平均碳排放量最低。这是因为东部地区经济和贸易较发达，而西部地区是三个地区中经济最落后的（Wang and Wei，2014），所以东部地区对公路运输服务需要更多，从而排放 CO_2 较多，西部地区则相反。此外，广东和山东公路部门的平均碳排放量显著高于其他省（区、市），主要是因为这两个省分别位于珠江三角洲港口群和环渤海港口群，进出口贸易会促进其公路运输和碳排放。

为了与公路部门的能源消耗和碳排放量的数据时间跨度一致，表 7.1 第 3 列采用 2002~2016 年的统计数据，这些统计数据都收集自《中国统计年鉴》（2003~2017 年）。为消除通货膨胀的影响，总消费支出以 2001 年的不变价进行标准化，商品价格分类指数在 2001 年为 100 的基础上进行标准化。

7.1.3　中部地区 6 省公路部门 CO_2 回弹效应分析

为了验证中部地区 6 省公路部门是否存在 CO_2 回弹效应影响中部崛起战略的碳减排效果，本书结合 LA-AIDS 模型和仿真方法，测算中部地区 6 省公路部门的 CO_2 回弹效应。估算 LA-AIDS 模型的参数之前，我们基于布伦斯–帕甘拉格朗日乘数（Breusch-Pagan Lagrange multiplier，BPLM）检验检验了自相关性，结果表明在 1%的显著性水平下序列不存在自相关性。由于 7 类商品的 LA-AIDS 模型

---

① LPV：大型客车；MPV：中型客车；SPV：小型客车；MNPV：小型客车；HDT：重型卡车；MDT：中型卡车；LDT：轻型卡车；MNT：小型卡车；PB：公共汽车；D：柴油；G：汽油。

② 由于中国各类汽车的年均行驶里程没有省（区、市）水平统计数据，根据 Yang 和 He（2016）的分析，本书使用 2002 年全国各类汽车的行驶里程作为基准数据，然后使用 31 个省（区、市）的客运和货运平均运输距离，能较准确地计算出 2002~2015 年中国各类汽车的省级年均行驶里程。

③ 各类汽车的年均行驶里程和燃油经济的技术系数见 Yang 和 He（2016）的表 2。

（7.1）的残差项可能互相关联，我们采用似不相关回归（seemingly unrelated regression，SUR）方法估计 LA-AIDS 模型的参数（Zellner，1962），估计结果见表 7.2。接下来，假设这 6 省公路部门的能源效率提升 20%，其能源消耗成本约为 20%（Wang P et al.，2013），公路部门的碳排放约占整个交通运输行业碳排放的 85%（Cai et al.，2011）。因此，中部地区 6 省的交通运输价格随着公路部门能源效率提升将会下降 3.4%[①]。使用仿真方法可以计算出这 6 省公路部门的总 CO_2 回弹效应（图 7.1）。

表7.2　LA-AIDS模型参数估计结果

变量	食品[a]	服装[a]	家庭设施、用品和服务[a]	交通[a]	教育、文化和娱乐服务[a]	居住[a]
食品价格[a]	−0.047 4					
服装价格[a]	0.014 0	0.000 9				
家庭设施、用品和服务价格[a]	−0.020 0	−0.048 3**	0.122 5***			
交通价格[a]	0.024 5*	−0.029 1	0.123 0***	−0.087 9		
教育、文化和娱乐服务价格[a]	−0.073 6***	−0.038 1	0.024 8	0.033 3	0.091 8*	
居住价格[a]	0.009 5	0.046 3**	0.032 6	−0.041 0*	0.013 0	−0.002 6
支出系数[a]	−0.020 3	−0.109 6***	0.002 8	0.016 2	0.061 4***	0.115 9***
常数项	0.908 6***	0.791 9***	−1.020 2***	−0.060 7	−0.330 5	−0.613 8***
R^2	0.224 9	0.439 7	0.244 4	0.489 8	0.332 8	0.314 1

*、**、***分别表示在 10%、5%和 1%的水平下显著
a 表示已对该变量的原始数据进行对数处理

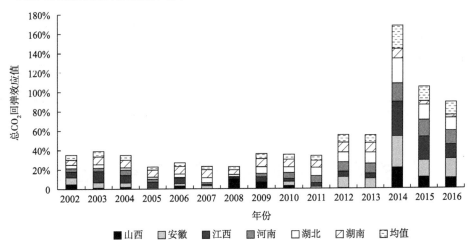

图 7.1　实施中部崛起战略 6 省 2002~2016 年的总 CO_2 回弹效应

① 假设公路部门能源效率提升 20%，整个交通运输价格降低 20%×20%×85%=3.4%。

　　第一，中部崛起战略实施之前（2002~2005 年），中部地区 6 省公路部门的平均总 CO_2 回弹效应为 4.70%，而该政策实施之后（2006~2016 年），它们的平均总 CO_2 回弹效应为 8.90%。这表明中部崛起战略提高了中部地区 6 省公路部门能源效率，同时显著地引起了 CO_2 回弹效应，这主要是因为 6 省对各种商品的需求还没有得到完全满足，公路部门能源效率的提升不仅会增加对公路运输的需求（直接回弹效应），也会增加对其他商品的需求（间接回弹效应），从而促进能源消耗和碳排放。然而，CO_2 回弹效应的存在却会降低中部崛起战略对公路部门的节能减排有效性，从而使得该政策的效果大打折扣或者失效。

　　第二，中部地区 6 省公路部门整体上的总 CO_2 回弹效应均值从 2008 年后呈现缓慢上升的趋势，2014 年急剧上升，但 2015 年、2016 年又下降了部分（表 7.3）。这说明中部崛起战略对中部地区 6 省公路部门的节能减排措施滞后两年，人们才逐渐对其带来的能源效率提升做出反应，增加各种商品的消费。当人们生活水平提高到一定程度时，对公路部门能源效率提升的敏感性下降，各种商品的需求量开始下滑。这隐含着 6 省公路部门的总 CO_2 回弹效应可能存在倒"U"形趋势（Turner and Hanley，2011），2015 年之后开始进入倒"U"形的下降部分。这提醒中国政府制定新十年中部崛起战略时，应该尽量避免（或者降低）中部地区 6 省公路部门再次激起 CO_2 回弹效应。

表7.3　中部地区6省2002~2016年的总 CO_2 回弹效应

省份	2002年	2003年	2004年	2005年	2006年	2007年	2008年	2009年	2010年	2011年	2012年	2013年	2014年	2015年	2016年
山西	4.86%	1.31%	1.96%	0.39%	3.05%	0.15%	9.70%	6.43%	2.95%	0.14%	0.43%	0.14%	21.32%	11.72%	10.86%
安徽	7.22%	5.49%	4.56%	1.25%	2.40%	3.03%	0.47%	0.31%	4.44%	1.91%	11.44%	10.12%	32.50%	17.39%	19.87%
江西	5.92%	11.53%	7.55%	5.69%	5.95%	1.27%	1.37%	5.28%	2.78%	3.75%	5.53%	5.08%	35.65%	24.05%	14.49%
河南	3.32%	3.49%	5.66%	2.83%	0.52%	1.81%	1.01%	3.50%	6.04%	7.21%	9.86%	10.28%	18.73%	17.21%	14.32%
湖北	3.71%	3.60%	2.30%	2.09%	3.40%	5.19%	2.09%	6.81%	5.93%	8.68%	10.17%	11.48%	25.65%	15.74%	13.21%
湖南	5.15%	7.98%	7.78%	7.27%	7.80%	8.29%	4.83%	8.57%	8.09%	7.39%	9.98%	10.01%	9.96%	3.74%	2.96%
均值	5.03%	5.57%	4.97%	3.25%	3.85%	3.29%	3.25%	5.15%	5.04%	4.85%	7.90%	7.85%	23.97%	14.97%	13.62%

7.2　公路部门能源回弹效应及其空间溢出效应

7.2.1　能源回弹效应的计算

　　直接能源回弹效应的重点在于单一的能源服务或者一个部门的能源服务，

直接回弹效应可以分为长期直接回弹效应与短期直接回弹效应。公路部门在能源回弹效应不存在的情况下,行驶里程不变,随着能源效率的提升,能源需求也按一定比例减少。在相同产出的基础上,能源效率的提升会使得能源消耗减少,降低能源成本。能源成本下降促使能源价格下降会引起更多的能源消费,主要表现为公路部门车辆行驶里程增加。在车辆行驶里程与能源效率之间存在弹性增长关系,我们将车辆行驶里程对能源效率的弹性定义为能源回弹效应。由于目前没有车辆行驶里程的统计数据,参考 Wang 等(2014),本书利用周转量来取代车辆行驶里程作为能源服务的度量指标。周转量的迅速增长与能源消耗的增长是紧密相关的,因此,根据能源回弹效应的定义,我们将公路部门交通周转量对能源环境效率的弹性与公路部门交通周转量对燃料价格的弹性定义为公路部门能源回弹效应。鉴于公路部门交通体系存在客运与货运两个交通子体系,相应有客运周转量与货运周转量两种能源服务,能源回弹效应计算具体如方程(7.8)~方程(7.11)所示。

客运部门能源回弹效应:

$$RE = \eta_E(PTKM) = \frac{\Delta PTKM / PTKM}{\Delta E / E} = \frac{d(\ln PTKM)}{d(\ln E)} \tag{7.8}$$

$$RE = -\eta_P(PTKM) = \frac{\Delta PTKM / PTKM}{\Delta P / P} = -\frac{d(\ln PTKM)}{d(\ln P)} \tag{7.9}$$

货运部门能源回弹效应:

$$RE = \eta_E(FTKM) = \frac{\Delta FTKM / FTKM}{\Delta E / E} = \frac{d(\ln FTKM)}{d(\ln E)} \tag{7.10}$$

$$RE = -\eta_P(FTKM) = -\frac{\Delta FTKM / FTKM}{\Delta P / P} = -\frac{d(\ln FTKM)}{d(\ln P)} \tag{7.11}$$

根据 Steren 等(2016)构建的模型可知,居民的交通出行量取决于能源环境效率、燃料价格、居民收入等因素,因此,我们将能源环境效率、燃料价格和居民收入水平作为自变量加入模型中。由于客运行驶里程与居民人均收入水平存在倒 "U" 形曲线关系;外资投入会影响区域经济发展,从而对公路客运及货运产生影响;城市化率会直接影响到公路交通密度,交通密度在影响公路运输量的同时也会对车用燃料的消耗产生影响,我们将外资投入(open)与城市化率(Urb)引入方程,构建面板回归模型,具体如下:

$$\ln PTKM_{it} = \alpha_0 + \alpha_1 \ln E_{it} + \alpha_2 \ln INC_{it} + \alpha_3 (\ln INC_{it})^2 + \alpha_4 (\ln INC_{it})^3 \\ + \alpha_5 \ln open_{it} + \alpha_6 \ln Urb_{it} + \varepsilon_{it} \tag{7.12}$$

$$\ln \mathrm{PTKM}_{it} = \alpha_0 + \alpha_1 \ln P_{it} + \alpha_2 \ln \mathrm{INC}_{it} + \alpha_3 (\ln \mathrm{INC}_{it})^2 + \alpha_4 (\ln \mathrm{INC}_{it})^3$$
$$+ \alpha_5 \ln \mathrm{open}_{it} + \alpha_6 \ln \mathrm{Urb}_{it} + \varepsilon_{it} \tag{7.13}$$

$$\ln \mathrm{FTKM}_{it} = \alpha_0 + \alpha_1 \ln E_{it} + \alpha_2 \ln \mathrm{INC}_{it} + \alpha_3 (\ln \mathrm{INC}_{it})^2 + \alpha_4 (\ln \mathrm{INC}_{it})^3$$
$$+ \alpha_5 \ln \mathrm{open}_{it} + \alpha_6 \ln \mathrm{Urb}_{it} + \varepsilon_{it} \tag{7.14}$$

$$\ln \mathrm{FTKM}_{it} = \alpha_0 + \alpha_1 \ln P_{it} + \alpha_2 \ln \mathrm{INC}_{it} + \alpha_3 (\ln \mathrm{INC}_{it})^2 + \alpha_4 (\ln \mathrm{INC}_{it})^3$$
$$+ \alpha_5 \ln \mathrm{open}_{it} + \alpha_6 \ln \mathrm{Urb}_{it} + \varepsilon_{it} \tag{7.15}$$

其中，PTKM_{it} 与 FTKM_{it} 分别为第 i 个省（区、市）第 t 年的公路客运周转量与货运周转量；$\eta_E(\mathrm{PTKM})$ 为客运周转量对能源环境效率的弹性定义的客运部门能源回弹效应；$-\eta_P(\mathrm{PTKM})$ 为客运周转量对燃料价格的弹性定义的客运部门能源回弹效应；$\eta_E(\mathrm{FTKM})$ 为货运周转量对能源环境效率的弹性定义的货运部门能源回弹效应；$-\eta_P(\mathrm{FTKM})$ 为货运周转量对燃料价格的弹性定义的货运部门能源回弹效应；E_{it} 为第 i 个省（区、市）第 t 年的公路部门能源环境效率；INC_{it} 为第 i 个省（区、市）第 t 年的人均收入水平；P_{it} 为第 i 个省（区、市）第 t 年的燃料价格（以燃料价格指数替代，2001 年为基期）；open_{it} 为外资投入水平[各省（区、市）外商固定资产投入/各省（区、市）地区生产总值]；Urb_{it} 为城市化率（城镇人口比重）；α_0 为常数项，$\alpha_1 \sim \alpha_6$ 为待估系数，其中长期能源回弹效应值为 α_1；ε_{it} 为误差项。

7.2.2　超效率 DEA 模型

为了计算公路部门能源环境效率，根据能源回弹效应的定义，我们应当对公路部门能源环境效率进行系统的测算。现今，DEA 模型是测算能源环境效率的有效方法之一。在传统 DEA 模型中，每一个决策单元的得分值介于 0 到 1，当决策单元的得分值为 1 的时候，表示该决策单元为有效决策单元；当决策单元的得分值大于 0 小于 1 时，表示该决策单元为非有效决策单元。然而，在传统 DEA 模型中，所有的有效决策单元都达到生产前沿时，有效决策单元的得分值均为 1，这就会使得所有的有效决策单元难以区分（覃昌雄，2017；刘朝等，2019）。为了克服这一弊端，在研究公路部门能源环境效率时，我们根据 Liu 等（2016）的非径向 DEA 模型，将其改进成超效率 DEA 模型，具体如下：

$$E = \min \frac{1}{2}(\theta_e + \theta_b)$$

$$\text{s.t.} \sum_{j=1, j \neq j_0}^{30} \lambda_j x_j + s^{x-} = x_{j_0}$$

$$\sum_{j=1, j \neq j_0}^{30} \lambda_j e_j + s^{e-} = \theta_e e_{j_0}$$

$$\sum_{j=1, j \neq j_0}^{30} \lambda_j y_{kj} - s_k^{y+} = y_{kj_0}, k = 1,2 \qquad (7.16)$$

$$\sum_{j=1, j \neq j_0}^{30} \lambda_j b_j = \theta_b b_{j_0}$$

$$\lambda_j, s^{x-}, s^{e-}, s_k^{y+} \geqslant 0$$

其中，E 表示各省（区、市）各年公路部门能源环境效率；j_0 表示当前正被评估的决策单元是 j_0 决策单元；λ_j 表示第 j 个决策单元的权重；x_j 表示第 j 个决策单元的劳动力投入；e_j 表示第 j 个决策单元的能源投入；y_{1j} 表示第 j 个决策单元的客运周转量产出；y_{2j} 表示第 j 个决策单元的货运周转量产出；b_j 表示第 j 个决策单元的 CO_2 产出；θ_e 表示能源投入的效率；θ_b 表示 CO_2 产出效率。我们将能源效率与环境效率进行加权平均，以此代表各省（区、市）各年的能源环境效率。依照研究专家学者的偏好来对 θ_e 与 θ_b 分别选取相应的权重数值（本书对能源效率及环境效率设定的权重都是 1/2）。在方程（7.16）中，当 $E \geqslant 1$ 时，且所有的松弛因子 s^{x-}、s^{e-}、s_k^{y+} 都为 0 时，表示决策单元有效。超效率 DEA 模型的基本思想是，在进行第 j_0 个决策单元效率评价时，使第 j_0 个决策单元的投入与产出被其他所有决策单元投入与产出的线性组合代替，从而将第 j_0 个决策单元排除在外。在方程（7.16）中，当 θ_e 和 θ_b 大于或等于 1 时，且所有的松弛因子 s^{x-}、s^{e-}、s_k^{y+} 都为 0 时，表示决策单元有效。

7.2.3　全局莫兰指数

不同省（区、市）之间公路部门会产生相互影响作用，方程（7.12）~方程（7.15）没有考虑到空间相关性，忽略了各个变量存在地理空间效应，从而影响结果的准确性。空间计量模型被许多学者广泛用于空间相关性问题的研究与分析。首先，我们要判断是否存在空间依赖性，选取全局莫兰指数判断 30 个省（区、市）公路客运周转量与货运周转量的空间依赖性。莫兰指数其实就是各个变量的空间相关系数，取值范围为-1~1，正值表示存在空间正相关性，莫兰指数的计算如方程

（7.17）所示。

$$I = \frac{\sum_{i=1}^{n}\sum_{j=1}^{n}W_{ij}(X_{it}-\bar{X}_t)(X_{jt}-\bar{X}_t)}{S^2\sum_{i=1}^{n}\sum_{j=1}^{n}W_{ij}}$$　（7.17）

其中，n 为省（区、市）个数；$S^2 = \frac{1}{n}\sum_{i=1}^{n}(X_{it}-\bar{X}_t)^2$；$\bar{X}_t = \frac{1}{n}\sum_{i=1}^{n}X_{it}$；$X_{it}$ 为第 i 个省（区、市）第 t 年公路客运/货运周转量；W_{ij} 为空间权重矩阵，本书以中国各省（区、市）之间的相邻矩阵作为空间权重矩阵。

7.2.4　空间杜宾模型

当判断得出各变量具有空间相关性后，为了更准确地研究中国公路部门能源回弹效应的空间溢出效应，我们需要构建空间计量模型。空间计量模型可以划分为空间滞后模型、空间误差模型及空间杜宾模型。为了更加全面地对公路部门能源回弹效应及能源服务与相关变量的直接关系进行研究，我们将空间滞后模型与空间误差模型整合为空间杜宾模型。空间滞后模型的表示方程如下：

$$\ln\mathrm{PTKM}_{it} = \alpha_1 + \lambda\sum_{j=1}^{30}W_{ij}\ln\mathrm{PTKM}_{it} + \alpha_2\ln E_{it} + \alpha_3\ln\mathrm{INC}_{it} + \alpha_4\ln\mathrm{Urb}_{it}$$
$$+ \alpha_5(\ln\mathrm{INC}_{it})^2 + \alpha_6(\ln\mathrm{INC}_{it})^3 + \alpha_7\ln\mathrm{open}_{it} + \varepsilon_{it}$$　（7.18）

$$\ln\mathrm{PTKM}_{it} = \alpha_1 + \lambda\sum_{j=1}^{30}W_{ij}\ln\mathrm{PTKM}_{it} + \alpha_2\ln P_{it} + \alpha_3\ln\mathrm{INC}_{it} + \alpha_4\ln\mathrm{Urb}_{it}$$
$$+ \alpha_5(\ln\mathrm{INC}_{it})^2 + \alpha_6(\ln\mathrm{INC}_{it})^3 + \alpha_7\ln\mathrm{open}_{it} + \varepsilon_{it}$$　（7.19）

$$\ln\mathrm{FTKM}_{it} = \alpha_1 + \lambda\sum_{j=1}^{30}W_{ij}\ln\mathrm{FTKM}_{it} + \alpha_2\ln E_{it} + \alpha_3\ln\mathrm{INC}_{it} + \alpha_4\ln\mathrm{Urb}_{it}$$
$$+ \alpha_5(\ln\mathrm{INC}_{it})^2 + \alpha_6(\ln\mathrm{INC}_{it})^3 + \alpha_7\ln\mathrm{open}_{it} + \varepsilon_{it}$$　（7.20）

$$\ln\mathrm{FTKM}_{it} = \alpha_1 + \lambda\sum_{j=1}^{30}W_{ij}\ln\mathrm{FTKM}_{it} + \alpha_2\ln P_{it} + \alpha_3\ln\mathrm{INC}_{it} + \alpha_4\ln\mathrm{Urb}_{it}$$
$$+ \alpha_5(\ln\mathrm{INC}_{it})^2 + \alpha_6(\ln\mathrm{INC}_{it})^3 + \alpha_7\ln\mathrm{open}_{it} + \varepsilon_{it}$$　（7.21）

其中，λ 是被解释变量的空间回归系数，代表相邻省（区、市）公路客运周转量与货运周转量之间的空间影响。空间误差模型的表达方程如下：

$$\ln \text{PTKM}_{it} = \alpha_1 + \alpha_2 \ln E_{it} + \alpha_3 \ln \text{INC}_{it} + \alpha_4 \ln \text{Urb}_{it} + \alpha_5 (\ln \text{INC}_{it})^2 \\ + \alpha_6 (\ln \text{INC}_{it})^3 + \alpha_7 \ln \text{open}_{it} + \varepsilon_{it} \tag{7.22}$$

$$\ln \text{PTKM}_{it} = \alpha_1 + \alpha_2 \ln P_{it} + \alpha_3 \ln \text{INC}_{it} + \alpha_4 \ln \text{Urb}_{it} + \alpha_5 (\ln \text{INC}_{it})^2 \\ + \alpha_6 (\ln \text{INC}_{it})^3 + \alpha_7 \ln \text{open}_{it} + \varepsilon_{it} \tag{7.23}$$

$$\varepsilon_{it} = \rho \sum_{j=1}^{30} W_{it} \varepsilon_{jt} + v_{it}$$

$$\ln \text{FTKM}_{it} = \alpha_1 + \alpha_2 \ln E_{it} + \alpha_3 \ln \text{INC}_{it} + \alpha_4 \ln \text{Urb}_{it} + \alpha_5 (\ln \text{INC}_{it})^2 \\ + \alpha_6 (\ln \text{INC}_{it})^3 + \alpha_7 \ln \text{open}_{it} + \varepsilon_{it} \tag{7.24}$$

$$\ln \text{FTKM}_{it} = \alpha_1 + \alpha_2 \ln P_{it} + \alpha_3 \ln \text{INC}_{it} + \alpha_4 \ln \text{Urb}_{it} + \alpha_5 (\ln \text{INC}_{it})^2 \\ + \alpha_6 (\ln \text{INC}_{it})^3 + \alpha_7 \ln \text{open}_{it} + \varepsilon_{it} \tag{7.25}$$

$$\varepsilon_{it} = \rho \sum_{j=1}^{30} W_{it} \varepsilon_{jt} + v_{it}$$

其中，ρ 为误差项的空间回归系数，它指的是相邻省（区、市）误差项之间的空间影响。我们把空间滞后模型与空间误差模型合并成为空间杜宾模型，具体形式如下：

$$\ln \text{PTKM}_{it} = \alpha_1 + \lambda \sum_{j=1}^{30} W_{ij} \ln \text{PTKM}_{it} + \alpha_2 \ln E_{it} + \alpha_3 \ln \text{INC}_{it} + \alpha_4 \ln \text{Urb}_{it} +$$

$$\alpha_5 (\ln \text{INC}_{it})^2 + \alpha_6 (\ln \text{INC}_{it})^3 + \alpha_7 \ln \text{open}_{it} + \theta_1 \sum_{j=1}^{30} W_{ij} \ln E_{it} \tag{7.26}$$

$$+ \theta_2 \sum_{j=1}^{30} W_{ij} \ln \text{Urb}_{it} + \theta_3 \sum_{j=1}^{30} W_{ij} \ln \text{open}_{it} + \varepsilon_{it}$$

$$\ln \text{PTKM}_{it} = \alpha_1 + \lambda \sum_{j=1}^{30} W_{ij} \ln \text{PTKM}_{it} + \alpha_2 \ln P_{it} + \alpha_3 \ln \text{INC}_{it} + \alpha_4 \ln \text{Urb}_{it}$$

$$+ \alpha_5 (\ln \text{INC}_{it})^2 + \alpha_6 (\ln \text{INC}_{it})^3 + \alpha_7 \ln \text{open}_{it} + \theta_1 \sum_{j=1}^{30} W_{ij} \ln P_{it} \tag{7.27}$$

$$+ \theta_2 \sum_{j=1}^{30} W_{ij} \ln \text{Urb}_{it} + \theta_3 \sum_{j=1}^{30} W_{ij} \ln \text{open}_{it} + \varepsilon_{it}$$

$$\ln \text{FTKM}_{it} = \alpha_1 + \lambda \sum_{j=1}^{30} W_{ij} \ln \text{FTKM}_{it} + \alpha_2 \ln E_{it} + \alpha_3 \ln \text{INC}_{it} + \alpha_4 \ln \text{Urb}_{it}$$

$$+ \alpha_5 (\ln \text{INC}_{it})^2 + \alpha_6 (\ln \text{INC}_{it})^3 + \alpha_7 \ln \text{open}_{it} + \theta_1 \sum_{j=1}^{30} W_{ij} \ln E_{it} \tag{7.28}$$

$$+ \theta_2 \sum_{j=1}^{30} W_{ij} \ln \text{Urb}_{it} + \theta_3 \sum_{j=1}^{30} W_{ij} \ln \text{open}_{it} + \varepsilon_{it}$$

$$\ln \text{FTKM}_{it} = \alpha_1 + \lambda \sum_{j=1}^{30} W_{ij} \ln \text{FTKM}_{it} + \alpha_2 \ln P_{it} + \alpha_3 \ln \text{INC}_{it} + \alpha_4 \ln \text{Urb}_{it}$$

$$+ \alpha_5 (\ln \text{INC}_{it})^2 + \alpha_6 (\ln \text{INC}_{it})^3 + \alpha_7 \ln \text{open}_{it} + \theta_1 \sum_{j=1}^{30} W_{ij} \ln P_{it} \qquad (7.29)$$

$$+ \theta_2 \sum_{j=1}^{30} W_{ij} \ln \text{Urb}_{it} + \theta_3 \sum_{j=1}^{30} W_{ij} \ln \text{open}_{it} + \varepsilon_{it}$$

其中，θ 表示各解释变量的空间系数，代表各解释变量对被解释变量的空间影响。也可以说，空间杜宾模型是在空间滞后模型之中添入所有或者部分自变量的空间项。

7.2.5　空间误差修正模型

误差修正模型（error correction model，ECM）是一种被用作计算短期弹性的方法，误差修正模型从外部来看像是非线性模型，其实质是由自回归分布滞后模型演化而来的，实际上仍然是线性回归模型（周思明，2018）。为了研究中国公路部门短期能源回弹效应，我们参考了 Wang 等（2014）的模型，引用前文空间杜宾模型中的被解释变量周转量（lnPTKM 与 lnFTKM）及核心解释变量能源环境效率、燃料价格和居民收入水平（ln$E$、ln$P$、lnINC），结合空间计量经济学，构建基本的空间杜宾模型。

$$\ln \text{PTKM}_{it} = \beta_1 + \lambda \sum_{j=1}^{30} W_{ij} \ln \text{PTKM}_{it} + \beta_2 \ln E_{it} + \beta_3 \ln \text{INC}_{it} + \theta_1 \sum_{j=1}^{30} W_{ij} \ln E_{it} + \varepsilon_{it}$$

$$(7.30)$$

$$\ln \text{PTKM}_{it} = \beta_1 + \lambda \sum_{j=1}^{30} W_{ij} \ln \text{PTKM}_{it} + \beta_2 \ln P_{it} + \beta_3 \ln \text{INC}_{it} + \theta_1 \sum_{j=1}^{30} W_{ij} \ln P + \varepsilon_{it}$$

$$(7.31)$$

$$\ln \text{FTKM}_{it} = \beta_1 + \lambda \sum_{j=1}^{30} W_{ij} \ln \text{PTKM}_{it} + \beta_2 \ln E_{it} + \beta_3 \ln \text{INC}_{it} + \theta_1 \sum_{j=1}^{30} W_{ij} \ln E_{it} + \varepsilon_{it}$$

$$(7.32)$$

$$\ln \text{FTKM}_{it} = \beta_1 + \lambda \sum_{j=1}^{30} W_{ij} \ln \text{PTKM}_{it} + \beta_2 \ln P_{it} + \beta_3 \ln \text{INC}_{it} + \theta_1 \sum_{j=1}^{30} W_{ij} \ln P + \varepsilon_{it}$$

$$(7.33)$$

参考 Wang 等（2014）的方法，结合方程（7.30）~方程（7.33），我们构建无滞后项的误差修正模型，在误差修正模型的基础上加入空间滞后项及空间权重矩阵，从而建立空间误差修正模型，如方程（7.34）~方程（7.37）所示。空间误差修正模型可以用来探索解释变量对被解释变量的短期空间影响，即对空间短期系数进行参数估计。

$$\Delta \ln \text{PTKM}_{it} = \beta_1 + \lambda \sum_{j=1}^{30} W_{ij} \Delta \ln \text{PTKM}_{it} + \beta_2 \Delta \ln E_{it} + \beta_3 \Delta \ln \text{INC}_{it}$$

$$+ \theta_1' \sum_{j=1}^{30} W_{ij} \Delta \ln E_{it} + \gamma \text{ec}_{i,t-1} + \varepsilon_{it} \tag{7.34}$$

$$\text{ec}_{it} = \ln \text{PTKM}_{it} - \hat{\alpha}_1 - \hat{\lambda} \sum_{j=1}^{30} W_{ij} \ln \text{PTKM}_{it} - \hat{\alpha}_2 \ln E_{it} - \hat{\alpha}_3 \ln \text{INC}_{it} - \hat{\theta}_1 \sum_{j=1}^{30} W_{ij} \ln E_{it}$$

$$\Delta \ln \text{PTKM}_{it} = \beta_1 + \lambda \sum_{j=1}^{30} W_{ij} \Delta \ln \text{PTKM}_{it} + \beta_2 \Delta \ln P_{it} + \beta_3 \Delta \ln \text{INC}_{it}$$

$$+ \theta_1' \sum_{j=1}^{30} W_{ij} \Delta \ln P_{it} + \gamma \text{ec}_{i,t-1} + \varepsilon_{it} \tag{7.35}$$

$$\text{ec}_{it} = \ln \text{PTKM}_{it} - \hat{\alpha}_1 - \hat{\lambda} \sum_{j=1}^{30} W_{ij} \ln \text{PTKM}_{it} - \hat{\alpha}_2 \ln P_{it} - \hat{\alpha}_3 \ln \text{INC}_{it}$$

$$- \hat{\theta}_1 \sum_{j=1}^{30} W_{ij} \ln P_{it}$$

$$\Delta \ln \text{FTKM}_{it} = \beta_1 + \lambda \sum_{j=1}^{30} W_{ij} \Delta \ln \text{FTKM}_{it} + \beta_2 \Delta \ln E_{it} + \beta_3 \Delta \ln \text{INC}_{it}$$

$$+ \theta_1' \sum_{j=1}^{30} W_{ij} \Delta \ln E_{it} + \gamma \text{ec}_{i,t-1} + \varepsilon_{it} \tag{7.36}$$

$$\text{ec}_{it} = \ln \text{FTKM}_{it} - \hat{\alpha}_1 - \hat{\lambda} \sum_{j=1}^{30} W_{ij} \ln \text{FTKM}_{it} - \hat{\alpha}_2 \ln E_{it} - \hat{\alpha}_3 \ln \text{INC}_{it} - \hat{\theta}_1 \sum_{j=1}^{30} W_{ij} \ln E_{it}$$

$$\Delta \ln \text{FTKM}_{it} = \beta_1 + \lambda \sum_{j=1}^{30} W_{ij} \Delta \ln \text{FTKM}_{it} + \beta_2 \Delta \ln P_{it} + \beta_3 \Delta \ln \text{INC}_{it}$$

$$+ \theta_1' \sum_{j=1}^{30} W_{ij} \Delta \ln P_{it} + \gamma \text{ec}_{i,t-1} + \varepsilon_{it} \tag{7.37}$$

$$\text{ec}_{it} = \ln \text{FTKM}_{it} - \hat{\alpha}_1 - \hat{\lambda} \sum_{j=1}^{30} W_{ij} \ln \text{FTKM}_{it} - \hat{\alpha}_2 \ln P_{it} - \hat{\alpha}_3 \ln \text{INC}_{it} - \hat{\theta}_1 \sum_{j=1}^{30} W_{ij} \ln P_{it}$$

其中，β_2 为 $\Delta \ln E_{it}$ 的系数值，表示短期能源回弹效应值；ec_{it} 为误差修正项；ε_{it} 为随机误差项；β_2 与 β_3 为短期系数；θ' 为空间短期系数。构建的该空间误差修正模型，将客运周转量与货运周转量作为被解释变量，不仅可以计算短期内各解释变量对公路客运周转量与货运周转量的空间影响系数，还可以说明被解释变量受到偏离平衡趋势（$\text{ec}_{i,t-1}$）的影响。此外，方程（7.34）~方程（7.37）反映了不同变量的波动趋势,如 $\Delta \ln E_{it}$ 表示能源环境效率的短期波动值。

7.2.6 变量说明与数据选取

本书基于 2002~2016 年的数据,研究中国 30 个省(区、市)公路部门能源和环境两个方面的总体效率,即能源环境效率。我们将公路部门的"劳动力(就业人数)"和"能源消耗(汽油与柴油)"作为投入,"旅客周转量"和"货运周转量"及"地区生产总值"作为期望产出,碳排放量作为非期望产出,如表 7.4 所示。

表7.4 公路交通投入产出变量表

公路交通变量	单位	投入和产出类别
劳动力(就业人数)	人	非能源投入
能源消耗(柴油)	吨标准煤	能源投入
能源消耗(汽油)	吨标准煤	能源投入
旅客周转量	亿人公里	期望产出
货运周转量	亿吨公里	期望产出
地区生产总值	亿元	期望产出
碳排放量	吨	非期望产出

投入和产出数据中的"劳动力(就业人数)""旅客周转量""货运周转量""地区生产总值"(以 2002 年价为基准)来自《中国统计年鉴》(2003~2017 年)。本书只考虑中国 30 个省(区、市)(香港、澳门、台湾、西藏除外),东部、中部、西部地区划分参考 Zhou 等(2013)的研究中各省(区、市)的区域划分标准,如表 5.3 所示。

为了计算公路部门的能源消耗及碳排放量,我们根据 Yang 和 He(2016),计算方法如方程(7.38)所示。

$$\mathrm{EC}_{it}^m = N_{it}^m \times V_{it}^m \times F_m, \quad m=1,2,\cdots,10 \tag{7.38}$$

其中,EC_{it}^m 表示第 i 个省(区、市)第 t 年第 m 类车辆能源消耗量;N_{it}^m 表示第 i 个省(区、市)第 t 年第 m 类车辆的总数;V_{it}^m 表示第 i 个省(区、市)第 m 类车辆在第 t 年的年均行驶里程(单位:千米);F_m 表示第 m 类车辆的燃油经济(单位:升/千米)。因为缺乏各省(区、市)不同种类车辆运输里程的数据,本书选用 2002 年数据作为基础,根据 30 个省(区、市)平均客运运输距离与平均货运运输距离,从而得出 2002~2016 年各省(区、市)不同种类车辆的运输里程(Yang and He,2016)。另外,通过 IPCC(2007),交通运输行业中,碳排放量可以依照不同种类的燃油消耗量与相应碳排放系数测算得到,具体技术系数参考 Yang 和 He(2016)。图 7.2 与图 7.3 为东部、中部、西部地区公路部门 2002~2016 年的能源消耗量与碳排放量;图 7.4 为 2002~2016 年东部、中部、西部地区及全国平均地区生产总值。

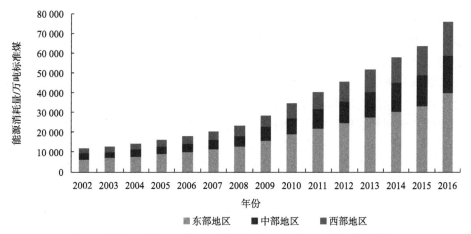

图 7.2　东部、中部、西部地区公路部门 2002~2016 年的能源消耗量

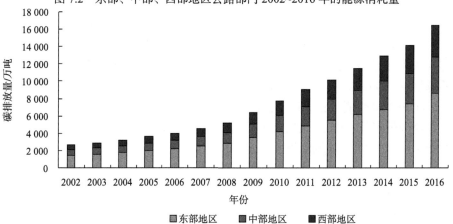

图 7.3　东部、中部、西部地区公路部门 2002~2016 年的碳排放量

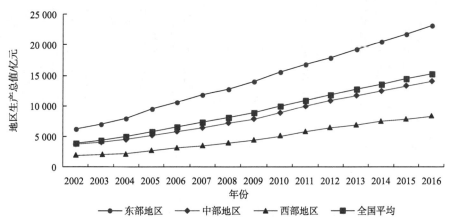

图 7.4　2002~2016 年东部、中部、西部地区及全国平均地区生产总值

从图 7.2、图 7.3 及图 7.4 中，我们可以看出，东部、中部、西部三个地区公路部门能源消耗量、碳排放量及三个地区的地区生产总值随时间的变化趋势，同时也可以对这三者在三个地区的数量大小进行直观的比较。在后面的公路部门能源环境效率分析中，我们需要借助图 7.2~图 7.4 进行对比分析，总结中国 30 个省（区、市）公路部门能源环境效率差异的原因。

此外，空间杜宾模型中，"居民收入水平""燃料价格""外资投入""城市化率"的数据皆来自《中国统计年鉴》（2003~2017 年）、《中国能源统计年鉴》（2003~2017 年）、《中国城市统计年鉴》（2003~2017 年）。本书只考虑中国 30 个省（区、市）。

7.2.7　公路部门能源环境效率测算结果分析

先根据方程（7.38）分别计算公路部门消耗的柴油和汽油数量，再结合燃油碳排放系数计算得到公路部门的碳排放量，最后通过方程（7.16）就可以计算能源环境效率。2002~2016 年中国 30 个省（区、市）公路部门能源环境效率见表 5.4。图 7.5 为中国 30 个省（区、市）公路部门 2002~2016 年全要素能源环境效率。为了更好地分析东部、中部、西部地区公路部门能源环境效率变化，我们将三个地区的能源环境效率制作成折线图，见图 5.1。

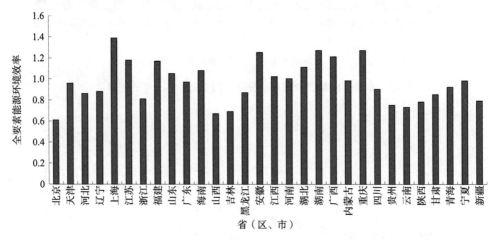

图 7.5　中国 30 个省（区、市）公路部门 2002~2016 年全要素能源环境效率

1. 公路部门能源环境效率区域差异分析

从表 5.4 与图 7.5 我们可以得出：首先，各省（区、市）公路部门能源环境效率存在巨大的区域差异。就中国 30 个省（区、市）而言，上海公路部门能源环境

效率最高，2002~2016 年，平均能源环境效率为 1.39；而北京公路部门能源环境效率值最低，2002~2016 年，平均能源环境效率仅为 0.61，远低于全国 2002~2016 年平均能源环境效率 0.97。公路部门能源环境效率较高的省（区、市）有上海、湖南、江苏、广东、广西、重庆与福建，这些地区公路部门能源环境效率值都大于 1，达到了有效水平；较低的省（区、市）则有北京、山西、吉林、云南、贵州与新疆，这些地区公路部门能源环境效率值都低于 0.8。从图 7.5 可以明显看出，中国 30 个省（区、市）公路部门 2002~2016 年平均能源环境效率差异巨大，能源环境效率较高的省（区、市）大多分布在东南地区及中南地区，能源环境效率较低的省（区、市）大多集中在东北、西北及西南地区。

就东部、中部、西部三个地区而言，东部地区公路部门平均能源环境效率最高，中部地区次之，最低的是西部地区，分别是 1.00、0.99 和 0.92。2002~2016 年全国公路部门平均能源环境效率值为 0.97。东部地区公路部门平均能源环境效率值为 1.00，而西部地区公路部门平均能源环境效率为 0.92，低于全国平均水平，能源环境效率上升空间较大。

通过对中国 30 个省（区、市）2002~2016 年公路部门能源环境效率的区域差异进行对比分析可知，造成差异巨大的原因主要在于：各省（区、市）能源消耗量与碳排放量差异巨大；各省（区、市）经济与科技发展水平差异巨大；各省（区、市）产业结构差异巨大；各省（区、市）交通基础设施与公路交通网络建设差异巨大。

第一，公路部门能源环境效率较低的地区都会存在过度的能源消耗与废气排放；高效率地区可以相对较少的能源投入产出相对较多的期望产出。能源消耗量及碳排放量较大的地区，如北京、河北，以及地区生产总值较低的地区，如山西，这些地区公路部门能源环境效率较低。相反，能源环境效率值较高的地区，如上海、重庆，其能源消耗量与碳排放量较北京、河北而言则低得多。此外，中国的经济大省江苏，虽然也是能源消耗大省，但其地区生产总值常年稳居全国前列，这使得江苏公路部门能源环境效率较高，2002~2016 年平均能源环境效率为 1.18（>1）。综上，注重能源节约，减少碳排放，促进经济发展，提高地区生产总值是提升各地区公路部门能源环境效率的关键。

第二，东部、中部、西部三个地区能源环境效率差异明显，东部地区绩效较好的原因主要归功于发达的"经济与科技"水平。经济方面，由图 7.4 可以看出，就东部、中部、西部三个地区而言，在 2002~2016 年，东部地区的地区生产总值远高于全国平均值，经济发展水平较高，中部地区次之，最低的是西部地区。中部地区和西部地区平均地区生产总值均在全国平均水平之下。科技方面，能源环境效率较高的地区拥有较为发达的科学技术与生产工艺，这使得其投入与产出之比能够达到最优水平，即以较少的投入产出较多的期望产出与较少的非期望产出。东部地区的科技水平领先，优势明显。

不合理的产业结构在对经济发展造成阻碍的同时,也会对公路部门能源环境效率产生负向影响。在中国 30 个省(区、市)中,东北三省公路部门能源环境效率较低,主要是东北地区产业结构不合理,第二产业比重过大,经济发展速度缓慢,造成能源环境效率低下。同时,工业原料与工业产品的运输比重较大,间接造成公路部门货运结构的不合理;工业原料与工业产品的大量运输,势必导致大型货车出行量增加,加重公路部门运输负荷,致使公路部门能源消耗量与碳排放量攀升,能源环境效率低下。

发达的公路网络建设可以有效提升公路运输效率,使公路运输更加流畅,缩短运输里程,提升公路客运及货运周转量;先进的交通运输基础设施与条件,给人们提供了多种交通工具选择,可以有效缓解公路运输的压力。从图 7.5 可以看出,东南沿海及长江中下游地区,如上海、江苏及湖南,能源环境效率值偏高;而西南地区及西北地区,如云南、贵州及新疆,能源环境效率值偏低。这是因为在东南沿海及长江中下游地带,公路网络建设成熟,交通基础设施先进发达,交通运输条件优越;而西南地区、西北地区受自然地理条件及社会经济发展条件的限制,公路网络建设不完备,交通基础设施及交通运输条件落后。

2. 公路部门能源环境效率时间差异分析

从图 5.1 可以看出,东部、中部、西部三个地区的能源环境效率变化趋势随时间波动变化,这与 Liu 等(2016)对公路部门能源环境效率变化趋势的研究结果类似。全国公路部门平均能源环境效率值围绕 0.95 上下波动;从东部、中部、西部三个地区来看,西部地区随时间的变化差异最大。2014~2016 年西部地区能源环境效率上升明显,说明《西部大开发"十二五"规划》实施效果显著,西部地区公路网得到了良好的改造与完善;2006~2010 年,中部地区公路部门能源环境效率值处于最高水平,不仅超过了全国平均水平,还高于东部地区。2006 年,中国政府实施中部崛起战略,这一政策的出台,使得中部地区各省(区、市)交通资源得以合理利用与配置,完善了交通干线网络,推行了以绿色、低碳与循环公路运输为核心主题的低碳环保、资源节约示范项目,新能源交通运输汽车逐渐兴起;2002~2004 年、2006~2007 年与 2014~2016 年,全国平均能源环境效率呈明显上升趋势,可能是受到 21 世纪中国四个"五年计划"中政府大力倡导节能减排政策的影响。例如,逐步推动各类汽车使用替代能源与可再生能源,合理优化交通运输行业燃料消耗结构;营运车辆单位运输周转量能源消耗从 2010 年的 0.079 千克标准煤/吨公里下降到 2015 年的 0.075 千克标准煤/吨公里。由于各个地区在不同年度实施的环保政策有所不同,实施效果也多样不一,各地区公路部门能源环境效率呈波动变化趋势。

7.2.8 公路部门长期和短期能源回弹效应分析

1. 变系数模型回归结果

我们对方程（7.12）~方程（7.15）进行变系数模型回归，计算 2002~2016 年公路部门能源回弹效应值，具体如表 7.5 所示。从表 7.5 可以看出，2002~2016 年几乎所有年份公路部门能源回弹效应显著，公路部门能源回弹效应在长期与短期都显著存在，因此有必要对公路部门长期能源回弹效应与短期能源回弹效应进行深入、细致的研究。

表7.5 2002~2016年公路部门能源回弹效应值

年份	客运部门		货运部门	
	η_E(PTKM)	$-\eta_P$(PTKM)	η_E(FTKM)	$-\eta_P$(FTKM)
2002	0.033 9	−16.420 6***	−0.270 7**	−9.508 5***
2003	0.468 4***	−3.848 6***	0.314 3***	−2.777 0***
2004	0.148 4***	−2.336 5***	0.365 1***	−2.012 9***
2005	0.349 0***	−1.659 4***	0.386 2***	−1.807 9***
2006	0.236 6***	−1.148 4***	0.192 0***	−1.747 3***
2007	0.694 3***	−1.163 8***	0.642 6***	−1.579 0***
2008	−0.257 3***	0.321 0*	0.612 7***	−0.450 6***
2009	0.173 4***	0.164 9	0.784 4***	−0.344 0*
2010	0.508 6***	0.014 6	0.805 1***	−0.139 4
2011	0.863 4***	0.151 0	0.806 4***	−0.102 2
2012	0.782 5***	−0.263 9*	1.123 7***	0.182 2***
2013	0.806 4***	0.230 3	0.962 6***	0.935 2***
2014	0.822 4***	0.522 3***	0.987 4***	1.176 9***
2015	0.290 8***	0.346 0**	0.859 6***	1.000 2***
2016	0.537 6***	1.283 5***	0.529 4***	1.445 3***

*、**、***分别表示在 10%、5% 和 1% 的水平下显著

注：括号内为 Z 统计值

2. 全局莫兰指数计算及 LR 检验和 Wald 检验

对空间计量模型进行回归估计前，为了检验是否存在空间相关性，应当计算全局莫兰指数，来检验中国 30 个省（区、市）公路客运/货运周转量空间依赖性存在与否。莫兰指数取值范围是−1~1，莫兰指数大于 0 说明变量间具有正向的空间相关性，负值则相反。在表 7.6 与表 7.7 中，所有的莫兰指数都大于 0，且大部分指数值在 10% 的水平下显著[1]，因此中国 30 个省（区、市）公路客运/货运周转量具有正

---

① P 值即显示显著性水平，故表中未标，下同。

向的空间相关性，各省（区、市）公路客运/货运周转量变动方向一致。

表7.6　2002~2016年中国30个省（区、市）公路部门客运周转量全局莫兰指数

年份	全局莫兰指数	Z统计量	P值
2002	0.127	1.563	0.118
2003	0.157	1.854	0.064
2004	0.147	1.750	0.080
2005	0.164	1.889	0.059
2006	0.167	1.924	0.054
2007	0.169	1.956	0.050
2008	0.227	2.414	0.016
2009	0.242	2.573	0.010
2010	0.238	2.560	0.010
2011	0.208	2.311	0.021
2012	0.190	2.190	0.029
2013	0.222	2.417	0.016
2014	0.176	2.118	0.034
2015	0.199	2.158	0.031
2016	0.182	2.037	0.042

表7.7　2002~2016年中国30个省（区、市）公路部门货运周转量全局莫兰指数

年份	全局莫兰指数	Z统计量	P值
2002	0.144	1.652	0.099
2003	0.133	1.527	0.127
2004	0.135	1.550	0.121
2005	0.164	1.807	0.071
2006	0.177	1.933	0.053
2007	0.195	2.108	0.035
2008	0.403	4.359	0
2009	0.410	4.426	0
2010	0.427	4.436	0
2011	0.420	4.305	0
2012	0.406	4.156	0
2013	0.368	3.807	0
2014	0.356	3.703	0
2015	0.368	3.789	0
2016	0.361	3.729	0

检验得出中国 30 个省（区、市）公路客运周转量与货运周转量具有正向空间

相关性后,我们可以构建相应的空间计量模型。在 LR 检验和 Wald 检验中显示(如表 7.8 与表 7.9 所示),在 1%显著水平下,各检验结果都表示拒绝原假设,因此需要把空间误差项与空间滞后项都涵盖进来。因此,我们需要构建空间杜宾模型来开展本书的研究。

表7.8　客运部门LR检验与Wald检验结果

检验	卡方统计量	P 值	卡方统计量	P 值
LR 检验				
空间滞后模型	22.93	0.000 1	28.86	0.000 1
空间误差模型	14.31	0.006 4	15.63	0.000 8
Wald 检验				
空间滞后模型	23.4	0.000 1	21.3	0
空间误差模型	15.6	0.004 6	16.8	0.006 5

表7.9　货运部门LR检验与Wald检验结果

检验	卡方统计量	P 值	卡方统计量	P 值
LR 检验				
空间滞后模型	37.40	0	30.20	0
空间误差模型	23.36	0.000 1	20.58	0
Wald 检验				
空间滞后模型	40.00	0	36.70	0
空间误差模型	26.53	0	24.69	0.000 1

另外,在回归过程中,对于应该使用固定效应还是随机效应,本书使用豪斯曼检验的方法进行判断。检验结果表明,个体固定效应适用于本书(具体检验结果未展示)。下面根据空间杜宾模型的固定效应结果进行具体分析。

3. 公路部门长期能源回弹效应

我们将空间滞后模型、空间误差模型及空间杜宾模型三种空间模型的计算结果制成表格,如表 7.10~表 7.12 所示。第一,就客运部门而言, $\ln E_{it}$ 的系数在三种空间模型中分别为 0.099 7、0.091 6 及 0.101 4,且在 10%和 5%的水平下显著,说明以周转量对能源环境效率的弹性作为能源回弹效应的度量指标,可以得出公路客运部门长期能源回弹效应为 9.16%~10.14%;同样地,货运部门长期能源回弹效应为 23.44%~25.8%,公路部门长期能源回弹效应值较小。该研究结果表明,长期内,公路部门能源环境效率提升所带来的能源节约没有被能源回弹效应大幅度地折抵。

表7.10　空间滞后模型估计结果

变量	公路客运周转量（PTKM）[a]		公路货运周转量（FTKM）[a]	
	方程（7.18）	方程（7.19）	方程（7.20）	方程（7.21）
能源环境效率（E）[a]	0.099 7[*] （1.76）		0.258 0[***] （2.63）	
燃料价格（P）[a]		0.551 3[***] （3.79）		0.089 2 （0.45）
居民收入水平（INC）[a]	0.830 8[***] （4.15）	0.635 0[***] （2.60）	0.867 2[***] （3.77）	0.942 0[***] （7.08）
外资投入（open）[a]	−0.041 0 （−1.38）	−0.054 0[*] （−1.66）	−0.024 5 （−0.66）	−0.026 9 （−1.01）
居民收入水平的平方（INC^2）[a]	−0.379 2[***] （−3.73）	−0.376 2[***] （−3.99）	0.057 2 （0.52）	0.040 4 （0.06）
居民收入水平的立方（INC^3）[a]	0.145 9[**] （1.96）	0.137 6[**] （1.96）	−0.143 2[**] （−2.00）	−0.099 6[***] （−2.77）
城市化率（Urb）[a]	−1.663 7[***] （−2.57）	−1.590 0[**] （−2.43）	0.082 3 （0.12）	−0.397 9[***] （−1.25）
因变量空间回归系数（λ）	0.552 7[***] （8.20）	0.414 0[***] （6.52）	0.616 4[***] （8.55）	0.592 1[***] （17.51）
方差	0.041 7[***] （4.91）	0.041 1[***] （5.06）	0.058 7[***] （6.66）	0.062 7[***] （14.75）

*、**、***分别表示在10%、5%和1%的水平下显著

a 表示已对该变量的原始数据进行对数处理

注：括号内为 Z 统计值

表7.11　空间误差模型估计结果

变量	公路客运周转量（PTKM）[a]		公路货运周转量（FTKM）[a]	
	方程（7.22）	方程（7.23）	方程（7.24）	方程（7.25）
能源环境效率（E）[a]	0.091 6[**] （2.25）		0.234 4[***] （5.33）	
燃料价格（P）[a]		0.770 7[***] （5.76）		0.348 0 （1.43）
居民收入水平（INC）[a]	0.982 5[***] （8.38）	0.751 4[***] （2.60）	1.390 6[***] （10.09）	1.451 3[***] （9.52）
外资投入（open）[a]	−0.051 7[**] （−2.33）	−0.043 7[**] （−1.99）	0.006 7 （0.29）	−0.013 8 （0.56）
居民收入水平的平方（INC^2）[a]	−0.400 1[***] （−6.55）	−0.450 7[***] （−7.72）	−0.204 8[***] （−3.01）	−0.299 8[***] （−4.29）
居民收入水平的立方（INC^3）[a]	0.174 7[***] （1.96）	0.185 1[***] （5.63）	0.119 0[***] （3.16）	−0.049 0 （−1.26）
城市化率（Urb）[a]	−1.652 9[***] （−5.29）	−1.720 8[**] （−5.86）	0.178 1 （−0.50）	0.461 0 （−1.23）
因变量空间回归系数（λ）	0.617 2[***] （14.01）	0.465 3[***] （8.28）	0.855 7[***] （39.25）	0.822 4[***] （26.96）
方差	0.040 5[***] （14.51）	0.040 6[***] （14.67）	0.049 9[***] （14.33）	0.054 3[***] （14.07）

、*分别表示在5%和1%的水平下显著

a 表示已对该变量的原始数据进行对数处理

注：括号内为 Z 统计值

表7.12　空间杜宾模型估计结果

变量	公路客运周转量（PTKM）[a]		公路货运周转量（FTKM）[a]	
	方程（7.26）	方程（7.27）	方程（7.28）	方程（7.29）
能源环境效率（E）[a]	0.101 4** (1.69)		0.251 5*** (2.93)	
燃料价格（P）[a]		0.748 6*** (2.78)		0.583 4*** (3.14)
居民收入水平（INC）[a]	0.784 0*** (2.98)	0.902 7*** (3.59)	0.931 1*** (2.88)	1.136 6*** (3.64)
外资投入（open）[a]	−0.055 2* (−1.66)	−0.055 0 (−1.47)	−0.019 5 (−0.58)	−0.001 0 (−0.26)
居民收入水平的平方（INC^2）[a]	−0.304 7*** (−3.21)	−0.294 8*** (−3.32)	−0.016 1 (−0.02)	−0.041 4 (−0.38)
居民收入水平的立方（INC^3）[a]	0.126 7* (1.68)	0.126 0** (2.04)	−0.103 7* (−1.72)	−0.076 2 (−1.33)
城市化率（Urb）[a]	−1.614 9** (−1.99)	−1.876 5** (−2.36)	0.637 3 (0.76)	0.106 3 (0.13)
空间权重矩阵（W）×能源环境效率（E）[a]	−0.24 (−1.17)		−0.242 0 (−1.24)	
空间权重矩阵（W）×燃料价格（P）[a]		−0.436 5** (−2.33)		−0.680 0*** (−3.03)
空间权重矩阵（W）×居民收入水平（INC）[a]	−0.115 1 (−0.30)	−0.290 1 (−0.76)	0.243 5*** (0.51)	0.157 0 (−3.03)
空间权重矩阵（W）×外资投入（open）[a]	0.122 3*** (2.75)	0.094 1** (2.05)	−0.065 8 (−1.06)	−0.067 8 (0.12)
空间权重矩阵（W）×城市化率（Urb）[a]	3.653 (0.35)	0.899 6 (0.87)	−2.017*** (−1.49)	−1.573 9 (−1.15)
因变量空间回归系数（λ）	0.532 8*** (7.45)	0.517 8*** (7.74)	0.657 2*** (9.14)	0.650 7*** (8.67)
方差	0.040 2*** (4.84)	0.039 7*** (0.58)	0.054 4*** (7.36)	0.057 2*** (6.92)

*、**、***分别表示在 10%、5% 和 1% 的水平下显著

a 表示已对该变量的原始数据进行对数处理

注：括号内为 Z 统计值

　　第二，从表 7.10~表 7.12 可以看出，客运部门与货运部门燃料价格的系数均为正值。说明以周转量对燃料价格的弹性作为能源回弹效应的度量指标，回弹效应值小于 0，表示实际节能比能源效率提升导致的预期节能更大，即"超级节能"。燃料价格的系数大于 0，是因为随着人均收入的增加，人们对燃料价格的敏感度降低，即使燃料价格上升也不会抑制居民的公路交通出行量。因此，周转量对燃料价格的弹性要小于对收入的弹性（如表 7.10 ~ 表 7.12 所示）。同时，节能技术的进步与燃料价格的下降促使人们更多地选择公路交通以外更加先进的节能交通工具，如铁路列车、高铁及飞机。这是社会经济进步与人民生活水

平提升的一个体现。

第三，就居民收入水平而言，其回归系数在方程（7.18）~方程（7.29）中均为正值，且都在 1%的水平下显著，说明居民收入水平对客运周转量及货运周转量具有正向影响。一方面，居民人均收入的增加扩大了居民的消费需求；另一方面，人均收入的提高降低了居民对燃料价格的敏感度，燃料价格变得相对便宜，导致更多的驾驶出行或运输；从表 7.10~表 7.12 可以看出，当居民收入水平的平方项的回归系数为负值时回归系数显著，说明从长期来看，公路交通周转量与居民收入呈倒"U"形关系。起初公路交通出行量会随居民收入的增加而增加，达到最高点后，居民环保意识增强，汽车客运出行量便会随居民收入的增加而下降，即支持 EKC 观点；居民收入水平的立方项的回归系数除了在方程（7.20）与方程（7.21）中为负值，其余均为正值且显著，这说明公路交通周转量与居民收入呈"N"形关系，前部分变化过程与倒"U"形变化趋势一致。

第四，在方程（7.18）~方程（7.29）中，城市化率系数大部分显著为负值，且在 1%和 5%的水平下显著，说明城市化率的提升会对公路交通出行量造成显著的抑制作用。本书所采取的城市化率的数据为城镇人口比重，城镇人口的增加很有可能造成公路交通密度的上升导致交通拥堵，而交通拥堵会抑制居民公路交通的出行量。同时，城镇人口的增加使公路交通密度增加，进而会使货运周转量下降。

4. 公路部门短期能源回弹效应

为了验证面板的平稳性，我们在客运部门与货运部门两组面板数据中，选取被解释变量 lnPTKM 与 lnFTKM 及核心解释变量 lnE、lnP、lnINC 进行面板单位根检验，以确定变量的平稳性。我们选择 LLC（Levin-Lin-Chu, LLC）检验、IPS（Im-Pesaran-Shin, IPS）检验及 HT（Harris-Tzavalis, HT）检验，具体检验结果如表 7.13 所示。我们发现，当使用 LLC 检验时，检验结果表明各个变量都在 5%的显著水平上拒绝原假设（原假设为存在面板单位根），当使用 IPS 检验与 HT 检验时，检验结果表明大部分变量拒绝原假设，可以认定面板为平稳过程。由于客运部门与货运部门两组面板数据均平稳，我们可以构建无滞后项的误差修正模型；再结合全局莫兰指数计算及 LR 检验和 Wald 检验结果，我们在误差修正模型中加入空间滞后项及空间权重矩阵，从而构建空间误差修正模型，如模型（7.34）~模型（7.37）所示。

表7.13 面板单位根检验结果

变量	LLC 检验	IPS 检验	HT 检验
公路客运周转量（PTKM）[a]	−3.948 5（0）	−0.480 6（0.315 4）	0.973 0（0.065 1）
公路客运周转量的一阶差分（$\Delta \ln$PTKM）	−5.321 8（0）	−1.528（0.063 2）	
公路货运周转量（FTKM）[a]	−1.917 4（0.027 6）	3.693 8（0.999 9）	0.825 1（0.639 8）
货运周转量的一阶差分（$\Delta \ln$FTKM）	−3.938 5（0）	2.215 9（0.986 7）	
能源环境效率（E）	−4.340 9（0）	−1.381 4（0.083 6）	0.799 1（0）
能源环境效率的一阶差分（$\Delta \ln E$）	−2.070 4（0.019 2）	0.178 9（0.571 0）	
燃料价格（P）[a]	−8.944 3（0）	−4.492 5（0）	0.737 6（0.016 6）
燃料价格一阶差分（$\Delta \ln P$）	−7.289 3（0）	−3.015 2（0.001 3）	
居民收入水平（INC）[a]	−13.689 0（0）	−7.009 7（0）	0.977 5（0.103 2）
居民收入水平一阶差分（$\Delta \ln$INC）	−9.202 4（0）	−1.802 6（0.035 7）	

a 表示已对该变量的原始数据进行对数处理

注：括号内为 P 值

通过面板单位根检验，我们可以认定面板为平稳过程，满足构建无滞后项的误差修正模型的条件，由此构建空间误差修正模型，回归结果如表 7.14 所示。

表7.14 空间误差修正模型估计结果

SR	方程（7.34）	方程（7.35）	方程（7.36）	方程（7.37）
误差修正项（ec）	−0.181 2***	−0.260 9***	−0.215 6***	−0.235 1***
	(−4.26)	(−6.03)	(−8.84)	(−9.86)
能源环境效率一阶差分（$\Delta \ln E$）	−0.033 0		0.137 2***	
	(−0.68)		(3.69)	
燃料价格一阶差分（$\Delta \ln P$）		−0.682 2***		−0.716 8***
		(−3.39)		(−3.46)
居民收入水平一阶差分（$\Delta \ln$INC）	0.250 2*	0.244 3***	0.400 2**	0.391 5**
	(1.39)	(1.38)	(2.05)	(2.09)
空间权重矩阵×公路客运周转量一阶差分（$W \Delta \ln$PTKM）	0.670 4**	0.575 1***	0.685 3***	0.670 4***
	(7.72)	(7.21)	(7.54)	(7.22)
空间权重矩阵×能源环境效率一阶差分（$W \Delta \ln E$）	0.032 3		−0.101 5	
	(0.40)		(−1.36)	
空间权重矩阵 W×燃料价格一阶差分（$W \Delta \ln P$）		−0.411 9**		−0.697 7***
		(−2.03)		(−3.40)
常数项	0.889 9***	−2.233 6***	0.610 1***	−0.455 2
	(−2.14)	(−2.39)	(4.71)	(−0.58)
样本量	450	450	450	450

*、**、***分别表示在 10%、5%和 1%的水平下显著

a 表示已对该变量的原始数据进行对数处理

注：括号内为 Z 统计值

从表 7.14 可以看出，短期内，能源环境效率的短期波动值，即在方程（7.34）与方程（7.36）中 $\Delta \ln E_{it}$ 的估计系数分别为-0.033 0 与 0.137 2。其中，在方程（7.34）中，该系数在 10%的水平下不显著，说明短期内客运部门能源环境效率提升引发的能源回弹效应不显著。货运部门短期能源回弹效应为 13.72%，说明短期内能源环境效率提升 1%，货运周转量会增加 0.137 2%。因此，短期内能源环境效率提升所带来的能源节约，并没有被能源回弹效应大幅度地折抵。

燃料价格系数的短期波动值，即在方程（7.35）与方程（7.37）中 $\Delta \ln P_{it}$ 的估计系数分别为-0.682 2 与-0.716 8，且都在 1%的水平下显著。客运部门与货运部门在短期内，燃料价格下降所引发的能源回弹效应分别为 68.22%与 71.68%。即短期内，燃料价格每下降 1%，客运周转量提升 0.682 2%，货运周转量提升 0.716 8%。短期内，能源效率提升促使燃料价格下降，会对公路客运周转量与货运周转量产生促进作用，客运部门与货运部门能源环境效率提升带来的实际能源节约量分别为预期的 31.78%与 28.32%。

5. 公路部门能源回弹效应的空间溢出效应分析

首先，长期内燃料价格的空间系数，在方程（7.27）与方程（7.29）中分别为 $-0.436 5$ 与 $-0.680 0$，分别通过了 5%和 1%的显著水平检验（表 7.12）。这说明长期内，公路交通能源回弹效应的空间溢出效应作用显著，邻省（区、市）燃料价格每下降 1%，本省（区、市）的客运周转量上升 0.436 5%，货运周转量上升 0.680 0%。一方面，各地区公路网络建设较为完善，客运、货运来往密切；另一方面，根据价格需求理论，价格波动对高价格产品需求影响较大。跨省出行、运输的成本大于省内出行、运输的成本，燃料价格的下降，对跨省出行、运输的需求刺激较大，从而促使相邻省（区、市）公路交通能源消耗量随之增加，因此，公路交通能源回弹效应存在空间溢出效应。

其次，从空间滞后模型与空间杜宾模型回归结果看，空间滞后项系数均显著为正值，这说明公路交通能源服务具有正向的空间溢出效应，邻省（区、市）公路交通能源消费会促进本省（区、市）公路交通能源消费增长。因为中国具有相对较完善的公路网络，各省（区、市）间的客运与货运来往密切频繁。如果存在省（区、市）公路交通需求量大，燃料需求高，则会促使跨省（区、市）地区交通运输需求上升，进而提高邻省（区、市）公路交通运输量。最典型的就是长途高速公路运输及省际高速公路的建设与运营，各省（区、市）公路运输来往日益频繁。客运周转量与货运周转量的增加促使能源消耗增加，同时伴随能源消耗的正向空间溢出效应，也就是说，各省（区、市）公路客运周转量与货运周转量存在空间集聚现象。

短期内，在方程（7.35）与方程（7.37）中，$W\Delta \ln P$ 的系数分别为-0.411 9

与–0.697 7，且分别在 5% 与 1% 的水平下显著（表 7.14）。这说明短期内，燃料价格下降所引发的能源回弹效应，其空间溢出效应作用显著，即邻省（区、市）燃料价格每下降 1%，本省（区、市）的客运周转量上升 0.411 9%，货运周转量上升 0.697 7%。

方程（7.34）~方程（7.37）中，短期空间滞后项系数（λ'）的估计值均显著为正值，且都在 5% 的水平下显著。这说明短期内，公路客运周转量与货运周转量都具有正向的空间溢出效应。公路客运周转量与货运周转量在短期内具有集聚现象，政策制定者需从整体的角度出发，注重空间协同效应。

7.3　本 章 小 结

目前，随着生态文明建设的步伐日益加快，中国的节能减排之路任重道远。交通运输行业是中国能源消耗的主要来源之一，其能源消耗约占全国总能源消耗的 8.71%。公路交通可以说是交通运输行业中最重要的环节之一，既贴近人们生活与社会发展，也是中国交通运输行业能源消耗与碳排放量最大的行业。在此背景下，公路部门能源回弹效应的研究对于推动实现公路部门节能减排，建设低碳交通，加快生态文明建设具有重要的理论指导作用。因此，本章构建空间杜宾模型与空间误差修正模型，测算公路部门能源回弹效应，验证能源环境效率提升所带来的能源节约是否被能源回弹效应大幅度折抵，并探究公路部门能源回弹效应所产生的空间溢出效应。能源回弹效应的研究对于公路部门节能减排具有理论与实践意义。基于前文的研究，我们总结出以下主要结论。

第一，以能源服务对能源环境效率的弹性作为能源回弹效应的度量指标，能源回弹效应值较低。长期内，客运部门与货运部门能源回弹效应分别为 9.16%~10.14% 与 23.44%~25.8%；短期内，客运部门能源回弹效应不显著，货运部门能源回弹效应为 13.72%。能源环境效率提升所带来的能源节约并未被大幅度地折抵。

第二，以能源服务对燃料价格的弹性作为能源回弹效应的度量指标，长期内，公路部门能源回弹效应值小于 0，出现"超级节能"现象；客运部门与货运部门短期能源回弹效应分别为 68.22% 与 71.68%。

第三，能源回弹效应的空间溢出效应作用显著。长期内，邻省（区、市）燃料价格每下降 1%，本省（区、市）客运周转量上升 0.436 5%，货运周转量上升 0.680 0%；短期内，邻省（区、市）燃料价格每下降 1%，本省（区、市）客运周转量上升 0.411 9%，货运周转量上升 0.697 7%。

基于以上的研究结果，我们提出以下政策建议，以期促进低碳交通发展，推动实现公路部门节能减排。

第一，鉴于燃料价格上升在长期内不会对公路部门能源需求产生显著抑制作用，而能源环境效率提升所带来的能源节约并未被大幅度地折抵。因此，针对公路部门节能减排，政策重心应从调整燃料价格转移到提升能源环境效率上来。

第二，应注重缩小各地区公路部门能源环境效率差异。针对北京、山西等能源环境效率较低的地区，应出台相应的节能政策，来减少公路部门能源消耗，如适当合理地上调燃料税及推广节能交通工具；应重视对科技的研发与投入及经济建设水平的提高；针对第二产业比重过大的地区，如东北三省、山西、河北等地区，应重视发展第三产业，优化产业结构合理配置；针对中西部地区特别是西南地区、西北地区，应逐步完善公路交通网络建设，优化公路交通基础设施与运输条件；促进对外开放水平，利用外资投入有效促进先进科学技术的引入与传播，从而提升公路部门能源环境效率。要始终坚定实施改革开放，在"一带一路"倡议背景下，各地区政府部门要敏锐把握机遇，在有效促进"一带一路"沿线国家和地区的合作与交流的同时，积极推动全国各省（区、市）及东部、中部、西部地区的来往交流，避免故步自封；应在城镇人口比重较高的地区扩展其余交通运输工具与设施，如城市地铁及省内高速铁路列车。

第三，要注重提高居民收入水平，适当提升居民可支配收入，合理调整居民个人所得税，从而降低人们对燃料价格下降的敏感度；在全国尤其是公路部门碳排放量较大的省（区、市），如山西及其邻省，推广普及长途节能汽车与货车，注重空间集聚现象所产生的协同效应，加快区域间公路交通低碳技术合作，减少公路部门能源回弹效应的空间溢出效应。

本章主要创新点有以下几方面。

第一，分别选用公路部门能源服务对能源环境效率的弹性与能源服务对燃料价格的弹性作为能源回弹效应度量指标，直接验证公路部门能源环境效率提升所带来的能源节约是否被能源回弹效应大幅度地折抵，更加全面、准确地研究公路部门能源回弹效应。

第二，构建了空间杜宾模型与空间误差修正模型，测算公路部门长期与短期能源回弹效应，丰富了能源回弹效应的计算方法体系与研究视角；创新性地探究了公路部门能源回弹效应的空间溢出效应，即邻省（区、市）能源环境效率与燃料价格变动对本省（区、市）能源服务的影响。

本章未来研究与拓展方向主要在于：第一，因为缺少数据，本章仅选取了中国 30 个省（区、市）作为研究对象，没有将西藏与港澳台地区考虑进来，需要进一步完善更新数据；第二，研究公路部门能源环境效率时，由于数据局限性，并没有将公路部门固定资产投资作为投入变量考虑到计算中，同时期望产出变量选用各省（区、市）地区生产总值，缺乏可以直接反映公路部门对地区生产总值贡献大小的指标，这些数据都需要进一步搜集并应用；第三，本书缺乏对城市层面进行的研究分析，只考虑了省级数据，尤其是对中国的重点城市及具有代表性的城市没有进行针对性的研究，在接下来的研究中应重点针对城市的特异性进行研究；第四，在构建空间计量模型时，本章仅考虑了相邻权重矩阵，没有选用地理距离矩阵，接下来的研究可以深入计算出各距离阈值下的空间溢出系数，对能源回弹效应空间溢出的具体空间范围进行系统深入的计算。

第8章 家庭乘用车回弹效应

　　能源消费型产品长期以来是人类进步的重要组成部分，是最能体现发达国家发展轨迹的影响因素之一。因此，能源供应已成为政策制定者的一个主要关注点，同时也需要政策来缓和大量的能源消耗导致的不同类型的损害，如温室气体排放、空气污染及其他相关的健康问题、资源枯竭问题等（IEA，2008a）。2008年，国际能源机构在重点领域（如运输、工业和建筑）印发了一套25项政策建议书，以帮助国际能源机构成员应对过度能源消费带来的能源、环境和经济挑战（IEA，2008b）。在所有的优先领域，其主要的政策建议都是补贴节能产品，从而激励消费者购买这些产品。这说明能源效率政策的确在抑制能源使用方面扮演关键的角色。

　　交通运输行业产生的排放约占全球能源温室气体排放量的四分之一，其能源消耗占全球能源消耗的五分之一。肺癌、心脏病和不良怀孕后果的风险增加与交通相关的排放有关。有关报告显示，OECD国家在2010年花费了约1万亿美元用于解决交通排放造成的健康损害（OECD，2014）。预计到2030年，与交通相关的能源使用和温室气体排放量将增加近26%，到2050年将增加60%以上。

　　交通运输行业作为中国经济发展的重要行业，必然会消耗大量的能源，因此也成为国家节能减排的重点。表8.1展示了2008~2015年中国能源消耗总量和交通运输行业的能源消耗量，并计算出其占能源消耗总量的比例。由表8.1可以看到，交通运输行业能源消耗量及所占比例都呈上升趋势。关于中国交通碳排放的结果表明，2007年公路部门主导着中国交通运输行业的碳排放，其碳排放量占整个交通运输行业碳排放量的86.32%（蔡博峰等，2011）；另一方面，中国的公路运输行业空前发达，全国公路里程数在不断增加，公路密度也在加大，已成为世界上公路运输量最大的国家之一（刘朝等，2017）。

表8.1　2008~2015年中国能源消耗总量和交通运输行业的能源消耗量　单位：万吨标准煤

项目	2008 年	2009 年	2010 年	2011 年	2012 年	2013 年	2014 年	2015 年
能源消耗总量	320 611	336 126	360 648	387 043	402 138	416 913	425 806	429 905
交通运输行业能源消耗量	229 17	23 692	26 068	28 536	31 525	34 819	36 336	38 318
所占比例	7.15%	7.05%	7.23%	7.37%	7.84%	8.35%	8.53%	8.91%

　　根据《中国统计年鉴 2018》和中国公安部发布的数据，中国家庭乘用车保有量呈快速增长态势，从 2005 年的 1 100 万辆增加到 2017 年的 17 000 万辆。中国人口众多，对石油的需求和消费量很高，但是中国能源储备量低，与世界平均水平还有一定的距离。中国在石油方面由于储量有限，必须借助进口才能满足需求，而 30% 的进口原油都用于各种车辆的行驶。而且，车辆在行驶过程中，汽油的燃烧会产生气体排放到大气中，这些气体是由 150~200 种化合物组成的，其中主要有一氧化碳（carbon monoxide，CO）、氮氧化物（nitrogen oxides，NO_x）、碳氢化合物（hydrocarbon，HC）、SO_2 等有害物质。这些有害物质对城市居民的生产、生活造成了恶劣的影响，其导致的各种呼吸道疾病甚至癌症严重危害了人们的身体健康。

　　为实现绿色、低碳和环保的交通运输目标，中国政府已经采取大量节能减排措施，如北京、上海和成都等城市已经出台车辆限行的规定，以缓解交通拥堵压力和降低尾气排放。此外，中国交通运输部 2011 年发布了《建设低碳交通运输体系指导意见》，将提高运输系统效率和运输装备能源效率作为重点任务，并且要求与 2005 年相比，2015 年和 2020 年城市客运单位人次能耗分别下降 18% 和 26%，CO_2 排放分别下降 20% 和 30%。

　　以往的经验表明，节能减排最重要和最有效的措施是提高能源效率（Ang et al.，2010）。2008~2014 年，国际能源机构的世界能源展望一致主张，提高新车的能效应是减少温室气体排放和节约能源的主要政策（IEA，2008b）。2010 年，国际能源机构的一份简报称，节能汽车的补贴确实已成为一项广泛使用的节能政策，一些国际能源机构成员方，包括日本、荷兰、英国、爱尔兰、韩国和美国都实施了该类激励措施。

　　然而，能源效率的提升也会导致单位能源服务的实际成本下降（Sorrell et al.，2009）。依照消费者的习惯，当降低能源服务成本时，会自然增加对这种能源服务的消费。因此，能源效率提升所带来的预期节能不一定得以充分实现，一部分甚至全部被消费者的行为抵消，即发生"回弹效应"（Greening et al., 2008）。对以前的研究进行的一次较近期的分析审查报告称，燃料消耗价格弹性介于 0.4~0.8，而与价格有关的距离的消耗弹性在 0.2~0.3（Litman, 2013）。尽管如此，Frondel 等（2008）的研究指出，燃料消耗的价格弹性和行程弹性均为 0.6。高价格弹性的原因之一是，燃料定价政策（即增加税收）在减少消费者对燃料的需求和减少出行距离方面相对有效，特别是在价格弹性较高的情况下，提高能源效率和有效降低出行成本的政策。以上的分析表明，如果想要通过提升能源效率来减少能源消耗，那么必然要考虑回弹效应的大小。

8.1　家庭乘用车回弹效应测算

8.1.1　模型构建

本章采用 LA-AIDS 模型评估家庭乘用车回弹效应，具体计算过程参考方程（7.1）~方程（7.6）。

8.1.2　变量说明与数据选取

本章的研究数据包括中国 31 个省（区、市）的城镇居民家庭人均消费支出，以及每个省（区、市）的居民消费价格分类指数。我们采用 2003~2016 年的统计数据进行测算，上述数据来自《中国统计年鉴》（2004~2017 年）。由于通货膨胀的存在，我们对人均消费支出和居民消费价格分类指数进行标准化，使用 2000 年的不变价。此外，单位商品在生产、运输和消费过程中的碳排放系数参考 Feng 等（2011）。

图 8.1 展示了 2002~2016 年中国城镇居民人均消费支出的变化趋势。从图 8.1 中可以看到七类商品支出基本呈逐年上涨的趋势。其中，由于中国经济仍在发展完善，食品消费一直占据主导地位。同时，近几年来，房地产经济的发展也带动了居民住宅支出的大幅增加。

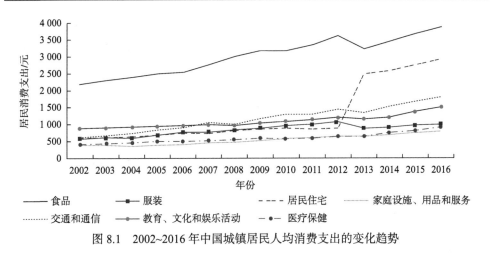

图 8.1　2002~2016 年中国城镇居民人均消费支出的变化趋势

8.2　家庭乘用车回弹效应分析

根据 AIDS 模型及所搜集到的 31 个省（区、市）2003~2016 年 14 年间的统计数据，在将居民消费支出及消费价格分类指数以 2000 年为基期进行标准化以消除通货膨胀影响的同时，使用面板分析法进行需求系统的参数估计，主要需求系统参数估计结果如表 8.2 所示，在 10%显著性水平下，大部分回归系数都显著。

表8.2　主要需求系统参数估计结果

参数	食品	交通和通信	居民住宅	家庭设施、用品和服务	服装	教育、文化和娱乐活动	医疗保健
食品	−0.094	0.028	0.080	0.014	−0.025	−0.029	0.025
交通和通信	0.028	0.012	−0.039	0.035	0.006	−0.008	−0.035
居民住宅	0.080	−0.039	0.026	−0.026	0.057	−0.059	−0.038
家庭设施、用品和服务	0.014	0.035	−0.026	0.007	−0.010	0.024	−0.044
服装	−0.025	0.006	0.057	−0.010	−0.023	0.012	−0.017
教育、文化和娱乐活动	−0.029	−0.008	−0.059	0.024	0.012	0.054	0.007
医疗保健	0.025	−0.035	−0.038	−0.044	−0.017	0.007	0.101
开支系数	−0.046	0.042	0.033	0.002	−0.034	0.024	−0.021
常数项	0.712	−0.204	−0.214	−0.149	0.167	0.072	0.616

　　估算出 LA-AIDS 模型的参数后，利用仿真方法可以得到中国 31 个省（区、市）家庭乘用车经济范围内 CO_2 回弹效应。参考 Brännlund 等（2007）和 Cai 等（2011），我们假设交通运输成本（价格）随着家庭乘用车能源效率提升将会降低 5.4%。

8.3　家庭乘用车回弹效应区域差异分析

　　为了了解家庭乘用车回弹效应的区域差异，我们将中国的 31 个省（区、市）分为八大地区[①]。图 8.2 展示了八大地区 CO_2 回弹效应的走势。

　　总体上来看，多数地区在 2003~2004 年 CO_2 回弹效应值基本呈下降趋势，2004~2007 年 CO_2 回弹效应基本呈平稳状态，2007~2014 年基本呈上升状态，2014~2016 年基本呈下降状态。但是有一些地区与总趋势相悖。例如，北部沿海地区和大西北地区 2003~2004 年的 CO_2 回弹效应呈上升趋势，2004~2007 年 CO_2 回弹效应呈下降趋势；并且大西北地区和黄河中游地区从 2013 年就基本开始呈下降趋势。

　　从各区域的对比来看，东部沿海地区自 2007 年之后稳居最高 CO_2 回弹效应的地位；在 2007 年之前，北部沿海地区占据最高 CO_2 回弹效应的位置。我们可以看到，北部沿海地区及东部沿海地区都是经济非常发达的地区，北部沿海地区以北京为中心，东部沿海地区以上海为中心，相对于其他六个地区，这两个地区的家庭乘用车数量较多，因此自然而然地对燃料的需求量大，而且这两个地区的生活水平较高，相对的燃料价格水平也较高，较高的价格抑制了部分需求，当能源效率提升时，相当于同样出行距离的成本就更低，因此人们的需求得到释放，导致较高 CO_2 回弹效应的出现。

　　从数量上看，2013 年之前，除了东部沿海地区，其他地区的 CO_2 回弹效应值都是低于 60%的，而 2013 年之后，除了东北地区、黄河中游地区及大西北地区，八个地区中有五个地区都是高于 60%的，并且东部沿海地区在 2014 年出现了回火效应。这主要是在"十二五"期间中国经济快速发展，GDP 年均增长达到 7.8%，经济的快速发展使得人民生活水平得到提高，可支配收入随之大幅增加，因此有更多的支出可以花费在燃料上。

---

　　① 东北地区：辽宁、吉林、黑龙江；北部沿海地区：北京、天津、河北、山东；东部沿海地区：上海、江苏、浙江；南部沿海地区：福建、广东、海南；黄河中游地区：山西、内蒙古、河南、陕西；长江中游地区：安徽、江西、湖北、湖南；西南地区：广西、重庆、四川、贵州、云南；大西北地区：西藏、甘肃、青海、宁夏、新疆。

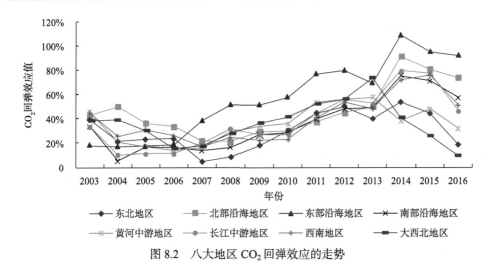

图 8.2　八大地区 CO_2 回弹效应的走势

我们对各个地区的 CO_2 回弹效应进行具体分析。从图 8.3 中我们可以看到，东北地区辽宁、吉林、黑龙江三省 CO_2 回弹效应的走势基本一致。作为中国老牌重工业大区，东北地区具有极大的能源消耗量，来为中国的发展输送资源和活力。丰富的能源为家庭乘用车的发展提供支持，家庭乘用车能源消耗的需求基本上得到满足。因此，当能源效率提升时，相对于其他省（区、市），这些省的 CO_2 回弹效应较小。但随着时代的进步，东北地区重工业大区的地位逐渐下降，在能源使用上也更为注重提升能效和减少碳排放，各种矿产的开发受到了严格的限制，能源优势也逐渐减弱。在三省中，辽宁的家庭乘用车数量是最多的，因此，在上述大环境下，辽宁能够释放的需求量最大，导致 2014~2016 年的 CO_2 回弹效应是最高的。

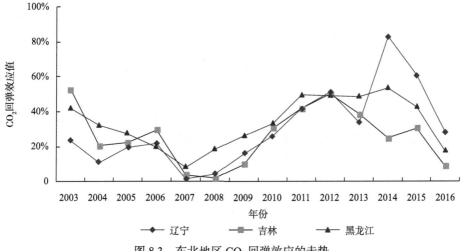

图 8.3　东北地区 CO_2 回弹效应的走势

　　图 8.4 为北部沿海地区 CO_2 回弹效应的走势，山东和北京的变化趋势基本一致，在 2014 年之前都呈上升的趋势，并在 2014 年达到顶点，在 2015 年和 2016 年连续下降，说明 2015~2016 年，山东和北京的 CO_2 回弹效应得到了抑制。同时，我们可以看到，北京家庭乘用车 CO_2 回弹效应从 2013 年的 80%增长到 2014 年的 173%。对于天津和河北，其两者的变化趋势基本相似，在 2008 年之前呈下降状态，并在 2008 年达到最低点，这主要是 2008 年席卷全球的金融危机导致人们消费紧缩，同时汽油价格较高，很大程度上减弱了人们的家庭乘用车出行需求，一定程度上促使人们转向公共交通出行。在整个经济环境下行的趋势下，能源效率的提升对人们增加车辆行驶里程的刺激能力在很大程度上减弱。但是，天津 CO_2 回弹效应的下降幅度远大于河北，具体来说，天津家庭乘用车 CO_2 回弹效应从 119%下降到 5%，下降了将近 96%；河北家庭乘用车 CO_2 回弹效应从最高的 42% 下降到将近为 0。这主要归因于天津的经济发达程度要高于河北，同时受经济危机影响的程度也比河北要深。

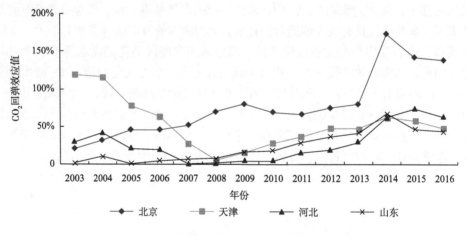

图 8.4　北部沿海地区 CO_2 回弹效应的走势

　　图 8.5 为东部沿海地区 CO_2 回弹效应的走势，上海和浙江 CO_2 回弹效应的走势基本一致，呈平稳上升趋势。但是，上海与北京相似，在 2013~2014 年家庭乘用车 CO_2 回弹效应大幅增长，从 67%增长为 190%，并且在 2014~2016 年，一直出现回火效应。江苏的 CO_2 回弹效应在前期呈下降趋势，并在 2006 年达到最低点，接近于 0。

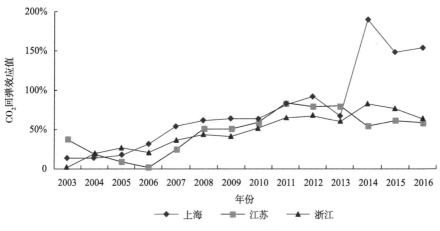

图 8.5　东部沿海地区 CO_2 回弹效应的走势

图 8.6 为南部沿海地区 CO_2 回弹效应的走势,福建、广东、海南的走势形态各异。其中,广东相对比较平稳,基本是上升的走势;福建的波动最大,除了 2007年下降到接近于 0 及 2014 年大幅上升至超过 100%,其他年份的走势与广东相似。海南因其地理位置成为独特的南部沿海城市,其 CO_2 回弹效应的波动与其他两个城市没有相似和相关性。但是,从数值上来看,其 CO_2 回弹效应值基本在 0~50%波动,与广东的波动区间相似。

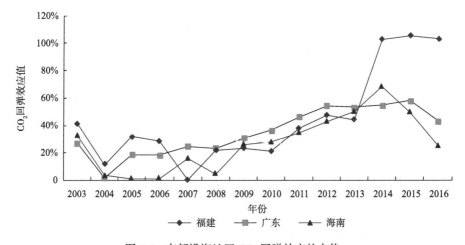

图 8.6　南部沿海地区 CO_2 回弹效应的走势

以上北部沿海地区、东部沿海地区、南部沿海地区三个地区都是沿海地区,由于历史原因及便利的海运优势,其经济发展程度在改革开放以来一直处于领先的优势地位。为了这些地区的进一步发展,公路配合水运也得到了快速的扩张。由于具有相似的区位，其受政治、经济等因素的影响也有一定的相关性，这三个地区的 10 个城市的家庭乘用车 CO_2 回弹效应的变化趋势也有很大的相似性。下面对中国最重要的两条河流——黄河和长江沿岸区域的城市进行对比分析。

图 8.7 展示了黄河中游地区 CO_2 回弹效应的走势。从图 8.7 中可以看到，陕西与内蒙古的家庭乘用车 CO_2 回弹效应大体呈"几"形，先下降再上升，继而平稳，之后又是下降趋势。河南在 2011 年之前呈"U"形变化趋势，之后呈"M"形变化趋势。山西的家庭乘用车 CO_2 回弹效应呈随机游走的变化形态。山西煤炭的开采对交通的发展也造成一定的影响，道路相对比较崎岖，一般来说会抑制人们的出行需求；但是，煤炭产业带动了一部分人的收入大幅提高，在当今社会，拥有汽车会被认为拥有较好的社会地位，在这样的背景下，认为拥有家庭乘用车是一种较高身份或社会地位象征的人更倾向增加行驶里程。

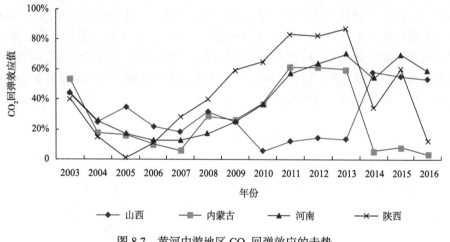

图 8.7　黄河中游地区 CO_2 回弹效应的走势

图 8.8 展示了长江中游地区 CO_2 回弹效应的走势，与黄河中游地区的 4 个城市的家庭乘用车 CO_2 回弹效应变化趋势类似，基本都是不一致的，整体上没有共同的趋势。这与各地的经济发展水平、人们的出行习惯及地形、地貌制约的交通系统的不同有关。其中，江西的 CO_2 回弹效应变化最大，2003~2004 年大幅下降，同时 2013~2014 年大幅上升，而在 2004~2013 年变化比较平稳。

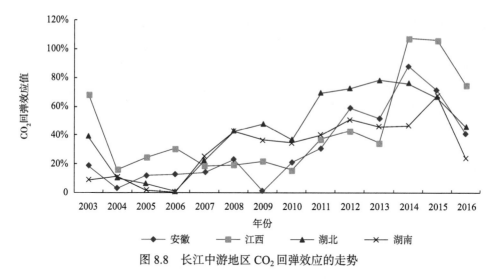

图 8.8　长江中游地区 CO_2 回弹效应的走势

我们对中国的两个内陆地区进行分析，这两个地区的地理位置及地形对交通及家庭乘用车的发展影响很大。西南地区 CO_2 回弹效应的走势如图 8.9 所示。西南地区多是山川高原，地形复杂，大部分地区由于地形的限制，交通非常不便利，典型的就是重庆的道路。这些地区在自然资源方面不占优势，但旅游业发展迅速。能源效率的提升使得相同行驶距离的成本更低，这吸引了这些地区周边的使用家庭乘用车旅游的游客，从而增加了这些地区的碳排放量。

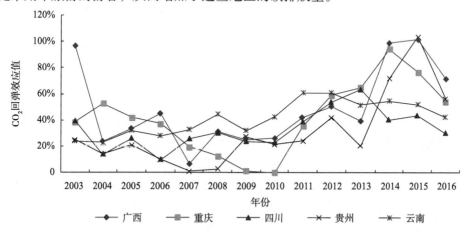

图 8.9　西南地区 CO_2 回弹效应的走势

图 8.10 为大西北地区 CO_2 回弹效应的走势。大西北地区深处内陆，经济发展落后，并且可用于发展交通的土地规模较小，交通基础设施不完备。例如，2012年大西北地区的公路密度仅为 1 140 千米/万千米 ^{2}，是 8 个地区中最小的，很大程度上减弱了人们的家庭乘用车出行需求；由于人均可支配收入较低，家庭乘用车

的保有量也比较少，家庭乘用车的数量越少，消耗的能源就会越少，从而碳排放量就越少。但是这些省（区）还是有家庭乘用车出行需求的，当能源效率提升后，行驶成本降低，出行需求被大幅开发。因此，总体上，其家庭乘用车CO_2回弹效应还是相对较高的。西藏在2013年的CO_2回弹效应接近200%，是研究时间区间内各个省（区、市）的最高值。

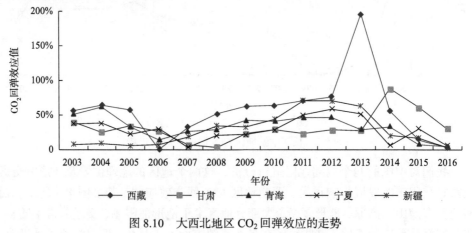

图 8.10　大西北地区CO_2回弹效应的走势

8.4　本章小结

本章基于 AIDS 模型原理，采用仿真方法测算 2003~2016 年中国 31 个省（区、市）家庭乘用车CO_2回弹效应，主要结论包括以下几点。

第一，中国家庭乘用车碳排放存在部分回弹效应和回火效应。2003~2016 年，大多数年份的省（区、市）都存在部分回弹，而回火效应主要集中在 2014~2016 年，并且主要集中在北京、天津、上海、福建、江西、广西、贵州等地区。

第二，中国各省（区、市）家庭乘用车CO_2回弹效应值有近 70% 都小于 50%。

第三，中国家庭乘用车CO_2回弹效应波动较大，无明显的规律性变化。

第四，对于中国的八大地区，总体上来看，多数地区在 2003~2004 年家庭乘用车CO_2回弹效应呈下降趋势，2004~2007 年呈平稳状态，2007~2014 年呈上升状态，2014~2016 年呈下降状态。

基于上述研究结果，我们提出几点政策建议，以期减缓家庭乘用车CO_2回弹效应。

第一，基于车辆行驶里程实行阶梯油价。即高行驶里程对应高油价，有助于居民在能源效率提升后不过度增加车辆行驶里程，降低能源回弹效应。实行阶梯油价，意味着高行驶里程对应高油价，有助于在低收入家庭中缓解能源效率提升引起的低成本能源服务对能源服务消费的推动作用，降低能源回弹效应。并且，实行阶梯油价有助于家庭减少当前的车辆行驶里程，本身也是一项主要的节能减排措施。

第二，实行私人汽车限购。节能措施制定者通过车辆限购政策，强制性迫使有车家庭打消再购车的意愿，在缓解交通拥堵的同时减少碳排放。

第三，同时实施补贴节能汽车的政策及征收相应燃油税的政策。补贴节能汽车政策的一个主要的潜在好处是，对节能汽车需求的增加将激励制造商和进口商引进更多种类的节能汽车，从而扩大市场上可供使用的节能汽车的范围，增加消费者可选择的余地，并由于竞争的加剧而降低汽车价格。因此，通过采取这种针对消费的措施，政府既能提高消费者的福利，也能通过推广节能技术来激励技术进步。但同时，补贴政策的一个缺点可能是较低的节能新车价格会影响相应的二手车价格，补贴某一种车型会立刻并同比例地影响该种车型的二手车价格，否则，相对于旧车人们会更偏爱新车。因此，通过影响二手车价格，这个政策会间接增加能源消耗。首先，由于汽车工业的技术进步及发动机的贬值，二手车往往不那么节能；其次，二手车价格的下降使得过去由于财务原因乘用公共交通的顾客更有机会转向私人交通；最后，价格下降最终会扩散到二手车市场上的其他车型。

但是，有证据表明，燃料定价政策可以显著降低能源消耗（Steren et al.，2016）。这个政策的主要优点是，附加税的存在导致的燃料价格上涨具有渐进性的效果，因为低收入家庭倾向比高收入家庭拥有更少的汽车及更少的行驶里程（Buchs et al.，2011）。如果税收是可观的，从长远来看，家庭会减少汽车的使用或购买更节能的汽车。

考虑到这两个政策的优缺点，即补贴节能汽车虽然增加了这些汽车在市场上的份额，但它也鼓励家庭增加它们的行驶里程，不过后者可以使用相应的燃油税来调节，因此，我们建议一方面采用补贴节能汽车购买的政策，另一方面征收边际使用产生外部性的税收。

第9章 交通运输行业能源回弹效应的影响因素

　　碳排放是全球气候变暖的重要原因之一（Liu et al., 2016）。根据《中国统计年鉴》和世界银行公布的有关数据，中国在 2013 年的碳排放量接近 100 亿吨，约占全球的 29%。为了缓解中国碳排放的严峻形势，2016 年，中国政府发布了《"十三五"控制温室气体排放工作方案》，该方案要求"到 2020 年，单位国内生产总值二氧化碳排放比 2015 年下降 18%，碳排放总量得到有效控制"。根据《中国统计年鉴》的数据，交通运输行业的碳排放是仅次于工业和生活消费的第三大排放源。并且交通运输行业的碳排放增速远大于其他行业，在 1980~2012 年平均增速达到 7.4%（Xu and Lin, 2015），据预测 2030 年其碳排放量相对于 2007 年将提高 80%（Xue et al., 2015）。因此，作为中国碳排放主要源头之一的交通运输行业，应该成为节能减排工作的重点。

　　事实上，在中国交通运输行业中，公路部门具有主导地位。根据《中国统计年鉴 2018》，2017 年中国公路部门客运量及货运量占整个交通运输行业的比重分别为 79%、77%。并且，2017 年公路部门货物周转量约为铁路部门的 2.5 倍，在交通运输行业中占绝对优势。此外，中国政府部门提出，到 2020 年，营运货车、营运客车单位运输周转量碳排放比 2015 年分别下降 8%、2.6%，城市客运单位客运量碳排放比 2015 年下降 12.5%。因此，公路部门应该作为中国交通运输行业节能减排工作关注的重点对象。

　　为实现绿色、低碳和环保的交通运输目标，针对公路部门，中国政府已经采取大量节能减排措施，如北京、上海和成都等城市已经出台车辆限行的规定，以缓解交通拥堵压力和降低尾气排放。此外，中国交通运输部 2011 年发布了《建设低碳交通运输体系指导意见》，将提高运输系统效率和运输装备能源效率作为重点任务，指出到 2015 年和 2020 年，"城市客运单位人次能耗比 2005 年分别下降 18% 和 26%""城市客运单位人次 CO_2 排放比 2005 年分别下降 20% 和 30%"。

目前，提高能源效率已经成为节能减排的重要方式（Yu et al.，2013）。为了实现可持续发展，中国政府必须在维持经济增长的同时，致力于更好地减少能源消耗与碳排放。减少能源消耗、降低污染排放的一个至关重要的措施便是测算与提升能源效率。在运输过程中不仅有能源消耗，也会有碳排放，能源消耗越少说明能源效率越高，相似地，碳排放量越小表明环境效率越高。

然而，一方面，中国各省（区、市）公路部门能源消耗量不仅会受到本地区公路运输的影响，还会受到其他地区公路运输状况的影响，因为各地区之间的货物和人员往来会同时增加各地区公路运输的需求量。另一方面，能源效率的提升也会导致单位能源服务的实际成本下降。根据消费者的行为，能源服务成本下降会进一步增加消费者对该能源服务的需求。另外，科技的广泛进步，使得能源效率的提升得以实现，这就促使整个社会更快地实现改革与经济发展，也会导致能源需求持续上升。因此，能源效率提升产生的预期能源节约量不一定能完全实现目标，它可能会被这种消费者行为部分甚至完全抵消，即发生回弹效应（Jevons，1865）。例如，汽车的能源效率提升将会导致汽车每千米燃油成本降低，使同一产出水平下能源消耗与废气排放同时减少，从而人们可能会对汽车的使用频率增加，导致燃油消费与碳排放的减少量并不能达到预期目标。

随着中国经济和社会的迅速发展，人们的生活水平不断提高，对家庭乘用车的需求也在不断增加，中国家庭乘用车绝对数量的增长具有较大潜力。然而，这一领域的节能减排工作可能受回弹效应的影响，由家庭乘用车能源效率提升而产生的预期节能减排成果可能会大打折扣（Winebrake et al.，2015）。因此，本章研究中国省级水平家庭乘用车 CO_2 回弹效应，对于降低 CO_2 回弹效应带来的影响有重要的意义。

为了真正实现中国交通运输行业的节能减排，我们需要从提高能源效率与降低能源回弹效应两个大的方面出发。因此，能源回弹效应影响因素的研究就显得非常有必要。中国公路部门能源效率的提升符合时代发展的趋势，然而这一领域的节能减排工作可能受能源回弹效应的影响，公路部门能源效率提升产生的预期节能减排成果可能会大打折扣（Winebrake et al.，2015）。虽然，目前对能源回弹效应的研究较多，学者不断优化能源回弹效应的测算方法，使其接近实际情况，但有关对影响能源回弹效应的因子的研究仍有待丰富。因此，本章可以对这一领域的研究加以补充。确定影响能源回弹效应的关键因素，从影响能源回弹效应的因素出发降低能源回弹效应，有助于帮助政策制定者更精准地制定节能减排政策，降低能源回弹效应对减排的负面影响。

9.1　交通运输行业能源回弹效应影响因素的理论机制

9.1.1　公路货运部门能源回弹效应影响因素的理论机制分析

国内有关能源效率影响因素的研究较多，对于能源回弹效应影响因素的研究却不多。对于能源回弹效应影响因素的研究是很重要的。下面给出影响能源回弹效应的一些因素。

1. 能源价格

消费者对于能源消费变化后做出的反应，是通过价格进行传导的。当技术在不断进步时，能源的利用率也会随之提高，相比需求量，能源的相对供给量变得较为充足，短期内供给的增加会使价格下降，进而促使能源消耗增加，能源消耗量因而不能达到所期望降低的水平。增加的能源消耗量（全部地）抵消技术进步导致的能源消耗的减少量，从而对能源回弹效应产生影响。因而，能源价格在能源回弹效应中也会起到一定作用。

2. 能源建设

在能源开采等能源建设方面产生新的技术，导致能源价格下降，对于能源回弹效应值有较大影响，即能源建设对于能源回弹效应有着必然的影响。研究中以能源建设投入进行衡量。

3. 社会发展先进程度

经济水平不同，其能源回弹效应值大小也有较大不同。随着经济的迅速发展，能源回弹效应值的变化也是比较明显的。随着社会的发展，第三产业的比重不断上升，因此，以第三产业所占 GDP 比重的百分点予以度量。

4. 经济的发展及居民收入

由于经济的快速发展，居民的收入水平逐渐提高，消费领域的能源回弹效应会逐渐减小。这是因为随着收入的提高，居民对传统消费领域的需求近乎饱和，所以技术进步导致价格下降时，居民对此变化并不敏感，能源回弹效应较小。

5. 对外贸易结构

不同的进出口商品对于中国能源回弹效应也会产生一定影响。进口商品为高耗能产品，出口商品为低耗能产品时，对国内能源的消耗较少，相反，则对能源消耗较大，进而会影响能源回弹效应。

6. 能源消耗结构

不同的煤炭使用量或者新能源使用量，对于能源回弹效应值的大小会有一定影响。不同的能源消耗结构对于能源的需求也不相同，因而对能源回弹效应也会产生影响。可以考虑用煤炭占能源消耗的比重来进行衡量。

9.1.2　家庭乘用车回弹效应影响因素的理论机制分析

能源环境效率的影响因素对于决策者来说很重要，本章综合考虑收入水平、科研和外资投入、教育水平、人口密度和城镇化因素与能源环境效率之间的关系。这些因素统计数据来自《中国统计年鉴》（2004~2017 年），为了消除价格影响因素，以 2002 年的价格计价（表 9.1）。

表9.1　中国家庭乘用车回弹效应影响因素

符号	名称	定义	单位
INC	收入水平	省（区、市）人均地区生产总值	万元/人
INC^2	收入水平^2	收入水平的平方	—
INC^3	收入水平^3	收入水平的立方	—
P	燃料价格指数	各省（区、市）车用燃料价格指数	
RESI	科研投入	省（区、市）科研固定资产投入/省（区、市）地区生产总值	%
edu	教育投入	省（区、市）教育固定资产投入/省（区、市）地区生产总值	%
open	外资投入	省（区、市）外商固定资产投入/省（区、市）地区生产总值	%
Urb	城市化率	省（区、市）人口数量/省（区、市）面积	千人/千米^2

9.2　交通运输行业能源回弹效应影响因素评估模型

9.2.1　交通运输行业能源回弹效应影响因素评估模型构建

1. 中国公路货运部门能源回弹效应影响因素模型构建

本书选取公路运输线路长度、居民人均交通消费支出、公路货运周转量及科研投入作为公路部门能源回弹效应的影响因素，构建能源回弹效应影响因素模型如下：

$$R_{i,t} = \lambda_0 + \lambda_R R_{i,t-1} + \lambda_{TRL} \ln TRL_{i,t} + \lambda_{TCE} \ln TCE_{i,t} + \lambda_Y \ln Y_{i,t} + \lambda_S \ln S_{i,t} \qquad (9.1)$$

其中，TRL 为公路运输线路长度；TCE 为居民人均交通消费支出；S 为科研投入；Y 为公路货运周转量。

2. 中国家庭乘用车回弹效应影响因素模型构建

基于 EKC 的研究结果，收入水平作为影响能源环境效率的因素，对能源回弹效应势必造成相应的影响。为研究它和能源回弹效应之间究竟存在倒 "U" 形曲线还是 "N" 形曲线关系，将收入水平的平方项和立方项引入回归模型。此外，科研和外资方面的投入通常也被认为与能源回弹效应密切相关，科研投入能够促进交通运输工具的技术进步，从而降低燃料消耗和碳排放。外资投入相应地会带动交通运输发展，在增加交通运输负荷和碳排放的同时也会配套使用先进的高效率运输设备。能源回弹效应可能还受到教育和人口密度的影响，国民接受教育的水平会影响其对环保方面的意识，一般接受较好教育的人，素质也较高，对于节能减排的政策可能会更好地配合。城镇人口比重，即城市化率的大小在一定程度上决定了能源消耗和碳排放量，城镇人口密度越大，对环境造成的压力也越大，因此也认为其是能源回弹效应的影响因素，将其引入方程。由于各省（区、市）地区生产总值存在指数增长趋势，将变量 INC 取对数，如方程（9.2）所示：

$$R_{i,t} = \alpha_0 + \beta_1 \text{INC}_{i,t} + \beta_2 (\text{INC}_{i,t})^2 + \beta_3 (\text{INC}_{i,t})^3 + \beta_4 P_{i,t} + \beta_5 \text{RESI}_{i,t}$$
$$+ \beta_6 \text{open}_{i,t} + \beta_7 \text{Urb}_{i,t} + \beta_8 \text{edu}_{i,t} + \varepsilon_{i,t} \qquad (9.2)$$

其中，$R_{i,t}$ 表示第 i 省（区、市）在第 t 年的能源回弹效应值；$\text{INC}_{i,t}$ 表示第 i 个省（区、市）在第 t 年的经济收入，以人均地区生产总值表示；α_0 为常数项；$\beta_1 \sim \beta_8$ 为估计系数；$\varepsilon_{i,t}$ 为误差项。

　　然而，相邻省（区、市）公路部门之间存在相互影响，方程（9.2）忽视了空间依赖性，未考虑变量的地理空间效应，影响结果的准确性。为解决潜在空间依赖性问题，应采用空间计量模型。参考第 4 章空间计量方法的思路，本章空间自回归模型（spatial auto regressive，SAR）具体形式如方程（9.3）所示。

$$R_{i,t} = \lambda \sum_{j=1}^{30} W_{ij} R_{i,t} + \alpha_0 + \beta_1 \text{INC}_{i,t} + \beta_2 (\text{INC}_{i,t})^2 + \beta_3 (\text{INC}_{i,t})^3 + \beta_4 P_{i,t} + \beta_5 \text{RESI}_{i,t}$$
$$+ \beta_6 \text{open}_{i,t} + \beta_7 \text{Urb}_{i,t} + \beta_8 \text{edu}_{i,t} + \varepsilon_{i,t} \qquad (9.3)$$

其中，λ 为因变量的空间回归系数，表示相邻省（区、市）公路部门碳排放量之间的空间影响。空间误差模型如方程（9.4）所示。

$$R_{i,t} = \alpha_0 + \beta_1 \text{INC}_{i,t} + \beta_2 (\text{INC}_{i,t})^2 + \beta_3 (\text{INC}_{i,t})^3 + \beta_4 P_{i,t} + \beta_5 \text{RESI}_{i,t}$$
$$+ \beta_6 \text{open}_{i,t} + \beta_7 \text{Urb}_{i,t} + \beta_8 \text{edu}_{i,t} + \varepsilon_{i,t} \qquad (9.4)$$

$$\varepsilon_{it} = \rho \sum_{j=1}^{31} W_{ij} \varepsilon_{jt} + v_{it}$$

其中，ρ 为误差项的空间回归系数，表示相邻区域误差项之间的空间影响。参考 Lesage 和 Pace（2009），上述两种空间模型可以整合为空间杜宾模型，具体形式如方程（9.5）所示。

$$R_{i,t} = \lambda \sum_{j=1}^{30} W_{ij} R_{i,t} + \alpha_0 + \beta_1 \text{INC}_{i,t} + \beta_2 (\text{INC}_{i,t})^2 + \beta_3 (\text{INC}_{i,t})^3 + \beta_4 P_{i,t} + \beta_5 \text{RESI}_{i,t}$$
$$+ \beta_6 \text{open}_{i,t} + \beta_7 \text{Urb}_{i,t} + \beta_8 \text{edu}_{i,t} + \theta_1 \sum_{j=1}^{30} W_{ij} \text{open}_{i,t} + \theta_2 \sum_{j=1}^{30} W_{ij} \text{Urb}_{i,t} + \varepsilon_{i,t} \qquad (9.5)$$

其中，θ、β 为参数变量；λ 为标量。在本质上，空间杜宾模型是在空间自回归模型基础上增加所有解释变量的滞后项。如果 $\theta = 0$，空间杜宾模型可简化为空间滞后模型，如果 $\theta + \lambda\beta = 0$，空间杜宾模型则可简化为空间误差模型。

　　首先，运用 LM-lag、LM-error 和 Robust LM-lag 及 Robust LM-error 以确定选取空间滞后模型或者空间误差模型，如果两者都拒绝，则本书采用空间杜宾模型进行公路部门碳排放空间计量分析。其次，我们通过 LR 检验和 Wald 检验进行具体空间模型的确定（Kang et al.，2016），共包括两个原假设，即 $\text{H}_0 : \theta = 0$ 和 $\text{H}_0 : \theta + \lambda\beta = 0$，如前文所述，前者决定了空间杜宾模型是否可简化为空间滞后模型，后者决定了空间杜宾模型是否可简化为空间误差模型。如果同时拒绝了上述的两个假设，则我们应该使用空间杜宾模型进行数据拟合。

9.2.2　变量说明与数据选取

本章选取的变量，其中公路部门能源回弹效应值与家庭乘用车回弹效应值分别由第 6 章与第 7 章计算得出，其他影响因素变量皆由《中国统计年鉴》得出。

9.3　交通运输行业能源回弹效应影响因素实证分析

9.3.1　公路货运部门能源回弹效应影响因素分析

1. 单位根检验

对影响因素模型进行费雪式检验，原假设为存在单位根，面板数据为非平稳，变量 $\ln TRL$、$\ln TCE$、$\ln Y$、$\ln S$ 的检验结果如表 9.2 所示。

表9.2　费雪式检验

lnTRL 费雪式检验			
评估		统计值	P 值
逆卡方（62）	P	78.553 6	0.076 3
反常态	Z	-2.009 6	0.022 2
逆逻辑 t（159）	L^*	-1.836 9	0.034 0
修正后逆卡方	Pm	1.486 6	0.068 6
lnTCE 费雪式检验			
评估		统计值	P 值
逆卡方（62）	P	100.778 0	0.001 4
反常态	Z	-3.565 9	0.000 2
逆逻辑 t（159）	L^*	-3.468 1	0.000 3
修正后逆卡方	Pm	3.482 4	0.000 2

续表

lnY 费雪式检验			
评估		统计值	P 值
逆卡方（62）	P	102.325 5	0.001 0
反常态	Z	-4.020 7	0
逆逻辑 t（159）	L*	-3.756 3	0.000 1
修正后逆卡方	Pm	3.621 3	0.000 1
lnS 费雪式检验			
评估		统计值	P 值
逆卡方（62）	P	166.884 0	0
反常态	Z	-7.005 4	0
逆逻辑 t（159）	L*	-7.303 0	0
修正后逆卡方	Pm	9.418 9	0

从表 9.2 中可以看出，各变量的 4 个 P 值均小于 0.1，可以拒绝原假设，因此，变量 lnTRL、lnTCE、lnY、lnS 是平稳序列。

2. 影响因素分析

对影响因素模型采用一阶动态进行面板估计，回归结果如表 9.3 所示。

表9.3　影响因素模型一阶动态面板估计结果

变量	系数	标准误差	统计量	P 值	95%置信区间左	95%置信区间右
被解释变量的一阶滞后项（L1.）	-0.676 88	0.581 62	-1.16	0.245	-1.816 86	0.463 08
公路运输线路长度（TRL）[a]	44.950 23	20.873 50	2.15	0.031	4.038 75	85.861 70
居民人均交通消费支出（TCE）[a]	-11.878 60	6.121 57	-1.94	0.052	-23.876 70	0.119 38
公路货运周转量（Y）[a]	-3.116 15	1.839 34	-1.69	0.090	-6.721 21	0.488 90
科研投入（S）[a]	2.198 95	3.110 99	0.71	0.480	-3.898 47	8.296 38
常数项	-158.458 00	86.906 10	-1.82	0.068	-328.791 00	11.874 10

a 表示已对该变量的原始数据进行对数处理
注：括号内为 Z 统计值

根据回归结果可知以下结论。

第一，公路运输线路长度、居民人均交通消费支出和公路货运周转量的 P 值均小于 0.1，表明其对能源回弹效应的影响是显著的。但科技投入的 P 值为 0.480，大于 0.1，回归结果不可信，表明科技投入不是能源回弹效应的主要影响因素。

第二，公路运输线路长度的估计系数为正值，说明其对能源回弹效应的影响作用是积极的，类似的结果也可以在 Zhang 和 Lin（2018）的研究中发现。本书回归得到的估计系数为 44.950 23，数值较大，表明公路运输线路长度的变化对能源回弹效应是非常敏感的,公路运输线路长度增长 1%,能源回弹效应会相应增长 44.95%,可见,公路运输线路长度是公路货运部门能源回弹效应的最主要影响因素。这是由于公路基础设施的建设会极大地促进当地交通运输业、旅游业的发展,区域之间的交流也会频繁起来,货物运输需求相应增加,从而能产生更多的能源消耗,抵消能源效率提升带来的节能效果。

第三,居民人均交通消费支出的估计系数为负值,表明人均居民交通消费支出对能源回弹效应起到抑制作用。交通方面消费支出较高表明人们在交通方面为能源支付了较高的价格,此时人们就会寻找新型能源汽车及清洁燃料进行替代以减少支出,从而降低能源消耗,促进节能,抑制能源回弹效应。回归结果显示人均交通消费支出的系数为-11.878 60,说明其对能源回弹效应的影响也比较大,人均居民交通消费支出每增加 1%,能源回弹效应会减少 11.88%,政策制定者应该意识到消费支出对消费回弹效应的明显的抑制作用,通过制定相关政策,如收取燃油税,合理地发挥居民交通消费支出对节能减排的积极作用,帮助完成节能目标。

第四,公路货运周转量对能源回弹效应的影响为负面的,这是由于公路货运周转量是公路货运产出的主要指标,在一定的能源投入下,产出越高,表明其能源效率越高,节能效果被充分发挥,能源回弹效应值自然较小。但公路货运周转量的估计系数仅为-3.116 15,其对能源回弹效应的抑制作用不如人均居民交通消费支出显著。

第五,虽然科研投入并不是能源回弹效应的主要影响因素,但并不意味着政策制定者不需要考虑科研投入因素,因为节能减排归根结底离不开技术进步带来的能效提升及清洁能源的发展使用,政策制定者仍要鼓励相关的技术、项目的研究,实现节能减排。

9.3.2　家庭乘用车回弹效应影响因素实证分析

1. 异方差检验与广义最小二乘估计

首先,为了确定基础模型构建的正确性与合理性,我们对方程(9.2)进行怀特异方差检验,其结果见表 9.4。

表9.4　怀特异方差检验结果

检验	卡方统计量	自由度	P 值
异方差	157.51	44	0
偏态	34.80	8	0.032 9
峰度	4.55	1	0
总计	196.86	53	0

由表 9.4 的结果可以看到，P 值等于 0，强烈拒绝同方差的原假设，我们认为存在异方差。

由于异方差的存在，为了提高估计结果的准确度，我们采用 GLS 估计，估计结果如表 9.5 所示。

表9.5　GLS估计结果

变量	系数	标准差	Z 统计量	$P>\|Z\|$	95%置信区间左	95%置信区间右
收入水平（INC）	0.106 4	0.036 6	2.91	0.004	0.034 7	0.178 0
收入水平 ^{2}（INC^2）	−0.003 5	0.008 5	−0.41	0.680	−0.020 1	0.013 1
收入水平 ^{3}（INC^3）	0.000 3	0.000 2	1.37	0.171	−0.000 1	0.000 8
燃料价格指数（P）	−0.005 3	0.001 6	−3.28	0.001	−0.008 5	−0.002 1
科研投入（RESI）	−0.111 9	0.048 6	−2.30	0.021	−0.207 3	−0.016 6
外资投入（open）	−0.060 8	0.014 0	−4.35	0	−0.088 1	−0.033 4
城市化率（Urb）	0.002 2	0.002 5	0.88	0.381	−0.002 8	0.007 2
教育投入（edu）	−0.010 9	0.027 7	−0.39	0.696	−0.065 2	0.043 5
常数项	0.744 8	0.198 3	3.76	0	0.356 0	1.133 6

从表 9.5 估计结果可以看出，燃料价格与能源回弹效应存在负向关系，估计系数为−0.005 3。能源价格对能源回弹效应有负向影响，能源价格下降导致对能源服务的需求增加（Lin and Benjamin，2017）。

从居民收入水平来看，估计系数为 0.106 4，说明居民收入水平与能源回弹效应呈现正向影响关系。居民收入水平的提高会带来能源回弹效应的上升。收入水平指标与能源回弹效应正相关。当人均 GDP 增加时，燃料价格似乎相对便宜。这将导致更多的驾驶出行，从而导致燃油消耗量增加（Zhang and Lin，2018）。

科研投入与外资投入水平对能源回弹效应会产生负向影响，估计系数分别为−0.111 9 与−0.060 8。这说明科研投入与外资投入水平的提高对于科技经济水平的上升起到积极的影响，而节能环保技术的提升能够有效降低家庭乘用车能源消耗与碳排放，以降低能源回弹效应。

2. 全局莫兰指数与检验

在进行空间模型计算前，我们需要利用全局莫兰指数进行空间依赖性检验，以确定中国 30 个省（区、市）家庭乘用车回弹效应是否存在空间依赖性。莫兰指数值域为−1~1，正值表示变量间存在正相关关系，负值则相反。表 9.6 所示为莫兰指数计算结果，所有结果都为正值，表明中国 30 个省（区、市）家庭乘用车回弹效应值之间存在正相关关系，30 个省（区、市）家庭乘用车回弹效应值变动方向一致。

表9.6　2003~2016年中国30个省（区、市）家庭乘用车回弹效应值的全局莫兰指数

年份	全局莫兰指数	Z统计量	P值
2003	0.364	3.896	0
2004	0.380	4.095	0
2005	0.370	3.957	0
2006	0.355	3.847	0
2007	0.374	4.020	0
2008	0.386	4.145	0
2009	0.412	4.418	0
2010	0.496	5.206	0
2011	0.515	5.415	0
2012	0.544	5.631	0
2013	0.525	5.416	0
2014	0.504	5.206	0
2015	0.471	4.879	0
2016	0.452	4.658	0

在验证中国 30 个省（区、市）家庭乘用车回弹效应值存在空间依赖性之后，我们需要选择合适的空间模型。LR 检验和 Wald 检验结果（表 9.7）都显示在 1% 显著水平下拒绝原假设，表明应当同时考虑空间误差效应和空间滞后效应，因此，本书研究应当选择空间杜宾模型进行数据拟合。

表9.7　LR检验和Wald检验结果

检验	卡方统计量	P值
LR 检验		
空间滞后模型	218.14	0
空间误差模型	174.12	0
Wald 检验		
空间滞后模型	84.72	0
空间误差模型	93.03	0

为了再次确认显著地存在空间滞后效应和空间误差效应，本书分别对三种空间模型进行估计，其结果如表 9.8 所示，第（1）列因变量空间回归系数 λ 和第（2）列误差项空间回归系数 ρ 在 1% 显著水平下拒绝原假设，再次表明本书应选用包括空间滞后效应和空间误差效应的一般模型，即空间杜宾模型。另外，我们采用豪斯曼检验确定应当选择固定效应还是随机效应，检验结果表明，个体固定效应适用于本书（具体检验结果未展示）。

表9.8 空间面板模型的估计结果

变量	空间误差模型（1）	空间自回归模型（2）	空间杜宾模型（3）
年末实际人均 GDP（GDP）	−0.050 3	−0.037 7	−0.040 4
年末实际人均 GDP 平方（GDP^2）	0.014 8	0.011 5	0.011 1
年末实际人均 GDP 立方（GDP^3）	−0.017 5	−0.012 7	−0.011 2
燃料价格指数（P）	−0.005 3**	−0.003 5*	−0.003 4*
城市化率（Urb）	0.022 0***	0.017 9**	0.018 8**
科研投入（RESI）	−0.150 0	−0.151 5*	−0.163 7*
外资投入（open）	−0.082 3***	−0.079 9***	−0.066 4**
教育投入（edu）	−0.073 3	−0.069 2	−0.073 6*
空间权重矩阵 W×城市化率（W×Urb）			−1.816 9
空间权重矩阵 W×外资投入（W×open）			−0.061 2*
误差项空间回归系数（ρ）	0.294 6***	0.280 3***	0.247 5***
因变量空间回归系数（λ）	0.249 5***		
方差（σ^2）			0.038 8***
拟合优度（R^2）	0.346 2	0.363 1	0.377 3

*、**、***分别表示在 10%、5%和 1%的水平下显著

3. 空间面板模型估计结果

根据空间杜宾模型的固定效应结果进行具体分析。

第一，根据年末实际人均 GDP（GDP）、年末实际人均 GDP 平方（GDP^2）、年末实际人均 GDP 立方（GDP^3）的回归系数结果来看，三类空间回归模型的估计系数都不显著，且 GDP 的估计系数都为负值，GDP^2 的估计系数都为正值，这与之前我们用 GLS 估计的结果完全相反，与大多数学者的研究结果也不一致。从显著结果来看，GDP、GDP^2、GDP^3 的回归系数都不显著，从而可以得出，GDP、GDP^2、GDP^3 的回归系数可信度并不高，GLS 的估计结果是可信有效的，居民收入水平与能源回弹效应呈现正向影响关系。居民收入水平的提高会带来能源回弹效应的上升。人均收入水平指标与能源回弹效应正相关。当人均 GDP 增加时，燃料价格似乎相对便宜。这使得人们对燃料需求增加，增加燃料消耗量，能源回弹效应也随之增加。就 GDP^2 的系数来看，在空间回归中，该估计系数为负值，但不显著，由此可以得出，能源回弹效应与居民收入水平之间并不呈"U"形曲线关系。中国各省（区、市）直接能源回弹效应与收入水平之间存在显著的倒"U"形关系，特低收入省（区、市）和特高收入省（区、市）群体的直接能源回弹效应均较低。随着居民收入的增加，家庭乘用车回弹效应值会先逐渐上升，等达到最高值时，又会开始呈下降趋势。由于价格敏感性较低，高收入群体的直接能源回弹效应较低，低收入群体则与需求不足有关（Li X H et al., 2017）。低收入群体

的直接能源回弹效应会更大，因为这些群体对于许多能源服务的需求更加满意。农村居民房屋的反弹效应较大，主要是指农村居民收入较低所带来的饱和效应（Lin et al.，2015）。家庭支出对家庭乘用车的 CO_2 总回弹效应有负面影响。随着家庭支出的增加，人们对能源商品的需求越来越满意，因此对能源效率改善的敏感度下降，故家庭支出与家庭乘用车的 CO_2 回弹总量之间存在负相关关系。高收入家庭支出较大，而家庭支出与家庭乘用车的 CO_2 回弹总量之间存在负相关关系，因此，当居民人均收入达到一定程度，随着居民人均收入的增加，家庭乘用车回弹效应值又会开始呈下降趋势。因此，家庭乘用车回弹效应与居民收入水平存在显著的倒 "U" 形关系。

燃料价格与家庭乘用车回弹效应存在负向的影响作用，能源价格下降导致对能源服务的需求增加。能源价格对能源回弹效应有负向影响，能源效率的提升降低了能源的有效价格，从而降低了生产成本，结果经济活动扩大。在三种空间模型中，燃料价格指数的估计系数都为负值，且分别在5%、10%及10%的水平下显著。因此，合理地调控燃料价格，控制燃料价格上升是抑制家庭乘用车回弹效应增加的有效途径之一。

第二，城市化率对家庭乘用车经济范围内的能源回弹效应存在正向影响。这是因为人们对货运交通和家庭乘用车的需求程度不同，在经济水平提高的过程中人们会倾向追求更高层次的商品，如家庭乘用车。城市化率对家庭乘用车的 CO_2 总回弹效应有积极影响。这主要是因为私人汽车存量越多，能源消耗和碳排放量就越多。人口密度对家庭乘用车的 CO_2 总回弹效应有正向影响。这可以用一个事实来解释，即公共交通在人口密度高的地区具有较重的负荷压力，因此，随着家庭乘用车能源效率的不断提升，人们更倾向选择舒适的家庭乘用车而不是拥挤的公共交通工具，这可能会直接增加家庭乘用车的能源消耗或碳排放量，并导致更大的直接 CO_2 回弹效应。

第三，科研投入与外资投入水平对能源回弹效应会产生负向影响，就空间杜宾模型来说，科研投入与外资投入水平的估计系数分别为-0.163 7与-0.066 4，且分别在 10%与 5%的水平下显著。科研投入与外资投入水平的提高有利于科技经济水平的上升，节能环保技术的提升有助于降低家庭乘用车能源消耗与碳排放量，从而降低回弹效应。外资投入同时也会引进国外的先进技术，从而促进家庭乘用车节能减排技术的提高，降低单位行驶距离内家庭乘用车燃料消耗与碳排放量，最终降低家庭乘用车回弹效应。同时，外资投入的空间估计系数为-0.061 2，且在 10%的水平下显著，这说明外资投入水平对家庭乘用车回弹效应值具有负向的空间溢出效应。

第四，在空间杜宾模型中，教育投入的估计系数为-0.073 6，在 10%的水平下显著。教育投入对家庭乘用车回弹效应有负向的影响作用，这是因为教育拓宽了人们的视野，环保意识开始深入大众。

第五，在空间自回归模型与空间杜宾模型中，家庭乘用车回弹效应的空间回归系数分别为 0.280 3 与 0.247 5，且都在 1%的水平下显著，表明家庭乘用车回弹效应值存在正向空间溢出效应，即相邻省（区、市）家庭乘用车回弹效应值增加1%，将促进本省（区、市）家庭乘用车回弹效应值增加 0.280 3%与 0.247 5%，该结果与 Zheng 等（2014）研究相类似，说明中国各省（区、市）家庭乘用车回弹效应值存在聚集现象，即家庭乘用车回弹效应值高值与高值或低值与低值相邻分布。其主要原因在于，相邻省（区、市）之间经济、贸易联系密切，若某省（区、市）公路部门需求充足，能源消耗大，其对跨区域交通运输的需求也会增加，从而促进相邻省（区、市）公路运输发展及家庭乘用车出行需求量，对相邻省（区、市）家庭乘用车回弹效应值产生正向影响作用。例如，珠江三角洲地区经济和交通迅速发展，逐渐向周围地区渗透，开展泛珠"9+2"交通合作，推动周围省（区、市）交通跨界建设，贵广、南广、广深港高速铁路建成开通，泛珠三角 4 小时经济圈日渐成型。

9.4　本　章　小　结

本章在第 6 章与第 7 章的基础上，采用 GLS 与空间面板回归模型，对中国公路货运部门及公路家庭乘用车回弹效应值影响因素进行详细的分析与总结，根据回归结果，我们可得出以下结论。

首先，针对公路货运部门，公路运输线路长度的变化对能源回弹效应是非常敏感的，公路运输线路长度增长 1%，能源回弹效应会相应增长 44.95%，可见公路运输线路长度是公路货运部门能源回弹效应的最主要影响因素。居民人均交通消费支出对公路货运部门能源回弹效应有负向的影响，居民人均消费支出每增加1%，能源回弹效应减少 11.88%。

其次，家庭乘用车回弹效应与居民收入水平之间并不是"U"形曲线关系；燃料价格与家庭乘用车回弹效应存在负向的影响作用，能源价格下降导致对能源服务的需求增加；城市化率对家庭乘用车经济范围内的回弹效应存在正向影响；科研投入与外资投入水平对能源回弹效应会产生负向影响，科研投入与外资投入水平的提高有利于科技经济水平的上升，节能环保技术的提升有助于降低家庭乘用车能源消耗与碳排放量，从而降低回弹效应；外资投入水平对家庭乘用车回弹效应值具有负向的空间溢出效应；教育投入对家庭乘用车回弹效应有负向影响。

基于上述结果，针对未来中国公路部门碳减排工作，我们提出以下几点政策性建议。

第一，合理适当地对燃料价格进行调控，燃料价格的适当下降可以有效抑制能源回弹效应的增长。例如，采用相关的税收政策及国家政府对燃料价格政策的合理把控。

第二，合理适当地增加外资投入、科研投入及教育投入，促进交通运输行业节能减排技术的创新与进步，同时，让教育拓宽人们的视野，树立大众节能环保意识。例如，加大科技力度，增加技术性投入，提高燃料使用效率，充分发展其他低碳出行方式，如共享单车、地铁和新能源公交。

第三，城市化率的提高、城镇人口的增加会导致能源回弹效应的上升，政府应该更加合理、更好地进行城乡规划，防止城市人口的急剧增长。

第四，在公路部门减排政策制定过程中，重视空间集聚现象带来的协同效应，加强区域间公路建设合作，加大对相邻省（区、市）技术和人才支持，促进公路部门减排工作。

第 10 章　居民能源回弹效应

　　居民作为社会最小、最基本的组成单元，是中国建设低碳社会的主体。随着社会经济的繁荣，居民人均可支配收入增多，直接能源消耗占比越来越小，间接能源消耗逐渐占据主导地位。然而，由于间接能源消耗的隐蔽性，其常常被居民忽视。那么，居民间接能源消耗是怎样体现在居民日常衣食住行的生活中呢？对于居民八大类消费支出①，哪些支出的间接能源消耗量较大，政府应该更多关注？随着时间推移，居民间接能源消耗有哪些变化？中国作为一个典型的城乡二元社会，城镇和乡村居民的间接能源消耗有什么不同？是什么原因导致的？在目前电力、汽油和天然气逐渐代替煤的能源消耗结构演变中，居民对这三种主要能源的间接消耗量是怎样的呢？可能会带来什么样的问题？居民间接能源消耗和直接能源消耗又是什么关系？

　　在居民能源消耗逐年增加的背景下，国家大力发展节能减排技术，而技术的进步在带来居民能源效率提升的同时，能源产品和服务的价格也随之下降，相当于消耗同样数量的能源时节省了一部分收入，而这部分收入要么被用来继续消耗能源，要么被用来进行非能源产品的消耗，此时就会产生间接能源回弹效应。

　　那么，消费者会以哪些方式分配这些节约的支出呢？不同的分配方式会带来怎样不同的结果呢？居民对电力、汽油和天然气三种能源消耗的间接能源回弹效应值有什么差异呢？在人均可支配收入提高和能源使用效率不断提升的过程中，居民能源消耗的间接能源回弹效应会怎样变化？城乡居民在生活方式、收入等方面的差异会怎样影响间接能源回弹效应？最后，间接能源回弹效应对直接能源回弹效应的敏感性如何？为什么会导致这样的结果？揭示了什么样的经济规律？

---

　　① 食品，服装，交通和通信，医疗保健，家庭设施、用品和服务，教育、文化和娱乐服务，居住，杂项商品与服务。

10.1　居民能源消耗的测算与分析

10.1.1　居民间接能源消耗测算模型

1. 消费者生活方式分析法

消费者生活方式分析法是从居民消费角度研究能源消耗量的方法，研究的基本前提是通过了解消费者的生活方式以制定出更好的公共政策。消费者生活方式分析法中的消费者就是那些通过购买和消费各种能源商品或者非能源商品以保证其生存、生活的个体或者整个家庭，这些消费者的生存、生活方式对其消费行为有影响，并且还起决定性作用。消费者生活方式分析法的分析框架主要包括以下五个方面。

（1）外部环境。消费者所在之处的自然资源环境条件及社会性因素不可避免地对其日常的衣食住行方面的消费倾向及消费行为有影响。这些影响主要有技术先进程度、设施设备完善程度、整体文化水平、地区经济发展水平、社会群体影响等，在这些因素中，社会性的因素更具有影响力。

（2）个人决定。每个消费者都是一个独特又独立的个体，他们有不同的思维方式，他们所做出或表现出的行为都会受到精神层面因素的影响。一般来说，这些因素有个体偏好、民族信仰、对他人态度的感知等。

（3）家庭特征。消费者处于不同的家庭特征下，如家庭人口总数、人均收入水平、受教育程度、年龄分布层次、交通工具选择、居住面积等都各不相同。

（4）消费者选择。消费者选择是指消费者在挑选和购买一件商品或一项服务时，做出最终决策之前的一系列行为。

（5）活动数据。活动数据是指消费者完成进行的某一项活动后所产生的结果，也就是其消费行为是否对能源消耗及环境有一定的作用，产生怎样的影响。

居民为了生存和生活就会消耗一些商品或服务，而生产这些商品或服务的过程中会有能源消耗及碳排放，也就是说，这些能源消耗和碳排放是居民生活消费间接产生的。根据《中国统计年鉴》，居民的消费支出主要在以下八个方面：食品，服装，交通和通信，医疗保健，家庭设施、用品和服务，教育、文化和娱乐服务，居住，杂项商品与服务。这也是本书进行间接能源消耗核算的范围，即居民八大类消费支出所消耗的能源构成了其对能源的间接消耗量。

为了把居民消费支出活动与生产这些产品或服务的行业结合在一起，我们根据八大类消费支出活动会涉及的产品生产或服务的提供过程，挑选出 19 个相关行业，其与居民消费支出活动的对应关系如表 10.1 所示。

表10.1　居民消费支出活动及直接相关部门

消费支出项目	直接相关部门
食品	农副食品加工业；食品制造业；饮料制造业；农、林、牧、渔、水利业
服装	纺织业；纺织服装、鞋、帽制造业；化学纤维制造业
交通和通信	通信设备、计算机及其他电子设备制造业；交通运输设备制造业
医疗保健	医药制造业
家庭设施、用品和服务	电气机械及器材制造业；金属制品业
教育、文化和娱乐服务	造纸及纸制品业
居住	建筑业；非金属矿物制品业；电力、热力生产供应业
杂项商品与服务	烟草加工业；批发和零售贸易；住宿、餐饮业

根据表 10.1 的对应关系，本书首先计算出八大类消费支出活动的单位产值能源强度，计算方程如下：

$$e_i = \frac{E_i}{G_i} \tag{10.1}$$

其中，e_i 表示第 i 类居民消费支出活动的单位产值能源强度；E_i 表示第 i 类居民消费支出活动所对应的 n 个产业部门的能源消耗量的总和；G_i 表示第 i 类居民消费支出活动所对应的 n 个产业部门的产值总和。

将计算出的各类居民消费支出活动的单位产值能源强度分别乘以其相对应的居民消费支出，最终得到居民各类消费活动的间接能源消耗量。其计算方程如下：

$$E_i = \sum_i (e_i \times X_i) \times P \tag{10.2}$$

其中，E_i 表示居民间接能源消耗总量；X_i 表示第 i 类居民消费支出活动的人均支出；P 为人口数量。

2. 数据说明

本书选择的 19 个行业的能源消耗量数据出自各年的《中国能源统计年鉴》，居民八大类消费支出、人口数量及居民消费价格指数来源于各年的《中国统计年鉴》，19 个行业的产值出自各年《中国统计年鉴》和《中国工业统计年鉴》。根据研究需要，本书数据样本的来源区间为 2002~2016 年。各行业产值以 2000 年的价格为基础折算，居民消费支出按照居民消费价格指数折算。

10.1.2　居民间接能源消耗总体分析

根据方程（10.1）和方程（10.2），我们测算了 2002~2016 年居民八大类消费支出的间接能源消耗量，其消耗量占比如图 10.1 所示。

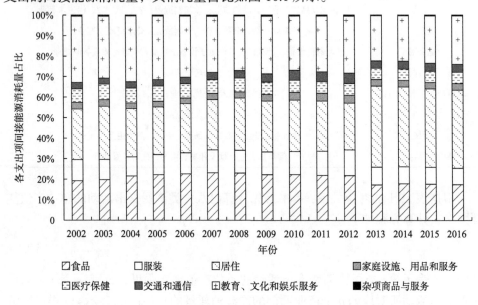

图 10.1　2002~2016 年居民八大类消费支出的间接能源消耗量占比

从图 10.1 中可以看出，居民在食品，居住，教育、文化和娱乐服务方面的支出所消耗的间接能源消耗量较多。出现该现象的原因如下：首先，从各领域的能源强度（表 10.2）可以看到，教育、文化和娱乐服务，居住项目的能源强度处于较高水平，这是由造纸及纸制品业和电力、热力生产供应业高耗能行业性质决定的。这两个支出项目能源强度高，故在接近的居民消费支出下，其间接能源消耗量会较高。

表 10.2　2002~2016 年八大类消费支出项目对应的能源强度

单位：吨标准煤/万元

类别	2002 年	2003 年	2004 年	2005 年	2006 年	2007 年	2008 年	2009 年
食品	0.235 5	0.227 2	0.223 0	0.218 6	0.219 4	0.193 8	0.171 9	0.162 1
服装	0.597 9	0.526 4	0.466 3	0.428 1	0.415 3	0.389 4	0.357 4	0.326 0
居住	0.993 8	0.963 2	0.853 4	0.785 0	0.725 7	0.654 3	0.605 2	0.536 7
家庭设施、用品和服务	0.271 5	0.253 9	0.219 8	0.204 1	0.185 8	0.167 3	0.153 9	0.143 6

续表

类别	2002 年	2003 年	2004 年	2005 年	2006 年	2007 年	2008 年	2009 年
医疗保健	0.466 4	0.458 5	0.392 6	0.352 3	0.321 1	0.276 0	0.257 4	0.212 3
交通和通信	0.141 8	0.115 1	0.109 4	0.098 3	0.093 2	0.090 1	0.092 1	0.087 8
教育、文化和娱乐服务	1.336 7	1.172 4	1.135 9	1.030 9	0.932 5	0.768 6	0.739 8	0.714 9
杂项商品与服务	0.086 1	0.084 2	0.058 3	0.060 6	0.058 3	0.055 6	0.038 8	0.044 5

类别	2010 年	2011 年	2012 年	2013 年	2014 年	2015 年	2016 年
食品	0.145 8	0.134 7	0.123 9	0.142 2	0.135 8	0.131 0	0.129 6
服装	0.283 2	0.270 3	0.264 4	0.283 7	0.254 7	0.249 2	0.250 9
居住	0.499 0	0.485 9	0.427 4	0.445 3	0.413 1	0.395 7	0.386 2
家庭设施、用品和服务	0.140 9	0.130 2	0.124 5	0.132 2	0.123 3	0.116 3	0.116 9
医疗保健	0.193 3	0.174 7	0.159 1	0.185 3	0.162 5	0.150 9	0.142 4
交通和通信	0.087 3	0.086 8	0.081 2	0.077 0	0.071 5	0.068 6	0.066 0
教育、文化和娱乐服务	0.584 8	0.551 7	0.512 9	0.547 7	0.506 1	0.489 3	0.483 8
杂项商品与服务	0.037 0	0.035 3	0.034 5	0.036 2	0.034 3	0.037 6	0.037 0

　　其次，图 10.2 显示，居民每年在食品上的消费性支出远远高于其他领域。即使在中国全面建成小康社会的过程中，中国恩格尔系数不断下降，但目前中国仍属于发展中国家，食品支出在中国居民消费支出中仍旧占据主要地位。因此，虽然食品领域的能源强度较低，但由于大量消费支出，最终的间接能源消耗量仍比较高。

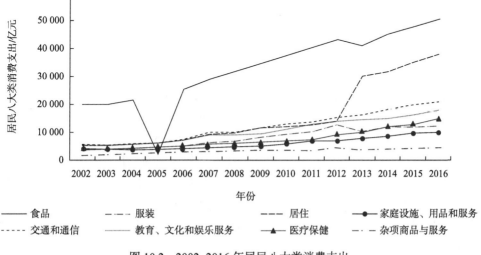

图 10.2　2002~2016 年居民八大类消费支出

2013 年之前，食品领域间接能源消耗量占比基本稳定在 20%附近，教育、文化和娱乐服务领域的间接能源消耗量占比在 30%左右。居住领域的间接能源消耗量在 2013 年大幅上升，占据全部间接能源消耗量的 40%，使得食品，教育、文化和娱乐服务领域的间接能源消耗量占比被压缩。这主要与 2013 年居民居住支出的跳跃式上升有关（图 10.2）。居民居住支出的飙升与居民购房需求的增长、房价的居高不下及房地产开发商不断涌入、可居住面积不断扩大密切相关。其中，2013 年实施的"单独二孩"政策，在一定程度上促进居民对居住的刚性需求（唐楚涵，2016）。同时，2012 年开始实施的阶梯电价制度也推动了居民居住领域消费的快速增长。另外，2013 年前后居民消费支出统计口径的不同，也可能造成一定的影响。

此外，居民在服装，医疗保健，交通和通信，家庭设施、用品和服务项目上的间接能源消耗量占比一直处于稳定的状态，并且占比较小，处在 20%~30%。

最后，从图 10.1 中我们可以看出，杂项商品与服务项目间接能源消耗量最低，与其他七大类项目相比可忽略不计。这是因为其所包含的行业多为第三产业，而高产值、低能耗是其特点，所以，大力发展第三产业是降低居民领域能源消耗的重要之举。

10.1.3　城乡居民间接能源消耗量对比分析

从 2002~2016 年居民间接能源消耗量变化趋势（图 10.3）上看，2002~2016 年居民间接能源消耗量呈波动上升趋势，意味着其受多种因素的综合影响。首先，居民消费支出不断增长，在促使居民能源消耗增加的同时，科技的发展使得居民能源效率不断提升，两者的相互作用使得总的间接能源消耗时高时低（孙涵等，2014）。其次，人口问题也对居民间接能源消耗量有影响（许力飞，2014）。一方面，中国人口在不断增加，正向增加了能源消耗量；而人口增长率呈不断下降趋势，负向减少了能源消耗量。另一方面，城镇化进程不断加速，城镇人口不断扩张，城乡人口数量及比例的变化也对总的间接能源消耗量产生影响（李艳梅和张雷，2008）。最后，直接能源消耗结构的演变对居民间接能源消耗量的变化也有影响，具体表现为石油、天然气、电力对煤炭的替代及煤的初级使用向清洁使用的转变（罗光华等，2010）。高级化、清洁化的能源使用使得居民所消费的项目在中间加工过程中消耗的能源更少，最终使得同样的消费支出下，间接能源消耗量逐渐减少。

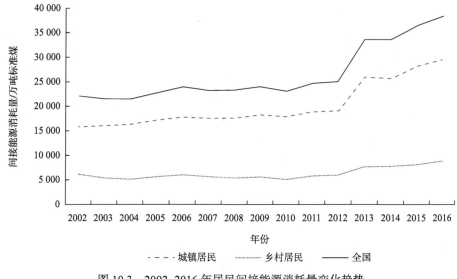

图 10.3　2002~2016 年居民间接能源消耗量变化趋势

　　整体上来看，城镇居民间接能源消耗量基本为乡村居民间接能源消耗量的 3 倍，这与范玲和汪东（2014）的研究结果一致。出现这种现象的原因主要如下：第一，城镇居民家庭的人均可支配收入及人均消费支出高于乡村居民家庭，在相同的能源强度下，城镇居民必定会有更高的间接能源消耗量。第二，由图 10.1 我们知道，居住领域的间接能源消耗量占较大的比重。城镇居民住宅相对于乡村居民住宅，一般来说，复杂性更高，设施更完备，在建设过程中会消耗更多的能源；并且，城镇的电力、热力供应需求量远大于乡村。在中国农村地区，非商品能源（如秸秆、薪柴和沼气等）使用频率比较高，也比较广泛，而商品能源（如天然气、汽油等）的消费相对很少，故乡村有较多的可再生能源来替代电力、热力的供应。社会结构限制带来的能源消耗结构的差异，最终表现为中国城乡居民能源消耗的差距（张少伟，2014）。第三，城镇居民的消费层次相较于乡村居民更高，主要表现在教育、文化和娱乐服务领域的消费支出占总消费支出的比重较大，而从总体来看，教育、文化和娱乐服务领域的间接能源消耗量也占总能源消耗量较大的比重，因此，城乡居民的间接能源消耗量也就有了较大差距。

　　图 10.4 和图 10.5 让我们可以进一步分析城乡间接能源消耗量的具体差异，主要表现为：乡村居民居住领域的间接能源消耗量一直是最高的，而城镇居民从 2013 年开始居住领域的间接能源消耗量才成为最高的，这也许与建筑行业的房地产与文教娱乐业的教育之间的联系有关，学区房是城镇愈演愈烈的一个现象，而乡村没有学区房的说法。学区房高昂的价格导致了城镇居民居住支出的猛增，最终表现为间接能源消耗较高。城镇居民间接能源消耗第二大的领域就是教育、文

化和娱乐服务，而对乡村居民来说，其占据第三位，足以说明城镇居民对休闲娱乐和教育更加重视，更加追求高品质的生活；但是，我们要看到，在 2013 年之后，乡村居民的教育、文化和娱乐服务领域的间接能源消耗基本与食品持平，也就是说，在教育、文化和娱乐服务领域的能源消耗在逐渐上升，一方面是因为通过在该领域支出的增加来提升生活层次，增加幸福感；另一方面，尽管对于乡村居民来说，在教育、文化和娱乐方面的支出是比较高昂的，但是对于以后的发展是非常重要的，也是值得的（陆莹莹，2008）。占据乡村居民间接能源消耗第二位的是食品领域，在 2002~2016 年这 15 年中，食品和居住一直是高比重，这说明乡村居民以物质和必需品的消费为主，城镇居民则以精神享受为主。城乡居民间接能源消耗占据第四位的分别是服装和医疗保健，服装方面的支出也是城镇居民追求高质量生活的体现，而对于乡村居民来说，他们更看重服装的实用性，审美性不在首位，就像在医疗保健方面的支出是为了满足基本的生存、生活需要一样。最后，值得一提的就是交通和通信领域，随着城镇化的推进，农民进城务工已成常态，进城就涉及交通和通信方面的支出。至于城乡居民在此领域的间接能源消耗量及占比都比较小，原因是不一样的，乡村居民的流动更多是为了谋生，并且一年回家一两次比较普遍，一方面是为了节省交通方面的支出，另一方面是增加工作时间，取得更多收入；而城镇居民更多的是追求便捷、高效率的生活（陆莹莹，2008）。

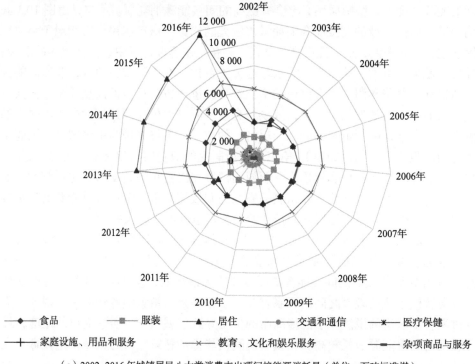

（a）2002~2016 年城镇居民八大类消费支出项间接能源消耗量（单位：万吨标准煤）

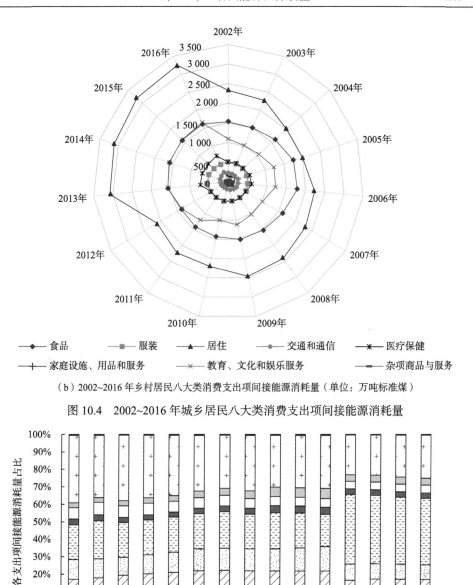

（b）2002~2016 年乡村居民八大类消费支出项间接能源消耗量（单位：万吨标准煤）

图 10.4　2002~2016 年城乡居民八大类消费支出项间接能源消耗量

（a）城镇居民

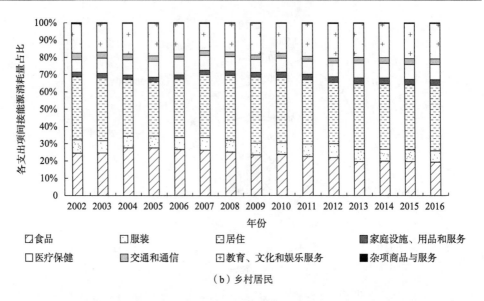

（b）乡村居民

图 10.5　2002~2016 年城乡居民八大类消费支出项间接能源消耗量占比

此外，将 2002~2016 年城镇居民和乡村居民各消费支出项目的间接能源消耗量占比（图 10.5）进行比较，城镇居民在教育、文化和娱乐服务项目支出的间接能源消耗量占总间接能源消耗量的比例呈减少趋势，而乡村居民在该项目的间接能源消耗量占比却呈增加趋势，尽管如此，城镇居民在教育、文化和娱乐服务项目支出的间接能源消耗量占比一直大于乡村居民。同时，乡村居民在食品项目支出的间接能源消耗量占总间接能源消耗量的比例呈减少趋势，这些现象本质上体现了城乡居民的消费行为特征及消费趋势的转变——从更注重消费物质产品转变为对商品消费和服务性消费同等重视，由生存型消费转为发展型消费（张馨等，2011）。

从上述分析中我们知道，城乡居民的间接能源消耗不仅在数量，即绝对值上存在着差距，而且各类消费支出项目间接能源消耗量占比，即能源消耗结构也有不同（王兆华和杨琳，2014），也就是说，各项消费活动对于能源消费的间接影响程度仍然存在差异。对于乡村居民来说，其居住、食品和医疗保健消费项目支出的间接能源消耗量占比大于城镇居民，而城镇居民在教育、文化和娱乐服务，服装，交通和通信，家庭设施、用品和服务项目上的间接能源消耗影响程度比乡村居民更大。但是，城乡居民在各领域的间接能源消耗量也有相似的地方，两者各自间接能源消耗的比例都比较稳定，没有太大的变化，主要是因为中国城乡二元体制已经形成，城乡居民的生活方式都没有较大的改变，都有各自的规律和特点（余利娥，2018）。只是，整个社会环境的变革，导致居民在某些消费项目上做了一些改变，如城镇居民居住领域的变化。

10.1.4　居民对不同种类能源的间接能源消耗量对比分析

图 10.6 展示了 2002~2016 年居民对电力、汽油和天然气的间接能源消耗量占三者之和的比例。其中，居民对电力的间接能源消耗量占主导地位，占比都在 92% 以上（除 2016 年外），但 2002~2016 年占比呈小幅下降趋势。同时，居民对天然气的间接能源消耗量占比呈小幅上升趋势，而对汽油的间接能源消耗量占比相对稳定。直观上看，这与居民直接能源消耗结构是一致的。电力之所以占据了居民直接能源消耗的主导地位，是因为其低廉的价格、充足的供应及应用的普遍性。汽油由于受国际原油供应影响，一方面价格不稳定，另一方面石油的供应也不像电力那样充足；最重要的是，汽油在居民生活相关领域的应用范围较窄，主要应用于交通领域。中国天然气开发及管道建设起步比较晚，并且藏气量和开发量也相对较少，故前期居民天然气间接能源消耗量占比几乎可以忽略。从 2010 年哈萨克斯坦陆气进入新疆后，中国天然气用量随着经济社会快速发展，出现了爆炸式增长，年均增长超过 16%，是中国能源消耗量年均增速的 3 倍。天然气供应量的限制使得居民对天然气间接能源消耗量较少。

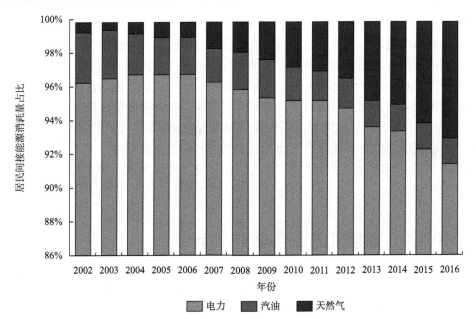

图 10.6　2002~2016 年居民对电力、汽油和天然气的间接能源消耗量占三者之和的比例

　　从以上的分析我们可以看出，间接能源消耗结构的演变与直接能源消耗结构的演变基本一致，各个相关行业直接消耗的能源量最终转化为居民间接消耗的能源量。因此，中国居民间接能源消耗结构也是从以煤炭为主逐渐向以电力、石油和天然气为主发展，特别是随着天然气管道的建设和完善，天然气的消费仍会继续增长。然而，在居民对电力、汽油和天然气消耗逐渐占据重要地位的同时，可能产生的能源回弹效应对节能效果的影响就会很大。因此，我们很有必要对居民消费电力、汽油和天然气这三种能源可能产生的间接能源回弹效应进行研究。

10.2　居民能源回弹效应测算

　　当前，学者对间接能源回弹效应的研究主要采用投入产出分析法、近似理想需求分析法及生命周期评价法等，而投入产出分析法应用最广泛。相对于其他方法，投入产出分析法考虑了社会生产及消费的各个部门，对间接能源回弹效应的测算更加精确（李金铠等，2018）。其中，Freire-González（2011，2017）将能源需求函数的计量评估、再分配模型及广义的能源投入产出模型结合起来，通过按照收入弹性分配、按支出比例分配的方式，以及两种衡量上界和下界的极端分配方式（将由于能源效率提升而节省的支出全部分配给某一个部门）来度量居民能源消耗的直接和间接能源回弹效应，结构化地展现了能源回弹效应。因此，本书首先采用 Freire-González 提出的方法来测算 1997~2012 年中国居民电力、汽油和天然气消耗的间接能源回弹效应，并对间接能源回弹效应的变化趋势进行评估；其次，对城乡居民用能的间接能源回弹效应进行对比分析，寻找差异形成的原因；最后，通过敏感性分析探索直接能源回弹效应和间接能源回弹效应的关系，对间接能源回弹效应进行多角度研究。下文以居民电力消耗为例，阐述间接能源回弹效应测算的方法。

10.2.1　直接能源回弹效应的计算

　　学术界关于能源回弹效应的定义存在争议，不同的定义对应不同的度量指标。Saunders（2000，2008）基于宏观经济层面对能源回弹效应的度量指标是最具代表性的一种，他将能源效率提升产生的节能定义成能源消耗对能源效率的

弹性，即

$$RE_D = \eta_\varepsilon(S) = \eta_\varepsilon(E) + 1 \tag{10.3}$$

其中，RE_D 为电力消耗的直接能源回弹效应；$\eta_\varepsilon(S)$ 为电力服务的效率弹性；$\eta_\varepsilon(E)$ 为电力需求的效率弹性。

这种测算方式的关键在于计算出能源效率及其变化，但测算能源效率的提升通常是很困难的，为了解决这一问题，Graham 和 Glaister（2002）在对称性假设和外生性假设基础上利用能源服务对能源服务价格的弹性代替能源消耗对能源效率的弹性后作为能源回弹效应的度量指标。

同时，在考虑了数据的可得性情况下，本书选取电力需求的价格弹性 $\eta_{P_E}(E)$ 来估计中国居民电力消耗的直接能源回弹效应，如式（10.4）所示：

$$RE_D = -\eta_{P_E}(E) = \eta_\varepsilon(E) + 1 \tag{10.4}$$

参考 Ouyang 等（2010）的测算，本书选取 30% 及 70% 作为中国居民能源消费的直接能源回弹效应值进行后续研究。

10.2.2　能源投入产出模型

能源投入产出模型主要是对经济–能源的相互影响进行研究，通过投入产出的方法可以把终端消耗模式的改变转化为能源消耗量的变化，从而计算出间接能源回弹效应。能源投入产出模型如下：

$$E = eX = e(1 - A)^{-1}Y \tag{10.5}$$

其中，E 为 22 个部门的电力消耗量矩阵[①]；e 为各部门电力消耗强度向量；X 为各部门生产投入矩阵；Y 为居民消费支出矩阵；$(1 - A)^{-1}$ 为里昂惕夫逆矩阵（Leontief and Ford，1970）。为了便于后文的计算，我们令

$$L = e(1 - A)^{-1} \tag{10.6}$$

线性算子 L 为后向关联系数，即能源效率的提高导致终端消费的变化最终引起的能源消耗量的变化，这是本书计算间接能源回弹效应的关键。

10.2.3　再分配模型下的间接能源回弹效应测算

对于间接能源回弹效应的测算，我们参照 Z. H. Wang 等（2016）的做法，可以得到

---

① 部门分类见表 10.3。

$$RE_I = \frac{(\sum_{i=1; \neq E}^{22} L_i Y_i' - \sum_{i=1; \neq E}^{22} L_i Y_i)}{\Delta E} \quad (10.7)$$

其中，RE_I 表示电力消耗的间接能源回弹效应；$\sum_{i=1; \neq E}^{22} L_i Y_i'$ 表示原来的间接消费支

出；$\sum_{i=1; \neq E}^{22} L_i Y_i$ 表示现在的间接消费支出；ΔE 表示预期的能源节约量；i 表示非能

源部门；E 表示能源部门。

在建立了能源投入产出框架后，我们需要通过一定的方式去量化能源效率提升时居民终端需求的变化。本书将通过计算能源效率提升而节省的支出作为可支配收入"再分配"到其他的需要消耗能源的产品和服务当中来解决这一问题。这部分节省的支出可以有多种分配方式，既可以分配到消费中，也可以分配到储蓄中（刘朝等，2018）。本书假设将节省的该部分支出全部再分配到消费中（当所有的储蓄变为投资进入经济系统中时，储蓄和最终消费对能源消耗产生相同的影响）（Freire-González，2011）。

首先，根据家庭预算的平衡性可以得到

$$y = X_E P_E + \sum_{i=1; \neq E}^{n} X_i P_i \quad (10.8)$$

其中，y 为居民可支配收入；X_E 为电力消耗量；P_E 为电价；$\sum_{i=1; \neq E}^{n} X_i P_i$ 为除能源

类商品外其他商品和服务的支出。

当电力使用效率提升后，电力消耗量的变化为 ΔX_E（$\Delta X_E < 0$），则根据能源的效率弹性定义可得

$$\eta_\varepsilon(E) = \frac{\Delta X_E}{\Delta \varepsilon} \frac{\varepsilon}{X_E} \quad (10.9)$$

由方程（10.4）和式（10.9）可得

$$\frac{\Delta X_E}{X_E} = \left[-\eta_{P_E}(E) - 1 \right] \frac{\Delta \varepsilon}{\varepsilon} \quad (10.10)$$

故

$$X_E' P_E = X_E P_E + \Delta X_E P_E = \left\{ 1 + \left[-\eta_{P_E}(E) - 1 \right] \right\} \frac{\Delta \varepsilon}{\varepsilon} \cdot X_E P_E \quad (10.11)$$

由方程（10.11）可得电力使用效率提升而节省的支出：

$$\Delta Y = X_E P_E - X_E' P_E = \left[\eta_{P_E}(E) + 1 \right] \frac{\Delta \varepsilon}{\varepsilon} \cdot X_E P_E \quad (10.12)$$

在得到电力使用效率提升而节省的支出后，我们考虑四种不同的情景来分配

这些增加的"可支配收入"。

1. 收入弹性情景

在按收入弹性分配的情景下，节省的货币资金通过各部门不同的收入弹性来分配，以测算出各部门支出的变化，进而计算间接能源回弹效应。

第 i 部门的收入弹性为

$$\eta_y(X_i) = \frac{\Delta X_i}{\Delta y} \frac{y}{X_i} \tag{10.13}$$

电力使用效率提升后第 i 部门的消费支出为

$$X_i' P_i = \left(1 + \frac{\Delta X_i}{X_i}\right) X_i P_i \tag{10.14}$$

由方程（10.12）~方程（10.14）可得

$$X_i' P_i = \left[(1 + \eta_y(X_i)\frac{\Delta y}{y}\right] X_i P_i = \left\{1 + \eta_y(X_i)\frac{\left[\eta_{P_E}(E)+1\right]\dfrac{\Delta \varepsilon}{\varepsilon} \cdot X_E P_E}{y}\right\} X_i P_i \tag{10.15}$$

由方程（10.15）可得第 i 部门增加的消费支出为

$$\Delta X_i P_i = \eta_y(X_i)\frac{\left[\eta_{P_E}(E)+1\right]\dfrac{\Delta \varepsilon}{\varepsilon} \cdot X_E P_E}{y} X_i P_i \tag{10.16}$$

根据能源回弹的定义及方程（10.7）可以得到间接能源回弹效应为

$$\mathrm{RE}_I = \frac{\sum\limits_{i=1;\neq E}^{n} L_i \Delta X_i P_i}{\Delta E} = \frac{\sum\limits_{i=1;\neq E}^{n} L_i \eta_y(X_i)\dfrac{\left[\eta_{P_E}(E)+1\right]\dfrac{\Delta \varepsilon}{\varepsilon} \cdot X_E P_E}{y} X_i P_i}{\dfrac{\Delta \varepsilon}{\varepsilon} X_E} \tag{10.17}$$

$$= \sum\limits_{i=1;\neq E}^{n} L_i \eta_y(X_i)\frac{\left[\eta_{P_E}(E)+1\right] P_E}{y} X_i P_i$$

由于各部门商品和服务的数量 X_i 的数据不能获得，参照 Freire-González（2011）的研究，用各部门的支出 $X_i P_i$ 来代替 X_i 计算收入弹性。

2. 支出比例情景

在按支出比例分配的情景下，节省的货币资金通过各部门支出占总支出的比例来分配，进而测算出各部门支出的变化，并计算出间接能源回弹效应。对于部门 i，其支出占总支出的比例为

$$W_i = \frac{X_i P_i}{Y - X_E P_E} = \frac{X_i P_i}{\sum\limits_{i=1; \neq E}^{n} X_i P_i} \tag{10.18}$$

则电力使用效率提升后第 i 部门的消费支出为

$$X_i' P_i = X_i P_i + W_i \cdot \Delta Y = X_i P_i \left(1 + \frac{\Delta Y}{Y - X_E P_E} \right) \tag{10.19}$$

由方程（10.19）可得第 i 部门增加的消费支出为

$$\Delta X_i P_i = \frac{X_i P_i}{Y - X_E P_E} \Delta Y \tag{10.20}$$

根据能源回弹的定义及方程（10.7）可以得到间接能源回弹效应为

$$\mathrm{RE}_I = \frac{\sum\limits_{i=1; \neq E}^{n} L_i \Delta X_i P_i}{\Delta E} = \frac{\sum\limits_{i=1; \neq E}^{n} L_i \dfrac{X_i P_i}{Y - X_E P_E} \left[\eta_{P_E}(E) + 1 \right] \dfrac{\Delta \varepsilon}{\varepsilon} \cdot X_E P_E}{\dfrac{\Delta \varepsilon}{\varepsilon} X_E} \tag{10.21}$$

$$= \sum\limits_{i=1; \neq E}^{n} L_i \frac{X_i P_i}{Y - X_E P_E} \left[\eta_{P_E}(E) + 1 \right] P_E$$

3. 最好情景

在最好的分配情景下，把所有节省的货币资金全部分配给某一个非能源部门，该部门的后向关联系数是最小的。这意味着在相同的支出下，该部门的能源消耗是最少的，即由于能源效率提升而带来的间接能源回弹效应是最小的。

表 10.3 为 2012 年不同种类能源的部门后向关联系数。

表10.3　2012年不同种类能源的部门后向关联系数

部门	具体部门	后向关联系数（电力）	后向关联系数（汽油）	后向关联系数（天然气）
能源部门	煤炭采选产品	5.387 1	0.010 0	0.045 8
	石油、炼焦产品和核燃料加工品	0.256 6	0.001 8	0.042 7
	电力、热力的生产和供应	2.302 3	0.001 0	0.078 9
	燃气生产和供应	0.079 2	0.000 2	0.006 8
非能源部门	农、林、牧、渔产品和服务	0.049 2	0.000 9	0
	食品和烟草	0.025 4	0.000 1	0.000 3
	纺织品	1.707 8	0.002 0	0.002 5
	纺织、服装、鞋帽、皮革、羽绒及其制品	0.034 1	0.000 2	0.000 1
	木材加工品和家具	0.267 5	0.001 1	0.000 9
	造纸印刷和文教体育用品	0.405 0	0.001 2	0.003 7
	化学产品	0.930 7	0.001 3	0.043 9

部门	具体部门	后向关联系数（电力）	后向关联系数（汽油）	后向关联系数（天然气）
非能源部门	金属制品	2.113 8	0.004 7	0.014 9
	交通运输设备	0.117 3	0.000 7	0.003 5
	电气机械和器材	0.176 6	0.000 8	0.001 7
	通信设备、计算机和其他电子设备	0.207 3	0.000 4	0.001 9
	仪器仪表	0.412 1	0.002 5	0.002 7
	其他制造产品	1.805 4	0.000 8	0.002 8
	水的生产和供应	0.461 6	0.000 5	0.000 2
	交通运输、仓储和邮政	0.074 2	0.030 4	0.012 5
	批发、零售业和住宿、餐饮业	0.069 8	0.000 8	0.001 6
	其他非物质行业	0.058 6	0.002 8	0.000 6
	居民部门	0.802 4	0.021 5	0.037 2

例如，2012 年电力后向关联系数最小的非能源部门为食品和烟草部门 j（表 10.3），则电力使用效率提升后 j 部门的消费支出为

$$X_j' P_j = X_j P_j + \Delta Y = X_j P_j + \left[\eta_{P_E}(E) + 1 \right] \frac{\Delta \varepsilon}{\varepsilon} \cdot X_E P_E \qquad (10.22)$$

对于除了 j 部门外的其他部门，电力使用效率提升后其消费支出为

$$X_{i; \neq j}' P_{i; \neq j} = X_{i; \neq j} P_{i; \neq j} \qquad (10.23)$$

根据回弹的定义及方程（10.7）可以得到间接能源回弹效应为

$$RE_I = \frac{\sum_{i=1; \neq E}^{n} L_i \Delta X_i P_i}{\Delta E} = \frac{L_j \left[\eta_{P_E}(E) + 1 \right] \frac{\Delta \varepsilon}{\varepsilon} \cdot X_E P_E}{\frac{\Delta \varepsilon}{\varepsilon} X_E} \qquad (10.24)$$

$$= L_j \left[\eta_{P_E}(E) + 1 \right] P_E$$

4. 最坏情景

在最坏的分配情景下，把所有节省的货币资金全部分配给某一个非能源部门，该部门的后向关联系数是最大的。这意味着在相同的支出下，该部门的能源消耗是最多的。也就是说，由于能源效率提升而带来的间接能源回弹效应是最大的。

例如，2012 年电力后向关联系数最大的非能源部门为金属制品部门 k（表 10.3）。在此种情景下，其间接能源回弹效应的推导过程与最好情景类似，因此间接能源回弹效应为

$$\mathrm{RE}_I = \frac{\sum_{i=1;\neq E}^{n} L_i \Delta X_i P_i}{\Delta E} = L_k \left[\eta_{P_E}(E) + 1 \right] P_E \qquad （10.25）$$

以上就是给予不同的分配方式对由于能源效率提升而节省的支出进行再分配的情况，前两种分配方式是经济系统中常见的分配方式，反映了经济理性人不同的消费行为和观念；后两种分配方式是两种极端的情况，在经济系统中一般不会发生，但是其为能源回弹效应值提供了一个变动范围，即下界和上界。两种接近于真实经济系统的分配方式和两种极端的分配方式的展现让我们对间接能源回弹效应有一个结构化的认知。

10.2.4　数据说明

根据 1997~2012 年 42 个部门的基本流量表及《中国统计年鉴》中的分行业电力、汽油、天然气消耗量表的部门匹配性，本书将 42 个部门合并为 22 个部门（去除历年居民消费支出为 0 的部门），其中包括 4 个能源部门及 18 个非能源部门，具体分类如表 10.3 所示。

各部门居民消费支出来源于投入产出表，各部门电力、汽油、天然气消耗量来源于《中国能源统计年鉴》，电价、汽油（90 号）、天然气价格（从 2002 年开始）来源于《中国物价年鉴》，居民可支配收入来源于《中国统计年鉴》。

10.3　居民能源消耗间接回弹效应分析

本节主要基于 1997~2012 年中国投入产出表及《中国能源统计年鉴》的数据，探讨居民电力、汽油、天然气消耗的间接回弹效应问题。

10.3.1　居民能源消耗间接回弹效应总体分析

根据方程（10.5）~方程（10.25）我们分别测算了 1997~2012 年在按收入弹性分配及按支出比例分配的方式下的居民电力、汽油、天然气消耗的间接能源回弹效应，具体结果如表 10.4 所示。

表10.4　1997~2012年中国居民能源消耗的间接能源回弹效应值

	按收入弹性分配			按支出比例分配		
A：直接能源回弹效应值为30%						
年份	电力	汽油	天然气	电力	汽油	天然气
1997	3.65%	1.43%	—	4.85%	1.66%	—
2002	4.72%	2.12%	0.40%	5.51%	1.49%	0.76%
2007	3.38%	1.82%	0.52%	6.85%	2.40%	0.84%
2012	3.75%	2.40%	0.69%	5.09%	2.63%	0.68%
B：直接能源回弹效应值为70%						
年份	电力	汽油	天然气	电力	汽油	天然气
1997	1.56%	0.61%	—	2.08%	0.71%	—
2002	2.02%	0.91%	0.17%	2.36%	0.64%	0.32%
2007	1.51%	0.78%	0.22%	2.94%	1.03%	0.36%
2012	1.61%	1.03%	0.29%	2.18%	1.13%	0.29%

　　总体上，1997~2012 年居民电力消耗的间接能源回弹效应最大，居民汽油消耗次之，最小的是居民天然气消耗。这是因为相比汽油和天然气的价格，由于水电关乎民生问题，电价相对较低，故居民的电力节约意识比较弱（Lin et al.，2013），因此，当能源效率提升时，电价的相对降低会促使人们消费更多的电力。对于汽油来说，其价格受国际油价的影响波动性较大，而且汽油是三种能源中价格最高的，一般来说，能源价格越高，能源效率提升后会节省的支出越多，导致间接能源回弹效应越大（Antal et al.，2014）。但是，燃油税的存在会在一定程度上抑制消费者对汽油消费的需求，因为燃油税的征收遵循"多用多征，少用少征"的原则。因此，能源效率提升而节省的支出会减少，最终导致汽油消耗的间接能源回弹效应变小。相对于电力和汽油较长的发展历史及较大的可使用量，中国天然气发展历史很短而且可使用量较小，再加上目前中国的天然气管道建设还在快速发展中，到2016年底覆盖全国的油气管网才初步形成。因此，2012 年之前，管道天然气的供给是十分有限的，即使能源效率提升，受总供给量和总需求量的限制，节省的支出也比较少，因此其间接能源回弹效应值比较小。Chitnis 和 Sorrell（2015）得出英国居民汽油消耗的间接能源回弹效应值大于电力和天然气，Antal 等（2014）的研究也表明居民电力消耗的间接能源回弹效应值与汽油和天然气不一致。

但本书指出居民电力消耗的间接能源回弹效应值大于汽油和天然气，与上述两个研究不同。一个非常重要的原因是中国特有的低居民电价，由于资源禀赋的不同，相对于 OECD 国家，中国居民电价处于较低的水平，居民电力消耗有较高的间接能源回弹效应。

　　具体来说，居民电力消耗的间接能源回弹效应为 1.51%~6.85%，居民汽油消耗的间接能源回弹效应为 0.61%~2.63%，居民天然气消耗的间接能源回弹效应为 0.17%~0.84%。这意味着，相对于能源类产品，能源效率的提升对于与其他产品或服务相关的能源消耗量影响较小，即主要是能源效率提升后人们会直接消耗更多的能源而导致了能源回弹效应的产生，目前，中国居民能源消耗依然处于有很大的需求增长空间同时实际能源需求量又相对较低的困境（孙涵等，2016）。此外，在直接能源回弹效应值为 70% 的情况下，2007 年居民电力消耗的间接能源回弹效应值介于 1.51%~2.94%，相较于卢密林（2015）研究中18.4%~20.8% 的居民电力消耗能源回弹效应值小，这是因为研究采用的部门划分不同，所以不同生产部门的能源回弹效应值有较大不同（胡秋阳，2014）。卢密林（2015）将 135 个部门投入产出表合并为 8 大部门，而本书为了提高研究的准确性，将 42 个部门投入产出表合并为 22 个部门（表 10.3），并细分为能源部门和非能源部门。部门划分的不同一方面导致通过能源投入产出模型计算出来的后向关联系数存在较大差异，进而使得间接能源回弹效应值的测算值不同。另一方面，对多数部门来说，技术发展所产生的能源效率提升能够节约一些能源，但是不同部门技术进步的速度不同使得其对能源节约的影响不同（夏婷和陈林，2014），因此，考虑到各部门之间的相互作用，部门划分的差异会影响间接能源回弹效应值的大小。

10.3.2　居民能源消耗间接回弹效应趋势分析

　　由图 10.7 可知，在按收入弹性分配时，1997~2012 年，居民电力和汽油消耗的间接能源回弹效应均呈先上升再下降再上升的趋势，而居民天然气消耗的间接回弹效应在 2002~2007 年呈上升状态。这与能源强度的变化趋势完全相反，与能源效率的变化趋势基本一致。出现这种现象的原因是，1997~2002 年及 2007~2012年，能源强度逐年降低，能源效率逐年提升，在直接能源回弹效应及可支配收入一定情况下，节省的支出不断增加，产生的间接能源回弹效应就越来越大（Thomas and Azevedo，2013）。

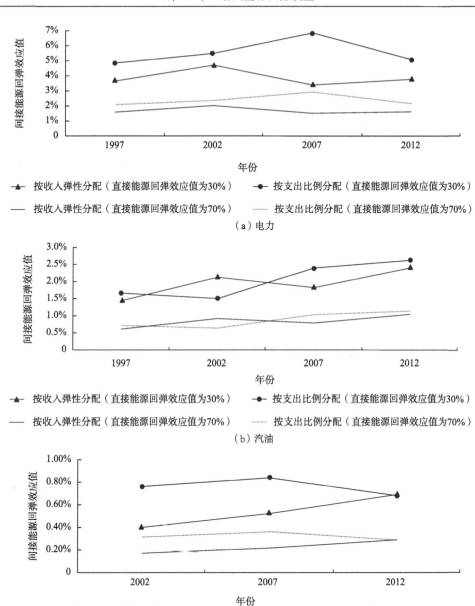

（a）电力

（b）汽油

（c）天然气

图 10.7　1997~2012 年中国居民不同类型能源消耗的间接能源回弹效应变化趋势

天然气消耗的 1997~2001 年数据缺失

2002~2007 年的能源效率一直低于 2001 年,导致该期间间接能源回弹效应较小。然而,在此期间,天然气开发处于高速发展阶段,每年产量的增速在 20%左右,而在 1997~2001 年及 2008~2012 年,增速几乎都在 10%以下,总供给在此期间的大幅增加使得对天然气的需求得到快速释放,同时各种商品或服务的生产中所消耗的天然气也大幅增加,最终导致间接能源回弹效应呈上升趋势。当将能源效率提升而节省的资金按照支出比例分配时,居民电力和天然气消耗的间接能源回弹效应呈先上升再下降的趋势(图 10.7)。这主要是因为在 1997~2012 年,农、林、牧、渔产品和服务及其他非物质行业占总支出的比例较大,而且在此期间,农、林、牧、渔产品和服务的电力后向关联系数和其他非物质行业的天然气后向关联系数都是先变大后变小的。由方程(10.25)可知,在其他变量一定的情况下,后向关联系数越大,间接能源回弹效应值越大。并且,Wu 等(2016)的研究指出,有较高前向关联系数的领域有较高的间接能源回弹效应。

整体来看,相对于按收入弹性分配的情况,将能源效率提升而节省的资金按支出比例分配时的间接能源回弹效应值更大。对于居民汽油消耗的间接能源回弹效应,两种分配方式下的变化趋势有很大差异。前 10 年变化趋势完全相反,后 5 年呈相同变化趋势 [图 10.7(b)]。图 10.7(c)显示,2012 年,中国居民天然气消耗的间接能源回弹效应在两种分配方式下的间接能源回弹效应值基本一样。不同分配方式下的间接能源回弹效应值及变化趋势不同,主要是各部门的支出占比、各部门支出变化与收入变化的比值的关系变化造成的,但总体上各部门的支出占比要大于各部门支出变化与收入变化的比值。

10.3.3　城乡居民能源消耗间接能源回弹效应对比分析

由于生活方式、能源消耗结构、可支配收入等存在差异,城乡居民能源消耗的间接能源回弹效应也存在差异。我们以 2012 年为例,对比分析城乡居民能源消耗的间接能源回弹效应,结果如表 10.5 所示。

表10.5　2012年城镇居民和乡村居民能源消耗的间接能源回弹效应值

分类指标	直接能源回弹效应值为30%			直接能源回弹效应值为70%		
A:按收入弹性分配						
间接能源回弹效应值	电力	汽油	天然气	电力	汽油	天然气
乡村	3.79%	2.27%	0.57%	1.62%	0.97%	0.25%
全国	3.75%	2.40%	0.69%	1.61%	1.03%	0.29%
城镇	3.74%	2.43%	0.71%	1.60%	1.04%	0.31%

续表

分类指标	直接能源回弹效应值为 30%			直接能源回弹效应值为 70%		
B: 按支出比例分配						
间接能源回弹效应值	电力	汽油	天然气	电力	汽油	天然气
乡村	4.55%	2.22%	0.59%	1.95%	0.95%	0.25%
全国	5.09%	2.63%	0.68%	2.18%	1.13%	0.29%
城镇	5.25%	2.75%	0.80%	2.25%	1.18%	0.34%

在两种不同的分配方式下，中国城镇居民家庭能源消耗的间接能源回弹效应大多大于乡村居民家庭，原因如下：第一，一般来说，经济发达地区的能源效率高（邓建和王新宇，2015）。城镇化带来的居住集中使得城镇居民的能源利用效率要高于乡村居民，而有较高能源效率的部门会产生较低的直接能源回弹效应（Vringer and Blok，1995）。因此，技术进步给城乡居民带来相同的能源效率提升时，城镇居民较低的直接能源回弹效应值产生较多的资金节约，最后导致其间接能源回弹效应值大于乡村居民。第二，乡村居民的人均收入要少于城镇居民，Milne 和 Boardman（2000）指出，对于低收入群体来说，能源消费水平并没有满足其实际需求，致使其有相对高水平的能源回弹效应。因此，当能源价格相对降低时，乡村居民倾向把节省的资金更多分配给能源商品或服务，而分配给非能源商品或服务的资金较少，因此其间接能源回弹效应较小。第三，生活方式对能源消耗的间接能源回弹效应的影响主要表现在对能源消耗的依赖性上，城镇居民家庭对能耗产品的依赖高于乡村居民家庭。例如，2012 年，中国城镇居民平均每百户空调（台）、彩色电视机（台）和电冰箱（台）的拥有量分别为 126.81 台、136.1 台和 98.48 台，而乡村居民平均每百户空调（台）、彩色电视机（台）和电冰箱（台）的拥有量只有 25.36 台、116.9 台和 67.32 台。依赖性越强，其在能源方面的消费支出越稳定，因此，能效水平提升后引起的能源消耗总量的增加就越少，能源价格相对降低而节省的支出更多花费在其他商品或服务上，即间接能源回弹效应越大。

表 10.5 表明，在按收入弹性分配的方式下，乡村居民电力消耗的间接能源回弹效应值大于全国和城镇居民电力消耗的间接能源回弹效应值。这意味着，受电价和可支配收入的影响，居民用电领域的能源效率提升会使乡村居民比城镇居民在除能源外的其他商品或服务上增加更高的需求。在乡村居民可支配收入一定，电价较低，汽油和管道天然气的价格远高于电价的情况下，要满足同样的效用，电力消耗的支出占总收入的比例较小。因此，乡村居民的电力消耗需求得到相对充分的满足。当居民由于用电能源效率提升而带来的可支配收入增加时，乡村居民增加的电力消耗较少，其更愿意将这些节省的资金花费在其他商品或服务上。其他两种能源由于价格比较高，对于低收入的农村居民来说，其需求没有得到充分的满足，因此能源效率的提升会带来更多的能源消耗。

10.3.4　间接能源回弹效应对直接能源回弹效应值的敏感性分析

图 10.8 展示了 2012 年中国居民电力、汽油、天然气消耗的间接能源回弹效应在不同分配方式下随着直接能源回弹效应值的变化而变化的情况。

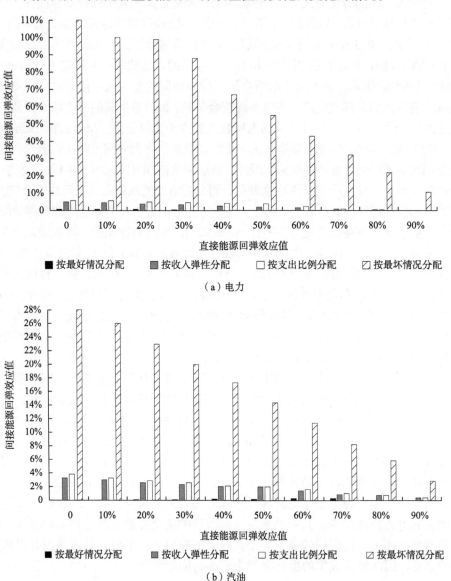

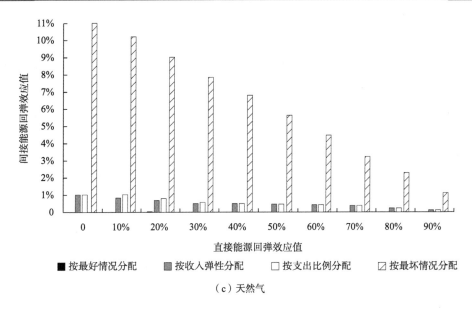

图 10.8　2012 年中国居民电力、汽油、天然气消耗的间接能源回弹效应的敏感性

第一，居民能源消耗的直接能源回弹效应与间接能源回弹效应的结果呈反方向变化，即直接能源回弹效应越大，间接能源回弹效应越小。这是因为直接能源回弹效应越大，能源效率水平提升会使能源价格水平相对降低，进而引起能源需求增加，在总收入一定的情况下，节省的支出越少，那么可分配给其他产品或服务的资金越少，间接能源回弹效应值就越小，即直接能源回弹效应和间接能源回弹效应为线性关系（Chitnis et al., 2013）。这是由于投入产出建模中固定投入比例的设定，以及本书没有考虑替代效应只考虑了收入效应的结果。

第二，当直接能源回弹效应为 0（不存在直接能源回弹效应），并把所有由于电力能源效率提升而节省的支出全部分配给后向关联系数最大的部门——金属制品部门（表 10.3）时，居民电力消耗的间接能源回弹效应值可达到 110%左右[图 10.8（a）]，即产生了回火效应。这时，居民电力消耗的间接能源回弹效应是按收入弹性或者支出比例分配时的 14~22 倍。这意味着技术进步带来的能源效率提升不仅没有节约能源，反而大幅增加了消费者的能源消耗。同时，图 10.8（a）显示，随着直接能源回弹效应值的变化，在将节约的支出全部分配到后向关联系数最大的部门时，居民电力消耗的直接和间接能源回弹效应总是大于 100%，而居民汽油和天然气消耗的直接和间接能源回弹效应在最坏情况下均低于 100% [图 10.8（b）、10.8（c）]，因此，相对于另外两种能源，中国居民电力消耗应作为节能减排的重点。

第三，当直接能源回弹效应值设定为 100%，即由于能源效率提升而节省的能源全部被增加的需求抵消时，消费者就没有多余的支出分配给其他领域，此时的间接能源回弹效应值为 0。从图 10.8（c）我们可以看到，在将节约的支出全部分配到后向关联系数最小的部门时，随着直接能源回弹效应的提高，居民天然气消耗的间接能源回弹效应很小，可以忽略不计。

第四，相对于将节省的支出全部分配给后向关联系数最大的部门，将节省的支出按收入弹性分配和按支出比例分配时，其间接能源回弹效应值随着直接能源回弹效应值变化的幅度较小。这说明在正常的经济系统中，各部门间的相互作用使得间接能源回弹效应值稳定在一个较小的范围中，而某一部门独大使得间接能源回弹效应值波动性较大。因此，各部门的统筹发展极为重要。

10.4　本　章　小　结

本章通过消费者生活方式分析法测算了居民间接能源消耗量，并对其变化趋势进行分析，着重对比了城乡居民间接能源消耗的差异及对不同种类能源间接消耗量的差异；基于能源投入产出模型和再分配模型，测算了不同分配方式下中国居民不同种类能源消耗的间接能源回弹效应，并刻画了其变化趋势；对比分析了城乡居民能源消耗的间接能源回弹效应的差异；研究了间接能源回弹效应对直接能源回弹效应值变化的敏感性。基于本章的研究，得到以下结论。

第一，居民在食品，居住，教育、文化和娱乐服务项目上的间接能源消耗量较多。在服装，家庭设施、用品和服务，医疗保健，交通和通信项目上的间接能源消耗量占比一直处于稳定的状态，并且占比较小，合计在 20%~30%。并且，在科技发展、人均可支配收入增加、人口变化等因素的综合作用下，2002~2016 年居民总体间接能源消耗量呈波动上升趋势。此外，城乡居民的间接能源消耗不仅在数量上存在差距，即城镇居民间接能源消耗量基本为乡村居民间接能源消耗量的 3 倍，而且各项消费活动对于能源消耗的间接影响程度也存在差异。对于乡村居民来说，其居住、食品和医疗保健项目的间接能源消耗占比大于城镇居民，而城镇居民在教育、文化和娱乐服务，服装，交通和通信，家庭设施、用品和服务项目上的间接能源消耗影响程度比乡村居民更大。

第二，居民对电力的间接消耗量占主导地位，占比都在 92% 以上（除 2016 年外），但 2002~2016 年占比呈小幅下降趋势。相反，居民对天然气的间接能源消耗量占比呈小幅上升趋势，而对汽油的间接能源消耗量占比相对稳定。

第三，1997~2012 年，在电力、汽油和天然气三种能源中，居民电力消耗的间接能源回弹效应最大，汽油次之，最小的是天然气。同时，对于这三种能源，居民消耗的间接能源回弹效应都在10%以内。就变化趋势而言，在按收入弹性分配时，1997~2012年，居民电力和汽油消耗的间接能源回弹效应均呈先上升再下降再上升的趋势，而居民天然气消耗的间接回弹效应在2002~2007年呈上升状态。在按支出比例分配的方式下，居民电力和天然气消耗的间接能源回弹效应变化趋势均为先上升再下降，而居民汽油消耗的间接能源回弹效应则为相反的变化方向。就城乡差异而言，在按收入弹性分配和按支出比例分配的两种方式下，中国城镇居民能源消耗的间接能源回弹效应基本上高于乡村居民。但是，由于电价和可支配收入的影响，在按收入弹性分配的方式下，中国乡村居民电力消耗的间接能源回弹效应值大于全国及城镇居民水平。

第四，在将节约的支出全部分配到后向关联系数最大和最小的部门时，居民能源消耗的间接能源回弹效应有较大的差异。具体来说，在将节约的支出全部分配到后向关联系数最大的部门时，居民电力消耗的直接和间接能源回弹效应总是大于100%，即产生了回火效应；在此方式下，居民对汽油和天然气消耗的直接和间接能源回弹效应都低于100%。在将节约的支出全部分配到后向关联系数最小的部门时，随着直接能源回弹效应的提高，居民对天然气消耗的间接能源回弹效应变得很小，可以忽略不计。

由于能源价格、可支配收入、环境意识及生活方式等方面的差异，居民间接能源消耗量及间接能源回弹效应在不同能源种类、不同时间段、不同群体中存在差异。为了减少居民间接能源消耗量，控制间接能源回弹效应值，建设低碳社会，我们提出以下建议。

第一，对于间接能源消耗量较大的居住领域，政府要加大关注，严格制定并实施建筑行业的节能标准，并通过媒体向公众普及（张咪咪，2010）；而工商企业要紧跟国家战略发展方向，大力研发和改进可减少居民日常能源消耗量的技术，如双层中空玻璃窗、集中式采暖空调、地源热泵空调系统等；从更基础的层次来说，要发展和提升风能、太阳能等常见清洁能源发电技术，使城镇居民在对电力、热力依赖的情况下减少间接能源消耗量。再者，与教育、文化和娱乐服务相关的造纸业，作为高耗能行业，与该行业相关的工商企业要积极摒弃落后产能，加快技术创新步伐，使整个行业的能源强度降低。

第二，一般来说，收入增加的同时，居民间接能源消耗量必定会增加。但是，不能够为了节能减排，抑制居民的消费需求，更合适的方式是进行产业结构调整，进行产业转型升级，特别是与居民消费直接相关的行业，并且将相关产业作为一个产业链进行节能，进而降低居民消费产品的能耗系数，最终降低居民间接能源消耗的增长速度。随着城镇化的继续推行，乡村人口会更多地流向城镇，那么城镇居民的间接能源消耗量会进一步上升，且乡村居民在追求更高层次物质生活的同时，也会加大间接能源消耗量。有研究指出，如果把居民所取得的可支配收入更大比例地用在金融性消费上，同时减少物质性消费，对减少居民间接能源消耗量有一定的帮助（陆莹莹，2008）。因此，政府要引导城乡居民转变生活方式，多消费第三产业的产品。

第三，虽然居民能源消耗的间接能源回弹效应相对较小，但是基于中国庞大的基础能源消耗量，政府应该给予足够的重视，特别是居民电力消耗。同时，随着管道天然气的建设越来越完善，被天然气总供给量抑制的能源需求会得到释放，居民天然气消耗的直接和间接能源回弹效应都有可能增加，因此，政府在通过技术发展提高天然气使用效率的同时，还要抑制能源回弹效应。从上述结论可知，部门支出占总支出的比例越大，其对总体能源消耗的间接能源回弹效应的影响越大。因此，在提升科技水平增强能源效率的同时，政府还要将那些占比较大且能源强度高的非能源部门作为节能减排的重点对象，进行监督和整改。

第四，相对于其他因素来说，收入对能源回弹效应具有更长久且持续的影响（Druckman et al.，2011）。因此，一方面，政府要继续进行经济建设，关注民生，花大力气使城乡收入差距逐渐缩小，特别是要使乡村居民的收入有所增长，那么由于能源效率提升而产生的能源节约就不会因为能源需求没有得到充分满足而被大量抵消；另一方面，要继续坚持阶梯电价制度，在居民的基本能源需求得到满足之后，即使可支配收入增加，也不会因为电力价格较低而浪费能源。居民能源消费的习惯对于其消费总量也有一定的影响，为了减少间接能源回弹效应，政府应该引导居民将消费转向低能源强度领域及投资于低碳行业（Druckman et al.，2011）。如果投资更多被用于更新改造节能减排设备，那么设备更新所带来的能源效率改善将有利于能源消耗的减少（邵帅等，2017）。

第11章 结论与政策建议

11.1 基 本 结 论

改革开放以来，中国经济在高速发展的同时也伴随着严重的资源环境问题，能源消耗和碳排放持续提升，已成为全球能源消耗和碳排放最多的国家。在此情况下，综合把握中国各行业的能源消耗和碳排放情况，有针对性地制定和实施有效的能源效率提升政策，对于中国实现节能减排目标和经济高质量发展具有重要的现实意义。本书对中国交通运输行业、农业和居民部门的能源消耗和碳排放变化趋势进行分析，评估影响碳排放的关键因素，并对主要行业的能源效率和能源回弹效应进行探索，具体分为以下几个方面。

（1）在对中国主要行业基本发展状况进行分析的基础上，测算和分析中国整体及交通运输行业、农业和居民部门等关键行业的能源消耗情况，并以交通运输行业为例，探索其碳排放的时空变化特征。

（2）基于门槛回归和空间回归的方法，分别对中国整体和交通运输行业碳排放的关键影响因素进行分析，探索碳排放降低的有效途径。

（3）聚焦交通运输行业，基于超效率 DEA 模型对中国各省（区、市）交通运输公路和铁路部门的能源环境效率进行评估，并分析影响其能源环境效率的关键因素，探索交通运输行业能效提升的有效方法。

（4）采用重力模型测算中国农业部门碳排放重心的变化趋势，在此基础上基于 SBM-DEA 模型评估农业部门碳排放效率和碳减排成本，并利用 LMDI 指数分析影响农业部门碳排放的主导因素，进而为全国及各省（区、市）制定更有针对性的农业碳减排政策提供建议。

（5）作为交通行业的主导部门，本书基于不同的方法测算了中国各地区公路部门的能源回弹效应与区域差异，并基于 C-D 生产函数对中国公路货运和客运部门的能源回弹效应分别进行测算。

（6）作为最重要的公路运输工具，本书进一步评估了家庭乘用车回弹效应。

（7）采用 GLS 与空间面板回归模型，进一步对中国公路货运部门及家庭乘用车回弹效应的关键影响因素和作用机制进行探索分析，识别关键影响因素。

（8）聚焦居民部门，测算居民部门的能源消耗情况和能源回弹效应。

本书期望通过对典型行业能源、碳排放情况的分析，有针对性地制定能源效率提升政策，并建立有效的能源回弹治理模式，主要得到以下结论。

（1）2003 年以来，中国整体及交通运输行业、农业和居民部门的能源消耗呈上升趋势。特别地，作为中国能源消耗和碳排放的重点部门，2003~2016 年中国交通运输行业能源消耗持续增加，由 2003 年的 17 407.55 万吨标准煤上升到 2016 年的 79 846.52 万吨标准煤。公路部门能源消耗在交通运输行业能源消耗中占主导地位，占交通运输总能源消耗的比重高达 70%以上。此外，2002~2016 年居民总体间接能源消耗量呈波动上升趋势，且主要聚焦在食品，居住，教育、文化和娱乐服务方面。

（2）基于整体和局部的视角对中国各省（区、市）交通运输行业总体和分部门碳排放量、人均碳排放量的空间相关性及波动趋势的研究结果表明，中国 31 个省（区、市）交通运输行业碳排放具有明显的空间集聚性，而不同地区碳排放量和人均碳排放量的收敛性特征不明显且存在显著差异。

（3）市场整合是影响区域碳排放的重要因素，市场整合程度的提高不仅能够直接增加碳排放量，也可以通过促进经济发展水平间接增加碳排放量，还可以通过提升技术水平降低碳排放量。特别地，对于交通运输行业碳排放的影响因素研究表明，收入水平、城市化率、能源强度、工业化水平和能源消耗结构等是影响交通运输行业人均碳排放量的主要因素，并且交通运输行业人均碳排放量与人均收入之间呈倒 "U" 形关系，存在明显的人均收入拐点。

（4）在交通运输行业（公路和铁路）能源环境效率方面，中国铁路部门的全要素能源环境效率高于公路部门。另外，铁路部门平均能源环境效率最高的是东部地区，西部地区次之，最低的是中部地区；公路部门平均能源环境效率最高的是东部地区，中部地区次之，最低的是西部地区。而且，能源消耗、外资投入、人口密度和收入水平对公路和铁路部门的能源环境效率都有显著的影响，并且公路和铁路部门能源环境效率与收入水平之间都存在 "U" 形关系。

（5）在农业部门环境效率研究方面，2005 年后，全国农业碳排放重心有向西北方移动的趋势。此外，全国农业环境效率平均值呈现下降趋势，而平均农业碳排放影子价格呈现逐年上升趋势，并且随着时间的推移，各省（区、市）之间农业碳排放影子价格差距日益扩大。农业补贴和人均农业生产总值较大地推动了全国农业碳排放总量增长。

（6）在公路部门能源回弹效应测算方面，中国公路部门的碳排放存在部分回弹效应和回火效应。2003~2016 年，大多年份的省（区、市）都存在部分回弹效应，而回火效应主要集中在 2014~2016 年，并且主要集中在北京、天津、上海、福建、江西、广西等地区。此外，在公路货运和客运部门能源回弹效应方面，公路货运部门能源回弹效应现象明显，部分省（区、市）甚至出现回火效应；公路客运部门能源回弹效应值较小，且出现超级节能现象，即公路客运节能效果明显，能源效率提升有效地带来了能源节约。

（7）在家庭乘用车回弹效应方面，中国家庭乘用车碳排放存在部分回弹效应和回火效应，而 70%省（区、市）的家庭乘用车回弹效应都小于 50%。

（8）交通运输行业能源回弹效应影响因素的研究结果表明，公路运输线路长度是公路货运部门能源回弹效应的最主要影响因素，而居民人均收入对公路货运部门能源回弹效应有负向影响。特别地，家庭乘用车回弹效应与居民收入水平之间的"U"形曲线关系并不显著，城市化率对家庭乘用车回弹效应有正向影响，而燃料价格、科研投入、教育投入和外资投入水平对家庭乘用车回弹效应具有负向影响，且外资投入水平对家庭乘用车回弹效应值具有负向的空间溢出效应。

（9）居民部门的能源回弹效应研究表明，2002~2016 年居民总体间接能源消耗量呈波动上升趋势。具体地，居民对电力的间接消耗量仍占主导地位，但呈小幅下降趋势。相反，居民对天然气的间接消耗量占比呈小幅上升趋势，而对汽油的间接消耗量占比相对稳定。此外，居民对电力、天然气和汽油三种能源消耗的间接能源回弹效应值均在 10%以内，但居民电力消耗的间接能源回弹效应值最大，汽油次之，最小的是天然气。并且，中国乡村居民能源消耗的间接能源回弹效应基本上小于城镇居民，但在按收入弹性分配的方式下乡村居民电力消耗的间接能源回弹效应值大于全国及城镇居民。

11.2 政 策 建 议

基于上述研究结论，本书提出以下政策建议，以期有针对性地建立有效的能源效率提升和能源回弹效应治理模式，实现各部门和中国整体节能减排目标的实现，促进高质量发展。

（1）总体上，政府应重视科技投入与研发，提升能源效率，减少能源消耗和碳排放量。重视技术创新对于减少能源消耗和碳排放量的促进作用，加快节能技术的研究，增加技术研发的投资，建立技术创新奖励制度，提高燃料效率，降低能源强度，促进燃料节约，构建低能耗、高能效的交通运输体系；加大对清洁能源，如风能、太阳能等的开发和利用，降低各个部门的碳排放量。

（2）政府应该更加合理、更好地进行城乡规划，防止城市人口的急剧增长。同时，在减排政策制定过程中，重视空间集聚现象带来的协同效应，加强区域间节能减排工作的合作，经济技术发达的地区加大对相邻省（区、市）技术和人才的输出和支持，充分利用经济技术的辐射和溢出效应，促进各个行业节能减排目标的实现。

（3）完善交通运输系统，优化中国交通运输结构。公路运输在交通运输客运和货运中占绝对主导地位，对石化燃料的依赖性强，能源消耗量大。因此，在公路运输系统较完善的情况下，可以适当控制公路建设投资占比，并相应提高对环境污染较低的铁路和水运部门的发展速度和普及度，优化和完善交通运输结构。同时，要改善公共交通的服务水平和服务质量，鼓励居民选择公共交通方式出行，并且要加快大功率电动汽车的研究和使用，鼓励公众购买低能耗、低排放量的小型节能环保型家庭乘用车或新能源汽车，降低私人部门对中国交通运输行业碳排放的贡献率。

（4）对于农业部门的节能减排工作，政府部门应该为经济发展相对落后地区的农业生产提供先进的技术以提升这些地区农业的能源利用率或提高其农业领域的清洁能源使用比例，从而实现减排目标。同时，可以将生产资料购置补助转为良种补助，或者利用财政补助引导农户在农业生产中用清洁能源取代非清洁能源，以减少农业碳排放量。

（5）政府要更加关注与居住，教育、文化和娱乐服务相关的产业，加快产业转型升级，以控制居民间接能源消耗量。此外，要继续实施梯级电价制度、提高农村居民可支配收入、引导居民将消费转向低能源强度领域，从而降低居民消费的间接能源回弹效应，实现低碳发展。

（6）政府在制定相关能源策略时要重视能源回弹效应对政策实施有效度的影响，将其纳入顶层设计中。此外，政府不能仅靠促进能源效率提高的政策发挥节能作用，要综合其他政策，如收取碳税等能源税，尽快建立和完善碳排放交易体系，在促进燃料效率提升的同时抑制能源回弹效应。此外，该类政策还能够引导人们选择清洁能源运输工具，取得的相关税收可以作为经费投入节能技术研发。但在这一过程中要注意综合经济、政治及技术等多方面的考虑，不能简单地制定税率政策，以免较高的税率阻碍经济、生产力的发展。

（7）国家政策制定仍要继续着眼于经济发展，科学合理发展经济，以提高人们的收入水平和生活水平，从而降低人们对能源效率提升的敏感性，便于引导其生活观念向更为环保和可持续的方向转变，保障节能减排政策的落地与实施。

（8）提高居民的节能减排意识，引导其选择绿色生产、生活和出行方式。居民节能减排意识和行为对于节能减排目标的实现具有关键性影响，而随着居民收入水平的提高，消费和出行需求会增加，此时引导居民选择绿色消费和出行方式对于中国节能减排工作至关重要。加强节能减排宣传，提升居民能源节约和环境保护意识，从实际行动上践行节能减排的工作。

附　录

附表1　2002~2016年中国30个省（区、市）公路部门能源消耗

单位：百万吨标准煤

省（区、市）	2002 年	2003 年	2004 年	2005 年	2006 年	2007 年	2008 年	2009 年	2010 年	2011 年	2012 年	2013 年	2014 年	2015 年	2016 年
北京	6.569 73	7.810 96	8.450 71	9.384 96	10.347 00	11.456 08	12.909 52	14.734 83	17.458 04	18.283 65	19.180 62	20.084 41	20.661 92	20.670 42	21.538 80
天津	2.399 48	2.768 57	2.813 55	3.146 87	3.549 03	4.021 60	4.527 47	5.379 89	6.386 68	7.565 77	8.449 70	9.874 65	10.440 80	10.425 48	10.967 29
河北	7.654 89	8.291 38	9.305 30	9.706 10	10.746 40	12.299 58	13.817 88	18.482 45	22.403 42	26.813 54	31.325 86	33.973 59	37.011 55	42.050 93	56.545 79
山西	4.298 96	3.953 79	4.429 77	5.476 39	5.870 65	6.713 85	7.872 94	9.413 29	11.266 97	13.169 98	14.004 40	15.614 40	17.095 74	18.535 69	23.759 62
内蒙古	2.743 56	3.103 81	3.810 83	4.005 26	4.818 99	5.391 80	6.248 02	8.023 85	9.574 19	11.327 30	11.299 15	12.531 62	13.572 79	14.467 89	17.512 94
辽宁	5.884 77	6.806 26	7.339 33	8.022 86	9.001 18	9.159 22	9.964 22	12.298 63	14.606 73	17.075 61	19.134 29	19.592 95	21.893 34	24.168 75	28.294 42
吉林	2.907 22	3.091 70	3.290 28	3.586 43	3.848 96	4.439 35	4.912 14	6.132 80	7.379 22	8.589 67	9.221 79	10.680 48	11.970 64	12.918 52	15.389 94
黑龙江	4.108 13	4.359 83	4.283 90	4.843 54	5.206 71	5.728 73	6.447 46	8.407 78	9.956 44	11.545 90	12.198 57	13.224 99	14.553 20	15.272 47	17.513 69
上海	4.187 92	4.628 33	5.119 22	5.577 98	5.960 68	6.398 96	6.782 87	7.306 85	8.258 22	8.934 40	9.454 39	10.275 00	10.939 55	11.820 52	13.442 79
江苏	5.777 54	6.856 37	8.038 38	9.224 45	10.996 44	13.117 32	15.023 74	18.987 21	23.461 13	28.258 74	32.819 02	37.922 71	43.024 47	47.560 92	56.064 20
浙江	5.108 61	6.146 40	7.138 55	8.634 67	10.235 01	12.044 16	13.823 65	16.873 51	20.737 85	24.709 46	28.678 83	33.137 63	36.716 93	40.076 51	47.257 58
安徽	3.176 95	3.806 17	3.905 65	4.482 06	5.083 61	5.880 43	6.728 83	8.856 71	10.761 49	12.869 15	14.040 44	16.256 03	18.777 35	21.180 62	25.394 58

续表

省(区、市)	2002年	2003年	2004年	2005年	2006年	2007年	2008年	2009年	2010年	2011年	2012年	2013年	2014年	2015年	2016年
福建	2.281 52	2.573 25	2.878 47	3.236 58	4.002 67	4.797 77	5.482 59	6.772 98	8.214 69	9.780 38	11.289 65	12.958 77	14.820 75	16.470 50	19.303 19
江西	2.252 53	2.431 31	2.696 26	3.055 75	3.456 87	3.988 86	4.520 25	5.663 33	6.931 55	8.353 62	8.919 87	10.691 66	12.221 96	13.881 56	16.493 36
山东	7.348 23	8.163 50	9.648 73	11.139 98	13.014 62	15.199 59	17.538 31	24.009 57	30.094 19	35.683 31	41.418 86	47.374 80	52.561 13	57.368 36	73.601 60
河南	6.884 51	7.348 17	7.787 39	8.445 98	9.292 79	10.599 65	11.877 81	15.430 19	18.852 39	22.993 49	25.131 22	29.284 45	38.464 68	37.811 18	46.226 92
湖北	3.676 59	4.137 16	4.351 25	4.751 55	5.173 57	5.846 93	6.712 17	8.060 60	9.613 32	11.243 51	12.640 41	14.792 32	17.288 39	19.741 96	23.232 34
湖南	3.405 58	3.667 74	3.955 04	4.229 29	4.760 78	5.481 71	6.393 64	7.750 60	9.377 09	11.153 31	12.685 04	14.682 94	17.170 64	19.677 92	23.450 62
广东	12.569 21	12.904 11	14.760 78	17.970 91	19.311 48	22.231 11	24.486 10	28.122 05	32.679 30	37.540 87	41.938 99	46.488 54	51.469 98	55.578 22	64.154 17
广西	2.224 85	2.325 11	2.717 56	3.088 55	3.323 14	3.863 23	4.441 99	5.571 16	6.902 07	8.281 33	9.755 09	11.522 58	12.777 00	14.263 42	17.542 22
海南	0.720 12	0.811 00	0.851 13	0.922 39	0.985 71	1.094 94	1.212 84	1.394 92	1.739 05	2.076 98	2.309 30	2.588 89	2.916 27	3.194 38	3.727 69
重庆	1.887 87	2.097 58	1.977 23	2.655 06	3.076 36	3.391 63	3.772 95	4.389 90	5.373 69	5.763 24	6.833 19	8.201 65	9.809 93	11.174 74	12.999 07
四川	4.591 89	5.154 81	5.589 86	6.049 89	6.726 34	7.750 04	9.142 97	11.672 94	14.390 26	17.027 00	19.677 46	22.640 02	25.913 61	29.135 13	36.436 32
贵州	1.533 22	1.597 22	1.689 00	2.396 97	2.478 49	2.911 10	3.351 25	4.089 53	5.031 43	5.701 54	6.516 59	7.869 67	9.514 84	11.113 61	13.485 02
云南	3.626 28	3.654 35	4.219 06	4.810 26	5.132 10	5.773 95	6.510 55	7.787 43	9.501 53	11.215 99	12.892 07	14.243 84	16.117 48	17.932 32	21.936 10
陕西	3.331 48	3.151 05	3.537 84	3.267 89	3.736 76	4.312 76	5.021 77	6.662 82	8.513 57	10.241 19	11.859 77	13.503 28	15.087 49	16.897 14	20.195 76
甘肃	1.510 87	1.595 36	1.221 89	1.984 66	2.099 99	2.346 63	2.653 71	3.360 03	4.170 52	4.996 48	5.841 58	6.793 56	7.824 95	8.739 00	10.284 14
青海	0.558 31	0.628 07	0.629 89	0.727 08	0.770 95	0.854 74	1.038 18	1.232 30	1.503 77	1.841 02	2.137 11	2.443 67	2.791 29	3.075 34	3.565 69
宁夏	0.546 64	0.713 53	0.737 58	0.894 09	0.948 45	1.074 51	1.260 46	1.695 76	2.140 94	2.645 30	3.154 29	3.646 76	4.030 33	4.222 21	4.841 47
新疆	3.140 48	2.851 41	3.036 43	3.268 75	3.514 06	3.924 17	4.375 96	5.415 30	6.456 96	7.907 71	9.560 01	10.643 48	11.943 65	12.436 01	13.793 09

附表2　2002~2016年中国30个省（区、市）公路部门碳排放量

单位：百万吨

省（区、市）	2002年	2003年	2004年	2005年	2006年	2007年	2008年	2009年	2010年	2011年	2012年	2013年	2014年	2015年	2016年
北京	14.572 4	17.322 3	18.738 8	20.806 9	22.936 6	25.391 6	28.611 8	32.653 3	38.683 0	40.513 4	42.502 3	44.506 2	45.788 1	45.808 5	46.485 6
天津	5.326 6	6.146 6	6.243 8	6.982 6	7.873 8	8.921 0	10.041 5	11.931 6	14.163 1	16.776 3	18.733 2	21.890 5	23.147 6	23.113 6	23.678 0
河北	17.027 1	18.439 3	20.691 8	21.576 0	23.880 5	27.324 8	30.692 3	41.060 6	49.763 2	59.545 8	69.552 4	75.407 4	82.117 5	93.278 9	122.098 5
山西	9.566 3	8.789 2	9.847 4	12.169 9	13.042 1	14.912 1	17.484 0	20.904 3	25.020 3	29.242 2	31.082 9	34.647 7	37.927 2	41.113 2	51.301 4
内蒙古	6.101 2	6.901 3	8.475 3	8.906 5	10.714 9	11.984 4	13.885 0	17.831 4	21.273 1	25.161 8	25.078 4	27.806 2	30.109 5	32.087 2	37.814 4
辽宁	13.084 3	15.130 1	16.311 3	17.823 1	19.994 4	20.338 2	22.122 2	27.308 3	32.432 1	37.911 0	42.474 6	43.475 8	48.575 7	53.617 8	61.108 5
吉林	6.461 2	6.869 7	7.309 6	7.966 6	8.548 1	9.858 0	10.906 8	13.618 2	16.384 9	19.070 5	20.466 8	23.700 8	26.559 6	28.657 2	33.233 2
黑龙江	9.135 1	9.687 8	9.517 4	10.760 5	11.565 5	12.724 7	14.319 9	18.677 3	22.117 0	25.645 7	27.087 5	29.362 2	32.308 0	33.895 6	37.833 2
上海	9.301 0	10.277 1	11.365 2	12.381 8	13.230 0	14.201 6	15.052 4	16.214 0	18.325 1	19.823 9	20.972 4	22.790 8	24.262 6	26.214 3	29.027 5
江苏	12.834 4	15.227 6	17.848 9	20.477 0	24.403 2	29.105 0	33.329 7	42.126 6	52.049 7	62.687 7	72.793 5	84.103 7	95.400 9	105.437 8	121.017 9
浙江	11.348 8	13.648 0	15.848 0	19.164 4	22.711 3	26.719 7	30.662 9	37.427 2	45.992 1	54.793 2	63.587 1	73.465 5	81.388 7	88.819 6	101.991 5
安徽	7.063 7	8.462 3	8.682 8	9.963 6	11.299 6	13.069 2	14.952 0	19.684 3	23.914 9	28.593 9	31.184 0	36.098 4	41.690 3	47.009 4	54.858 2
福建	5.068 3	5.715 3	6.393 1	7.187 1	8.887 1	10.650 7	12.168 7	15.033 6	18.231 9	21.704 2	25.049 7	28.748 7	32.874 6	36.527 1	41.675 4
江西	5.014 9	5.409 9	5.998 7	6.797 1	7.687 6	8.869 1	10.048 4	12.587 3	15.403 3	18.560 0	19.807 9	23.738 8	27.131 6	30.805 9	35.625 7
山东	16.326 7	18.134 4	21.431 7	24.738 9	28.895 0	33.738 1	38.921 4	53.296 5	66.796 6	79.191 4	91.896 4	105.096 8	116.581 6	127.211 1	158.904 4
河南	15.307 4	16.335 4	17.311 3	18.768 6	20.646 0	23.547 4	26.379 4	34.271 8	41.867 6	51.057 0	55.787 5	64.992 8	85.361 8	83.877 3	99.818 5
湖北	8.172 5	9.195 4	9.670 1	10.558 8	11.493 8	12.988 0	14.908 9	17.902 4	21.347 9	24.964 8	28.059 1	32.828 8	38.361 1	43.790 8	50.166 7
湖南	7.575 0	8.154 8	8.792 9	9.399 4	10.578 3	12.117 9	14.200 1	17.209 6	20.817 4	24.756 9	28.147 9	32.573 6	38.087 2	43.639 7	50.630 9
广东	27.938 8	28.664 4	32.781 2	39.910 2	42.871 7	49.342 5	54.335 1	62.400 9	72.505 8	83.286 1	93.032 8	103.111 5	114.143 3	123.233 0	138.503 6

续表

省（区，市）	2002 年	2003 年	2004 年	2005 年	2006 年	2007 年	2008 年	2009 年	2010 年	2011 年	2012 年	2013 年	2014 年	2015 年	2016 年
广西	4.946 3	5.168 1	6.041 5	6.864 3	7.384 1	8.583 2	9.867 1	12.374 6	15.329 1	18.389 0	21.657 6	25.576 7	28.353 3	31.643 6	37.883 3
海南	1.602 4	1.804 4	1.892 4	2.050 3	2.190 4	2.432 3	2.693 3	3.097 1	3.860 7	4.610 6	5.125 1	5.744 2	6.469 3	7.085 0	8.049 3
重庆	4.200 6	4.666 1	4.395 5	5.903 7	6.839 8	7.539 8	8.386 6	9.755 6	11.939 2	12.796 8	15.168 8	18.203 9	21.767 5	24.788 8	28.072 1
四川	10.202 2	11.451 4	12.416 7	13.437 0	14.937 0	17.208 5	20.29 9	25.912 6	31.939 8	37.787 6	43.663 3	50.229 2	57.480 0	64.608 6	78.657 6
贵州	3.405 6	3.547 7	3.751 5	5.327 9	5.507 3	6.467 7	7.444 4	9.082 8	11.173 0	12.657 3	14.461 4	17.461 6	21.110 1	24.650 9	29.117 5
云南	8.058 9	8.118 9	9.374 7	10.688 2	11.400 8	12.824 4	14.458 6	17.291 3	21.094 8	24.898 1	28.613 1	31.603 6	35.753 3	39.771 3	47.363 2
陕西	7.394 9	6.998 6	7.857 0	7.257 7	8.296 6	9.574 9	11.147 3	14.791 6	18.899 4	22.730 7	26.317 2	29.957 1	33.464 6	37.472 3	43.601 9
甘肃	3.358 5	3.546 3	2.716 7	4.412 2	4.667 9	5.215 1	5.897 0	7.466 2	9.266 7	11.100 2	12.974 7	15.085 6	17.372 3	19.395 7	22.216 4
青海	1.240 3	1.396 0	1.400 1	1.616 0	1.713 5	1.899 5	2.306 6	2.737 9	3.340 6	4.088 8	4.744 9	5.424 0	6.194 3	6.822 9	7.701 2
宁夏	1.215 0	1.586 4	1.639 8	1.987 7	2.108 1	2.388 0	2.801 1	3.769 0	4.757 9	5.878 1	7.007 9	8.100 8	8.951 1	9.373 6	10.462 0
新疆	6.989 2	6.342 5	6.751 8	7.267 0	7.811 4	8.721 7	9.724 2	12.035 1	14.347 3	17.567 3	21.233 3	23.634 2	26.517 2	27.602 4	29.797 5

参 考 文 献

蔡博峰，曹东，刘兰翠，等. 2011. 中国道路交通二氧化碳排放研究. 中国能源，33（4）：26-30.

曹秀芬，杨桂元，宋马林. 2011. 中国电力能源效率影响因素研究. 科学决策，（11）：76-93.

曹孜，陈洪波. 2015. 城市化和能源消费的门槛效应分析与预测. 中国人口·资源与环境，
　　25（11）：59-68.

常中甫. 2008. 中国经济增长与能源消耗的现状分析与对策. 经济研究导刊，（15）：107-108.

陈关聚. 2014. 中国制造业全要素能源效率及影响因素研究——基于面板数据的随机前沿分析.
　　中国软科学，（1）：180-192.

陈美球，蔡海生，等. 2015. 低碳经济学. 北京：清华大学出版社.

陈强. 2014. 高级计量经济学及 Stata 应用. 2 版. 北京：高等教育出版社.

戴钰，刘亦文. 2009. 基于 IPAT 模型的长株潭城市群经济增长与能源消耗的实证研究. 经济数
　　学，26（2）：65-71.

邓建，王新宇. 2015. 区域发展战略对我国地区能源效率的影响——以东北振兴和西部大开发战
　　略为例. 中国软科学，（10）：146-154.

段芳娥. 2018. 市场整合对碳排放的影响研究. 湖南大学硕士学位论文.

范玲，汪东. 2014. 我国居民间接能源消费碳排放的测算及分解分析. 生态经济，30（7）：28-32.

郭克莎，黄彦彦. 2018. 从国际比较看中国房地产市场发展的问题及出路. 财贸经济，39（1）：
　　5-22.

国涓，凌煜，郭崇慧. 2010. 中国工业部门能源消费反弹效应的估算——基于技术进步视角的实
　　证研究. 资源科学，32（10）：1839-1845.

何德旭，王朝阳. 2017. 中国金融业高增长：成因与风险. 财贸经济，38（7）：16-32.

何莎. 2018. 农业环境效率测算与碳减排成本研究. 湖南大学硕士学位论文.

胡鞍钢，郑京海，高宇宁，等. 2008. 考虑环境因素的省级技术效率排名（1999-2005）. 经济学
　　（季刊），（2）：933-960.

胡秋阳. 2014. 回弹效应与能源效率政策的重点产业选择. 经济研究，49（2）：128-140.

胡之光，陈甬军. 2016. 京津冀市场一体化研究综述. 管理科学与工程，5（2）：92-102.

姜晓运，查冬兰，陈姣. 2013. 家庭用车能源效率回弹效应研究. 江苏商论，（8）：83-86.

李金铠，刘宗项，张瑾，等. 2018. 能源回弹效应研究述评. 管理学刊，31（1）：9-21.

李玮，孙文. 2016. 省域交通运输业碳排放时空分布特征. 系统工程，34（11）：30-38.

李艳梅，张雷. 2008. 中国居民间接生活能源消费的结构分解分析. 资源科学，30（6）：890-895.

林卫斌,苏剑,周晔馨. 2016. 新常态下中国能源需求预测:2015—2030. 学术研究,（3）:106-112.

刘超,李江源,王超,等. 2018. 房地产发展、经济增长动力要素、外部环境与经济增长效应研究——来自 2000—2016 年经济运行数据实证. 管理评论, 30（8）: 16-31.

刘永伟,闫庆武. 2015. 基于 GIS 的中国碳排放时空分布规律研究. 安全与环境学报, 15（3）:199-205.

刘朝,周思明,余芳洁,等. 2017. 基于政策情景的家庭乘用车能源回弹效应研究——来自长株潭城市群的调查数据. 财经理论与实践, 38（6）: 131-136.

刘朝,周宵宵,张欢,等. 2018. 中国居民能源消费间接回弹效应测算:基于投入产出和再分配模型的研究. 中国软科学,（10）: 142-157.

刘朝,朱于珂,覃昌雄. 2019. 公路交通能源环境效率与能源回弹效应——基于空间溢出效应的研究. 技术经济, 38（4）: 114-128.

龙志和,林志鹏,吴梅. 2012. 商品市场一体化的经济增长差异效应——以珠三角为例（2000—2009 年）. 软科学, 26（12）: 1-4.

卢密林. 2015. 能源回弹效应的测算方法与应用研究. 北京理工大学博士学位论文.

卢全莹,柴建,朱青,等. 2015. 天然气消费需求分析及预测. 中国管理科学,（S1）:823-829.

陆莹莹. 2008. 中国居民消费活动对能源消耗影响的投入产出分析. 上海: 上海交通大学硕士学位论文.

陆远权,张德钢. 2016. 环境分权、市场分割与碳排放. 中国人口·资源与环境, 26（6）: 107-115.

罗光华,牛叔文,赵春升,等. 2010. 中国居民直接生活能源消费结构的演变规律. 经济问题探索,（7）: 40-44.

马林转. 2016. 环境与可持续发展. 北京: 冶金工业出版社.

覃昌雄. 2017. 中国交通行业能源和环境效率与回弹效应研究. 湖南大学硕士学位论文.

邵帅. 2019. 环境规制的区域产能调节效应——基于空间计量和门槛回归的双检验. 现代经济探讨,（1）: 86-95.

邵帅,杨莉莉,黄涛. 2013. 能源回弹效应的理论模型与中国经验. 经济研究, 48（2）: 96-109.

邵帅,张曦,赵兴荣. 2017. 中国制造业碳排放的经验分解与达峰路径——广义迪氏指数分解和动态情景分析. 中国工业经济,（3）: 44-63.

孙涵,申俊,成金华. 2016. 基于 LA-AIDS 模型的中国居民能源消费回弹效应研究. 软科学, 30（3）: 94-97.

孙涵,周丽娜,郭海湘. 2014. 中国城镇居民生活完全能源消费的测算及趋势分析. 中国能源, 36（4）: 40-44.

孙玉环,李倩,陈婷. 2016. 中国能源消费强度行业差异及影响因素分析——基于指数分解. 调研世界,（4）: 28-34.

唐楚涵. 2016. 全面二孩政策对中国经济的影响分析. 中国市场,（16）: 38-39.

田云,张俊飚. 2013. 中国农业生产净碳效应分异研究. 自然资源学报, 28（8）: 1298-1309.

汪川. 2017. 工业化、城镇化与经济增长:孰为因孰为果. 财贸经济, 38（9）: 111-128.

汪克亮,杨宝臣,杨力. 2010. 考虑环境效应的中国省际全要素能源效率研究. 管理科学, 23（6）: 100-111.

王崇梅. 2009. 基于中国样本探析经济增长与能源消耗脱钩. 山东工商学院学报, 23（6）: 1-3, 8.

王辉, 周德群. 2011. 我国城市客运交通能源回弹效应实证研究. 能源技术与管理,（5）: 50-52.

王兆华, 杨琳. 2014. 基于生态足迹的我国居民间接能源消费研究. 科研管理, 35（10）: 128-135.

魏后凯. 2017. 中国农业发展的结构性矛盾及其政策转型. 中国农村经济,（5）: 2-17.

吴贤荣, 张俊飚, 田云, 等. 2014. 中国省域农业碳排放: 测算、效率变动及影响因素研究——基于 DEA-Malmquist 指数分解方法与 Tobit 模型运用. 资源科学, 36（1）: 129-138.

吴幸楠. 2014. 我国能源回弹效应影响因素研究——基于省际面板数据的分析. 东北大学硕士学位论文.

夏杰长, 倪红福. 2016. 中国经济增长的主导产业: 服务业还是工业? 南京大学学报（哲学·人文科学·社会科学）,（3）: 43-52.

夏婷, 陈林. 2014. 技术创新与能源回弹效应之探讨——以中国工业为例. 科学决策,（4）: 41-57.

肖进, 孙海燕, 刘敦虎, 等. 2017. 基于 GMDH 混合模型的能源消费量预测研究. 中国管理科学, 25（12）: 158-166.

许力飞. 2014. 中国城镇居民间接能源消费的时空特征及趋势分析. 理论月刊,（4）: 143-147.

薛澜, 刘冰, 戚淑芳. 2011. 能源回弹效应的研究进展及其政策含义. 中国人口·资源与环境,（10）: 55-58.

薛亮. 2016. 当前农业创新发展的几个问题. 农业经济问题, 37（5）: 4-7.

余利娥. 2018. 中国居民生活能源消费影响因素分析——基于城乡"二元"结构. 西华大学学报（哲学社会科学版）, 37（1）: 56-63.

袁长伟, 张倩, 芮晓丽, 等. 2016. 中国交通运输碳排放时空演变及差异分析. 环境科学学报, 36（12）: 4555-4562.

查冬兰, 周德群, 孙元. 2013. 为什么能源效率与碳排放同步增长——基于回弹效应的解释. 系统工程, 31（10）: 105-111.

张广胜, 王珊珊. 2014. 中国农业碳排放的结构、效率及其决定机制. 农业经济问题, 35（7）: 18-26.

张林, 冉光和, 蓝震森. 2015. 碳排放约束与农业全要素生产率增长与分解. 湖南农业大学学报（社会科学版）, 14（3）: 22-32.

张咪咪. 2010. 中国农村居民生活间接能源消耗与碳排放分析. 统计教育,（7）: 35-40.

张少伟. 2014. 居民消费结构变动对能源消耗的影响——基于投入产出法的实证分析. 浙江工商大学硕士学位论文.

张天顶, 张宇. 2018. 我国金融市场系统重要性机构的评估及政策启示. 管理评论, 30（1）: 24-35.

张晓恒, 周应恒. 2019. 农户经营规模与效率水平不匹配对水稻生产成本的影响. 中国农村经济,（2）: 81-97.

张馨, 牛叔文, 赵春升, 等. 2011. 中国城市化进程中的居民家庭能源消费及碳排放研究. 中国软科学,（9）: 65-75.

赵先超, 宋丽美, 谭书佳. 2018. 基于 LMDI 模型的湖南省农业碳排放影响因素研究. 环境科学与技术, 41（1）: 177-183.

赵晓丽, 李娜. 2011. 中国居民能源消费结构变化分析. 中国软科学,（11）: 40-51.

周思明. 2018. 公路运输业碳排放差异与减排政策评估. 湖南大学硕士学位论文.

周勇，林源源. 2012. 技术进步对能源消费回报效应的估算. 经济学家，（2）：45-52.

周愚，皮建才. 2013. 区域市场分割与融合的环境效应：基于跨界污染的视角. 财经科学，（4）：101-110.

朱庄瑞，藏波. 2016. 房地产市场促进城镇化建设的作用机理与协调发展研究. 中国人口·资源与环境，26（9）：116-122.

Abdalla S Z S. 2011. Stock market development and economic growth in Sudan（1995-2009）：evidence from Granger causality test. Journal of Business Studies Quarterly，3（2）：93-105.

Aboufadel E，Austin D. 2006. A new method for computing the mean center of population of the United States. Professional Geographer，58（1）：65-69.

Aghayi N，Maleki B. 2016. Efficiency measurement of DMUs with undesirable outputs under uncertainty based on the directional distance function：application on bank industry. Energy，112：376-387.

Al-Mansour F. 2011. Energy efficiency trends and policy in Slovenia. Energy，36（4）：1868-1877.

Ang B W. 2006. Monitoring changes in economy-wide energy efficiency：from energy-GDP ratio to composite efficiency index. Energy Policy，34（5）：574-582.

Ang B W，Mu A R，Zhou P. 2010. Accounting frameworks for tracking energy efficiency trends. Energy Economics，32（5）：1209-1219.

Anson S，Turner K. 2009. Rebound and disinvestment effects in refined oil consumption and supply resulting from an increase in energy efficiency in the Scottish commercial transport sector. Energy Policy，37（9）：3608-3620.

Antal M，Jeroen C J M，Bergh V B. 2014. Re-spending rebound：a macro-level assessment for OECD countries and emerging economies. Energy Policy，68：585-590.

Atabania A E，Badruddina I A，Mekhilefc S. 2011. A review on global fuel economy standards，labels and technologies in the transportation sector. Renewable and Sustainable Energy Reviews，15（9）：4586-4610.

Barker T，Dagoumas A，Rubin J. 2009. The macroeconomic rebound effect and the world economy. Energy Efficiency，2（4）：411-427.

Bentzen J. 2004. Estimating the rebound effect in US manufacturing energy consumption. Energy Economics，26（1）：123-134.

Binswanger M. 2001. Technological progress and sustainable development：what about the rebound effect? Ecological Economics，36（1）：119-132.

Borger B D，Mulalic I. 2012. The determinants of fuel use in the trucking industry-volume，fleet characteristics and the rebound effect. Transport Policy，24：284-295.

Bouznit M，Pablo-Romero M D P. 2016. CO_2 emission and economic growth in Algeria. Energy Policy，96：93-104.

BP. 2018. BP Statistical Review of World Energy. BP，Britain.

Brännlund R，Ghalwash T，Nordström J. 2007. Increased energy efficiency and the rebound effect：effects on consumption and emissions. Energy Economics，29（1）：1-17.

Broberg T，Berg C，Samakovlis E. 2015. The economy-wide rebound effect from improved energy efficiency in Swedish industries—a general equilibrium analysis. Energy Policy, 83: 26-37.

Buchs M, Bardsley N, Duwe S. 2011.Who bears the brunt? Distributional effects of climate change mitigation polisiec. Critical Social Policy, 31 (2): 285-302.

Burnett J W, Bergstrom J C, Dorfman J H. 2013. A spatial panel data approach to estimating U.S. state-level energy emissions. Energy Econonomics, 40: 396-404.

Cai B F, Cao D, Liu L C, et al. 2011. A research of carbon dioxide emissions of China's transport sector. Advancing Climate Research, 7: 1673-1719.

Cao Z, Wei J, Chen H B. 2016. CO_2 emission and urbanization correlation in China based on threshold analysis. Ecological Indicators, 61: 193-201.

Cellura M, Gangi A D, Longo S, et al. 2013. An Italian input-output model for the assessment of energy and environmental benefits arising from retrofit actions of buildings. Energy and Buildings, 62: 97-106.

Chai J, Lu Q Y, Wang S Y. 2016a. Analysis of road transportation energy consumption demand in China. Transportation Research Part D: Transport and Environment, 48: 112-124.

Chai J, Yang Y, Wang S Y, et al. 2016b. Fuel efficiency and emission in China's road transport sector: induced effect and rebound effect. Technological Forecasting and Social Change, 112: 188-197.

Chambers R G, Chung Y, Färe R. 1996. Benefit and distance functions. Journal of Economic Theory, 70 (2): 407-419.

Charnes A, Cooper W W, Rhodes E. 1978. Measuring the efficiency of decision making units. European Journal of Operational Research, 2 (6): 429-444.

Chen P Y. 2016. Modeling the global relationships among economic growth, energy consumption and CO_2 emissions. Renewable and Sustainable Energy Reviews, 65: 420-431.

Chen W, Lei Y. 2017. Analysis of the impact path on factors of China's energy-related CO_2 emissions: a path analysis with latent variables. Environmental Science & Pollution Research International, 24 (6): 1-11.

Chen X, Zhou F. 2011. Gravity center change in the coastal area of the Pearl River Estuary based on GIS and RS. The 2011 International Conference on Computing, Information and Control, Wuhan: 281-286.

Chen Z G, Wang Q, Huang X J. 2007. Movement of urban agglomeration gravity and its driving forces in the Changjiang (Yangtze) Delta of China. Scientia Geographica Sinica, 27 (4): 457-462.

Chitnis M, Sorrell S. 2015. Living up to expectations: estimating direct and indirect rebound effects for UK households. Energy Economics, 52: 100-116.

Chitnis M, Sorrell S, Druckman A. 2012. Estimating direct and indirect rebound effects for UK households. General Information, 86 (1): 188-198.

Chitnis M, Sorrell S, Druckman A. 2013. Turning lights into flights: estimating direct and indirect rebound effects for UK households. Energy Policy, 55: 234-250.

Chung Y H, Färe R, Grosskopf S. 1997. Productivity and undesirable outputs: a directional distance function approach. Journal of Environmental Management, 51（3）: 229-240.

Coggins J S, Swinton J R. 1996. The price of pollution: a dual approach to valuing SO_2 allowances. Journal of Environmental Economics and Management, 30（1）: 58-72.

Cooper W W, Huang Z, Li S X. 2007. Response to: a note on 'Efficiency aggregation with enhanced Russell measures in data envelopment analysis'. Socio-economic Planning Science, 43（3）: 219.

Cooper W W, Seiford L M, Tone K. 1999. Data Envelopment Analysis: A Comprehensive Text with Models, Applications References, and DEA-Solver Software with Cdrom. Boston: Kluwer Academic Publishers.

Córdova J E, Moreira M. 2003. Regional integration and productivity: the experiences of Brazil and Mexico. Inter-American Development Bank.

Cronshaw I. 2015. World Energy Outlook 2014 projections to 2040: natural gas and coal trade, and the role of China. Australian Journal of Agricultural and Resource Economics, 59（4）: 571-585.

Cui Q, Li Y. 2014. The evaluation of transportation energy efficiency: an application of three-stage virtual frontier DEA. Transportation Research Part D: Transport and Environment, 29: 1-11.

Deaton A, Muellbauer J. 1980. An almost ideal demand system. American Economoc Review, 70（3）: 312-326.

Debreu G. 1951. The coefficient of resource utilization. Econometrica, 19（3）: 273-292.

Druckman A, Chitnis M, Sorrell S. 2011. Missing carbon reductions? Exploring rebound and backfire effects in UK households. Energy Policy, 39（6）: 3572-3581.

Duan N, Guo J P, Xie B C. 2016. Is there a difference between the energy and CO_2, emission performance for China's thermal power industry? A bootstrapped directional distance function approach. Applied Energy, 162（3）: 1552-1563.

Duan X J, Wang S G, Wen C. 2008. Evolution of population distribution and growth shift in Changjiang River Delta. Scientia Geographica Sinica, 28（2）: 139-144.

Dubin J A, Miedema A K, Chandran R V. 1986. Price effects of energy-efficient technologies: a study of residential demand for heating and cooling. Rand Journal of Economics, 17（3）: 310-325.

Ebohon O J, Ikeme A J. 2006. Decomposition analysis of CO_2 emission intensity between oil-producing and non-oil-producing sub-Saharan African countries. Energy Policy, 34（18）: 3599-3611.

Elhorst J P. 2012. Matlab software for spatial panels. International Regional Science Review, 37（3）: 389-405.

Elliott R J R, Sun P, Chen S. 2013. Energy intensity and foreign direct investment: a Chinese city-level study. Energy Economics, 40（2）: 484-494.

Falavigna G, Manello A, Pavone S. 2013. Environmental efficiency, productivity and public funds: the case of the Italian agricultural industry. Agricultural Systems, 121（4）: 73-80.

Farrell M J. 1957. The measurement of productive efficiency. Journal of the Royal Statistical Society, 120（3）: 253-290.

Feng C, Wang M. 2017. Analysis of energy efficiency and energy savings potential in China's provincial industrial sectors. Journal of Cleaner Production, 164（15）: 1531-1541.

Feng Z H, Zou L L, Wei Y M. 2011. The impact of household consumption on energy use and CO_2 emissions in China. Energy, 36（1）: 656-670.

Fesharaki F. 1996. Asia as the center of gravity of the world energy system. Energy, 21（11）: 999-1003.

Freire-González J. 2011. Methods to empirically estimate direct and indirect rebound effect of energy-saving technological changes in households. Ecological Modelling, 223（1）: 32-40.

Freire-González J. 2017. A new way to estimate the direct and indirect rebound effect and other rebound indicators. Energy, 128: 394-402.

Freire-González J, Vivanco D F, Ventosa I P. 2017. Economic structure and energy savings from energy efficiency in households. Ecological Economics, 131: 12-20.

Frondel M, Peters J, Vance C. 2008. Identifying the rebound: evidence from a German household panel. The Energy Journal, 29（4）: 154-163.

Frondel M, Ritter N, Vance C. 2012. Heterogeneity in the rebound effect: further evidence for Germany. Energy Economics, 34（2）: 461-467.

Fukuyama H, Weber W L. 2010. A directional slacks-based measure of technical inefficiency. Socio-Economic Planning Sciences, 43（4）: 274-287.

Gambhir A, Tse L K C, Tong D. 2015. Reducing China's road transport sector CO_2, emissions to 2050: technologies, costs and decomposition analysis. Applied Energy, 157（4）: 905-917.

Graham D J, Glaister S. 2002. The demand for automobile fuel: a survey of elasticities. Journal of Transport Economics and Policy, 36（1）: 1-26.

Green C. 2000. Potential scal-related problems in estimating the cost of CO_2 mitigation policies. Climatic Change, 44（3）: 331-349.

Greening L A, Greene D L, Difiglio C. 2008. Energy efficiency and consumption—the rebound effect—a survey. Energy Policy, 28（6）: 389-401.

Grether J M, Mathys N A. 2008. Is the world's economic center of gravity already in Asia? Electronic Journal, 42（1）: 47-50.

Grossman G M, Helpman E. 2015. Globalization and growth. American Economic Review, 105（5）: 100-104.

Guo X, Zhu Q, Lv L. 2016. Efficiency evaluation of regional energy saving and emission reduction in China: a modified slacks-based measure approach. Journal of Cleaner Production, 140（1）: 1313-1321.

Guo X Y, Lu C C, Lee J H, et al. 2017. Applying the dynamic DEA model to evaluate the energy efficiency of OECD countries and China. Energy, 134: 392-399.

Hailu A, Veeman T S. 2000. Environmentally sensitive productivity analysis of the Canadian pulp and paper industry, 1959-1994: an input distance function approach. Journal of Environmental Economics and Management, 40（3）: 251-274.

Halkos G E, Tzeremes N G. 2013. A conditional directional distance function approach for measuring regional environmental efficiency: evidence from UK regions. European Journal of Operational Research, 227（1）: 182-189.

Hao Y, Liu Y M, Weng J H, et al. 2016. Does the environmental Kuznets curve for coal consumption in China exist? New evidence from spatial econometric analysis. Energy, 114: 1214-1223.

Haq I U, Zhu S, Shafiq M. 2016. Empirical investigation of environmental Kuznets curve for carbon emission in Morocco. Ecological Indicators, 67: 491-496.

Hasanbeigi A, Price L, Lin E. 2012. Emerging energy-efficiency and CO_2 emission-reduction technologies for cement and concrete production: a technical review. Renewable and Sustainable Energy Reviews, 16 (8): 6220-6238.

Haughton J, Sarkar S. 1996. Gasoline tax as a corrective tax: estimates for the United States, 1970-1991. The Energy Journal, 17 (2): 103-126.

He Y, Chen Y, Tang H. 2011. Exploring spatial change and gravity center movement for ecosystem services value using a spatially explicit ecosystem services value index and gravity model. Environmental Monitoring and Assessment, 175 (4): 563-571.

He Z, Xu S, Shen W. 2017. Impact of urbanization on energy related CO_2 emission at different development levels: regional difference in China based on panel estimation. Journal of Cleaner Production, 140: 1719-1730.

Hilgard J E. 1872. The advance of population in the United States. Scribner's Monthly, 4 (3): 214-218.

Hong S H, Oreszeczyn T, Ridley I. 2006. The impact of energy efficient refurbishment on the space heating fuel consumption in English dwellings. Energy and Buildings, 38 (10): 1171-1181.

Hu J L, Wang S C. 2006. Total-factor energy efficiency of regions in China. Energy Policy, 34 (17): 3206-3217.

Huang Q, Ju W, Zhang F. 2019. Roles of climate change and increasing CO_2 in driving changes of net primary productivity in China simulated using a dynamic global vegetation model. Sustainability, 11 (15): 4176.

Hui Y, Liu S Q, Zhang H Q, et al. 2011. The dynamic evolution track and the coupling mode analysis for economic gravity center and population gravity center in the contiguous areas of Sichuan, Yunnan and Guizhou Province. Energy Procedia, 13 (6): 10052-10060.

Hymel K M, Small K A, Dender K V. 2011. Induced demand and rebound effects in road transport. Transportation Research Part B: Methodological, 44 (10): 1220-1241.

IEA. 2008a. World Energy Outlook 2008-2014. International Energy Agency, Paris.

IEA. 2008b. Energy Efficiency Policy: Recommendations. International Energy Agency, Paris.

IPCC (Intergovernmental Panel on Climate Change). 2007. Climate Change 2007: The Physical Science Basis of Climate Change. Contribution of Working Group I to the Fourth Assessment Report of the Intergovernmental Panel on Climate Change.

Jevons W S. 1865. The Coal Question: Can Britain Survive? London: Macmillan.

Jiang X T, Dong J F, Wang X M, et al. 2016. The multilevel index decomposition of energy-related carbon emission and itsdecoupling with economic growth in USA. Sustainability, 8 (9): 1-16.

Johansson A C, Ljungwall C. 2009. Spillover effects among the greater China stock markets. World Development, 37 (4): 839-851.

Johnson J M, Franzluebbers A J, Weyers S L, et al. 2007. Agricultural opportunities to mitigate greenhouse gas emissions. Environmental Pollution, 150（1）: 107-124.

Jorgenson A, Schor J, Huang X. 2017. Income inequality and carbon emissions in the United States: a state-level analysis, 1997-2012. Ecological Economics, 134: 40-48.

Kang Y Q, Zhao T, Yang Y Y. 2016. Environmental Kuznets curve for CO_2 emissions in China: a spatial panel data approach. Ecological Indicators, 63: 231-239.

Ke S. 2015. Domestic market integration and regional economic growth—China's recent experience from 1995-2011. World Development, 66: 588-597.

Khazzoom J D. 1980. Economic implications of mandated efficiency in standards for household appliances. The Energy Journal, 1（41）: 21-40.

Lecca P, Peter G, McGregor J, et al. 2014. The added value from a general equilibrium analysis of increased efficiency in household energy use. Ecological Economics, 100: 51-62.

Lee J D, Park J B, Kim T Y. 2002. Estimation of the shadow prices of pollutants with production environment inefficiency taken into account: a nonparametric directional distance function approach. Journal of Environmental Management, 64（4）: 365-375.

Lee M. 2005. The shadow price of substitutable sulfur in the US electric power plant: a distance function approach. Journal of Environmental Management, 77（2）: 104-110.

Lenzen M, Dey C J. 2002. Economic, energy and greenhouse emisssions impacts of some consumer choice, technology and government outlay option. Energy Economics, 24（4）: 377-403.

Leontief W, Ford D. 1970. Environmental repercussions and the economic structure, an input-output approach. Review of Economics Statistics, 52（3）: 262-271.

Lesage J P, Pace R K. 2009. Introduction to Spatial Econometrics. New York: CRC Press.

Li H, Bao Q, Re X S, et al. 2017. Reducing rebound effect through fossil subsidies reform: a comprehensive evaluation in China. Journal of Cleaner Production, 141: 305-314.

Li H, Fang K, Yang W, et al. 2013. Regional environmental efficiency evaluation in China: analysis based on the super-SBM model with undesirable outputs. Mathematical & Computer Modelling, 58（5）: 1018-1031.

Li H, Mu H, Zhang M, et al. 2011. Analysis on influence factors of China's CO_2 emission based on path-STIRPAT model. Energy Policy, 39（11）: 6906-6911.

Li H, Shi J F. 2014. Energy efficiency analysis on Chinese industrial sectors: an improved Super-SBM model with undesirable outputs. Journal of Cleaner Production, 65: 97-107.

Li J, Lin B. 2017. Does energy and CO_2 emissions performance of China benefit from regional integration? Energy Policy, 101: 366-378.

Li K, Lin B. 2015. Impacts of urbanization and industrialization on energy consumption CO_2 emission: does the level of development matter? Renewable and Sustainable Energy Reviews, 52: 1107-1122.

Li L B, Hu J L. 2012. Ecological total-factor energy efficiency of regions in Japan. Energy Policy, 46: 216-224.

Li T, Baležentis T, Makutėnienė D, et al. 2016a. Energy-related CO_2 emission in European Union agriculture: driving forces and possibilities for reduction. Applied Energy, 180 (4): 682-694.

Li T, Yang W, Zhang H, et al. 2016b. Evaluating the impact of transport investment on the efficiency of regional integrated transport systems in China. Transport Policy, 45 (3): 66-76.

Li W, Ou Q, Chen Y. 2014. Decomposition of China's CO_2 emissions from agriculture utilizing an improved Kaya identity. Environmental Science and Pollution Research, 21 (22): 13000-13006.

Li X H, Liu J H, Liu X. 2017. Direct rebound effect for urban household in China—an empirical study. Energy Efficiency, 10 (6): 1-16.

Li Y, Du Q, Lu X, et al. 2019. Relationship between the development and CO_2 emissions of transport sector in China. Transportation Research Part D: Transport and Environment, 74: 1-14.

Lin B Q, Benjamin N I. 2017. Influencing factors on carbon emissions in China transport industry. A new evidence from quantile regression analysis. Journal of Cleaner Production, 150: 175-187.

Lin B Q, Du K. 2015. Energy and CO_2 emissions performance in China's regional economies: do market-oriented reforms matter? Energy Policy, 78: 113-124.

Lin B Q, Liu X. 2013a. Reform of refined oil product pricing mechanism and energy rebound effect for passenger transportation in China. Energy Policy, 57: 329-337.

Lin B Q, Liu X. 2013b. Electricity tariff reform and rebound effect of residential electricity consumption in China. Energy, 59: 240-247.

Lin B Q, Yang F, Liu X. 2013. A study of the rebound effect on China's current energy conservation and emissions reduction: measures and policy choices. Energy, 58: 330-339.

Litman T. 2013. Changing North America vehicle-travel price sensitivities: implications for transport and energy policy. Transportation Policy, 28: 2-10.

Liu Z, Li L, Zhang Y J. 2015. Investigating the CO_2 emission differences among China's transport sectors and their influencing factors. Natural Hazards, 77 (2): 1323-1343.

Liu Z, Qin C X, Zhang Y J. 2016. The energy-environment efficiency of road and railway sector in China: evidence from the provincial level. Ecological Indicators, 69: 559-570.

Long X, Ji X, Ulgiati S. 2016. Is urbanization eco-friendly? An energy and land use cross-country analysis. Energy Policy, 13 (2): 100-121.

Mandal S K, Madheswaran S. 2010. Environmental efficiency of the Indian cement industry: an interstate analysis. Energy Policy, 38 (2): 1108-1118.

Martínez-Zarzoso I, Felicitas N D. 2003. Augmented gravity model: an empirical application to Mercosur-European trade flows. Journal of Applied Economics, 6 (11): 291-316.

Matos F J F, Silva F J F. 2011. The rebound effect on road freight transport: empirical evidence from Portugal. Energy Policy, 39 (5): 2833-2841.

Melitz M J, Ottaviano G I P. 2008. Market size, trade, and productivity. Review of Economic Studies, 75 (1): 295-316.

Meyers S, Schmitt B, Chester-Jones M, et al. 2016. Energy efficiency, carbon emissions, and measures towards their improvement in the food and beverage sector for six European countries. Energy, 104 (3): 266-283.

Milne G, Boardman B. 2000. Making cold homes warmer: the effect of energy efficiency improvements in low income homes—a report to the energy action grants agency charitable trust. Energy Policy, 28 (6/7): 411-424.

Mitric S. 2013. Urban transport lending by the World Bank: the last decade. Research in Transportation Economics, 40 (1): 19-33.

Mizobuchi K. 2008. An empirical study on the rebound effect considering capital costs. Energy Economics, 30 (5): 2486-2516.

Mohamed E S, Boutikos P, Mathioulakis E, et al. 2017. Experimental evaluation of the performance and energy efficiency of a vacuum multi-effect membrane distillation system. Desalination, 408 (1): 70-80.

Molinos-Senante M, Hanley N, Sala-Garrido R. 2015. Measuring the CO_2, shadow price for wastewater treatment: a directional distance function approach. Applied Energy, 144 (3): 241-249.

Mosier A, Kroeze C, Nevison C, et al. 1998. Closing the global N_2O budget: nitrous oxide emissions through the agricultural nitrogen cycle. Nutrient Cycling in Agroecosystems, 52(2/3): 225-248.

Newey W, West K. 1987. A simple, positive semi-definite, heteroskedasticity and autocorrelation consistent covariance matrix. Econometrica, 55 (3): 703-708.

Norse D. 2012. Low carbon agriculture : objectives and policy pathways. Environmental Development, 1 (1): 25-39.

Odeck J, Johansen K. 2016. Elasticities of fuel and traffic demand and the direct rebound effects: an econometric estimation in the case of Norway. Transportation Research Part A, 83: 1-13.

OECD. 2014. The Cost of Air Pollution: Health Impacts of Road Transport.

Omrani H, Shafaat K, Alizadeh A. 2018. Integrated data envelopment analysis and cooperative game for evaluating energy efficiency of transportation sector: a case of Iran. Annals of Operations Research, 274 (1): 471-479.

Oreszeczyn T, Hong S H, Ridley I, et al. 2006. Determinants of winter indoor temperatures in low income households in England. Energy and Buildings, 38 (3): 245-252.

Ouyang J L, Long E S, Hokao K. 2010. Rebound effect in Chinese household energy efficiency and solution for mitigating it. Energy, 35 (12): 5269-5276.

Özkara Y, Atak M, Lund H, et al. 2015. Regional total-factor energy efficiency and electricity saving potential of manufacturing industry in Turkey. Energy, 93 (1): 495-510.

Pan X, Yan Y, Peng X, et al. 2016. Analysis of the threshold effect of financial development on China's carbon intensity. Sustainability, 8 (3): 271-298.

Parsley D C, Wei S J. 1996. Convergence to the law of one price without trade barriers or currency fluctuations. Quarterly Journal of Economics, 111 (4): 1211-1236.

Parsley D C, Wei S J. 2001a. Explaining the border effect: the role of exchange rate variability, shipping costs, and geography. Journal of International Economics, 55 (1): 87-105.

Parsley D C, Wei S J. 2001b. Limiting currency volatility to stimulate goods market integration: a price-based approach. IMF Working Papers.

Patterson M G. 1996. What is energy efficiency? Energy Policy, 24 (5): 377-390.

Patterson M G, Wadsworth C. 1993. Updating New Zealand's Energy Intensity Trends: What has Happened Since 1984 and Why? Wellington: Energy Efficiency and Conservation Authority.

Paul S, Bhattacharya N R. 2004. Causality between energy consumption and economic growth in India: a note on conflicting results. Energy Economics, 26 (6): 977-983.

Peluo A. 2013. Regional integration and technology diffusion: the case of Uruguay. Jouranl of International Trade and Economic Development, 22 (5): 786-816.

Poncet S. 2003. Measuring Chinese domestic and international integration. China Economic Review, 14 (1): 1-21.

Robaina-Alves M, Moutinho V. 2014. Decomposition of energy-related GHG emissions in agriculture over 1995-2008 for European countries. Applied Energy, 114 (2): 949-957.

Rodríguez R, Bello V G, Díaz-Aguado M. 2017. Application of eco-efficiency in a coal-burning power plant benefitting both the environment and citizens: design of a 'city water heating' system. Applied Energy, 189 (1): 789-799.

Roy S. 2016. Foreign direct investment and total factor productivity growth: does distance from technology frontier matter. Global Business and Economics Review, 18 (2): 151-176.

Ruzzenenti F, Basosi R. 2017. Modelling the rebound effect with network theory: an insight into the European freight transport sector. Energy, 118: 272-283.

Sadorsky P. 2013. Do urbanization and industrialization affect energy intensity in developing countries? Energy Economics, 37 (1): 52-59.

Saunders H D. 2000. A view from the macro side: rebound, backfire, and Khazzoom-Brookes. Energy Policy, 28 (6): 439-449.

Saunders H D. 2008. Fuel conserving (and using) production functions. Energy Economics, 30 (5): 2184-2235.

Shahbaz M, Jam F A, Bibi S, et al. 2015. Multivariate Granger causality between CO_2 emissions, energy intensity and economic growth in Portugal: evidence from cointegration and causality analysis. Technological and Economic Development, 22 (1): 64-78.

Sheereen F. 2019. Energy consumption and economic growth for small Island developing states: a panel ARDL approach. Energy Economics Letters, 6 (1): 23-29.

Shephard R W. 1953. Cost and production functions. Lecture Notes in Economics and Mathematical Systems, 78 (4): 194-196.

Shephard R W. 1971. Theory of cost and production functions. The Journal of Economic History, 31 (3): 721-723.

Small K A, Dender K V. 2005. A Study to evaluate the effect of reduce greenhouse gas emissions on vehicle miles travelled. Department of Economics, University of California.

Song C, Li M, Wen Z, et al. 2014. Research on energy efficiency evaluation based on indicators for industry sectors in China. Applied Energy, 134: 550-562.

Song M, Zhang L, An Q, et al. 2013. Statistical analysis and combination forecasting of environmental efficiency and its influential factors since China entered the WTO : 2002-2010-2012. Journal of Cleaner Production, 42 (11): 42-51.

Song M L，Zhang G J，Zeng W X，et al. 2016. Railway transportation and environmental efficiency in China. Transportation Research Part D：Transport and Environment，48：488-498.

Sorrell S，Dimitropoulos J，Sommerville M. 2009. Empirical estimates of the direct rebound effect：a review. Energy Policy，37（4）：1356-1371.

Stapleton L，Sorrell S，Schwanen T. 2016. Estimating direct rebound effects for personal automotive travel in Great Britain. Energy Economics，54：313-325.

Steren A，Rubin O D，Rosenzweig S. 2016. Assessing the rebound effect using a natural experiment setting：evidence from the private transportation sector in Israel. Energy Policy，93：41-49.

Sun L，Deng Y，Xin H，et al. 2013. Multiple factors path-STIRPAT analysis model of Beijing CO_2 emission. Applied Mechanics and Materials，389：166-171.

Sun Y，Lu Y，Wang T，et al. 2008. Pattern of patent-based environmental technology innovation in China. Technological Forecasting and Social Change，75（7）：1032-1042.

Thomas B A，Azevedo I L. 2013. Estimating direct and indirect rebound effects for U.S. households with input-output analysis Part 1：theoretical framework. Ecological Economics，86：199-210.

Tian X，Chang M，Tanikawa H，et al. 2013. Structural decomposition analysis of the carbonization process in Beijing：a regional explanation of rapid increasing carbon dioxide emission in China. Energy Policy，53：279-286.

Tone K. 2001. A slacks-based measure of efficiency in data envelopment analysis. European Journal of Operational Research，130（3）：498-509.

Turner K，Hanley N. 2011. Energy efficiency，rebound effects and the environmental Kuznets curve. Energy Economics，33（5）：709-720.

Tybout J R. 2000. Manufacturing firms in developing countries：how well do they do，and why? Journal of Economic Literature，38（1）：11-44.

Tybout J R，Westbrook M D. 1995. Trade liberalization and the dimensions of efficiency change in Mexican manufacturing industries. Journal of International Economics，39（1/2）：53-78.

van Biesebroeck J. 2005. Exporting raises productivity in Sub-Saharan African manufacturing firms. Journal of International Economics，67（2）：373-391.

Vringer K，Blok K. 1995. The direct and indirect energy requirements of households in the Netherlands. Energy Policy，23（10）：893-910.

Wang C，Wang F，Zhang X，et al. 2017. Examining the driving factors of energy related carbon emissions using the extended STIRPAT model based on IPAT identity in Xinjiang. Renewable and Sustainable Energy Reviews，67：51-61.

Wang H，Zhou P，Zhou D Q. 2012. An empirical study of direct rebound effect for passenger transport in urban China. Energy Economics，34（2）：452-460.

Wang K，Wei Y M. 2014. China's regional industrial energy efficiency and carbon emissions abatement costs. Applied Energy，130：617-631.

Wang K，Yu S W，Zhang W. 2013. China's regional energy and environmental efficiency：a DEA window analysis based dynamic evaluation. Math Comput Modell，58（5/6）：1117-1127.

Wang M，Feng C. 2017. Decomposition of energy-related CO_2 emissions in China：an empirical analysis based on provincial panel data of three sectors. Applied Energy, 190（2）: 772-787.

Wang P, Wu W, Zhu B, et al. 2013. Examining the impact factors of energy-related CO_2 emissions using the STIRPAT model in Guangdong Province, China. Applied Energy, 106（11）: 65-71.

Wang Q, Yue T X, Wang C L, et al. 2012. Spatial-temporal variations of food provision in China Procedia Environmental Sciences, 13（10）: 1933-1945.

Wang S, Chu C, Chen G, et al. 2016. Efficiency and reduction cost of carbon emissions in China: a non-radial directional distance function method. Journal of Cleaner Production, 113（4）: 624-634.

Wang S, Liu X, Zhou C, et al. 2017. Examining the impacts of socioeconomic factors, urban form, and transportation networks on CO_2 emission in China's megacities. Applied Energy, 185: 189-200.

Wang T T, Chen C. 2014. Impact of fuel price on vehicle miles traveled（VMT）: do the poor respond in the same way as the rich? Transportation, 41（1）: 91-105.

Wang Y, Li L, Kubota J, et al. 2016. Does urbanization lead to more carbon emission? Evidence from a panel of BRICS countries. Applied Energy, 168: 375-380.

Wang Z H, Han B, Lu M L. 2016. Measurement of energy rebound effect in households: evidence from residential electricity consumption in Beijing, China. Renewable and Sustainable Energy Reviews, 58: 852-861.

Wang Z H, Lu M L, Wang J C. 2014. Direct rebound effect on urban residential electricity use: an empirical study in China. Renewable and Sustainable Energy Reviews, 30: 124-132.

Watanabe M, Tanaka K. 2007. Efficiency analysis of Chinese industry: a directional distance function approach. Energy Policy, 35（12）: 6323-6331.

Wen L, Shao H. 2019. Analysis of influencing factors of the CO_2 emissions in China: nonparametric additive regression approach. Science of the Total Environment, 694: 133724.

West S E. 2004. Distributional effects of alternative vehicle pollution control policies. Journal of Public Economics, 88（3/4）: 735-757.

White H. 1980. A heteroskedasticity-consistent covariance matrix estimator and a direct test for heteroskedasticity. Econometrica, 48（4）: 817-838.

Willoughby C. 2013. How much can public private partnership really do for urban transport in developing countries? Research in Transportation Economics, 40（1）: 34-55.

Winebrake J J, Green E H, Comer B, et al. 2015. Fuel price elasticities in the U.S. combination trucking sector. Transportation Research Part D: Transport and Environment, 38: 166-177.

Wu J, Zhu Q Y, Chu J F, et al. 2016. Measuring energy and environmental efficiency of transportation systems in China based on a parallel DEA approach. Transportation Research Part D: Transport and Environment, 48: 460-472.

Xiao B, Niu D, Wu H, et al. 2017. Marginal abatement cost of CO_2 in China based on directional distance function: an industry perspective. Sustainability, 9（4）: 56-69.

Xu B, Lin B Q. 2015. Factors affecting carbon dioxide（CO_2）emissions in China's transport sector: a dynamic nonparametric additive regression model. Journal of Cleaner Production, 101:

311-322.

Xu M, Grant-Muller S, Gao Z Y. 2015. Evolution and assessment of economic regulatory policies for expressway infrastructure in China. Transportantion Policy, 41: 42-49.

Xu S C, He Z X, Long R Y. 2014. Factors that influence carbon emissions due to energy consumptionin China: decomposition analysis using LMDI. Applied Energy, 127 (4): 182-193.

Xue X Z, Ren Y, Cui S H, et al. 2015. Integrated analysis of GHGs and public health damage mitigation for developing urban road transportation strategies. Transportation Research Part D: Transport and Environment, 35: 84-103.

Yan W, Shen N. 2016. Agricultural environmental efficiency and agricultural environmental Kuznets curve based on technological gap: the case of China. Polish Journal of Environmental Studies, 25 (3): 1293-1303.

Yang L, Ouyang H, Fang K G, et al. 2015. Evaluation of regional environmental efficiencies in China based on super-efficiency-DEA. Ecological Indicators, 51: 13-19.

Yang L S, Li J L. 2017. Rebound effect in China: evidence from the power generation sector. Renewable and Sustainable Energy Reviews, 71: 53-62.

Yang S, He L Y. 2016. Fuel demand, road transport pollution emissions and residents' health losses in the transitional China. Transportation Research Part D: Transport and Environment, 42: 45-59.

Yu B Y, Zhang J Y, Fujiwara A. 2013. Rebound effects caused by the improvement of vehicle energy efficiency: an analysis based on a SP-off-RP survey. Transportation Research Part D: Transport and Environment, 24: 62-68.

Yu N, Jong M D, Storm S, et al. 2012. Transport infrastructure, spatial clusters and regional economic growth in China. Transport Reviews, 32 (1): 3-28.

Yuan R, Zhao T, Xu X, et al. 2015. Regional characteristics of impact factors for energy-related CO_2, emissions in China, 1997-2010: evidence from tests for threshold effects based on the STIRPAT model. Environmental Modeling & Assessment, 20 (2): 129-144.

Zellner A. 1962. An efficient method of estimating seemingly unrelated regression equations and tests for aggregation bias. Journal of the American Statistical Association, 57 (298): 348-368.

Zhang C, Guo B, Wang J. 2014. The different impacts of home countries characteristics in FDI on Chinese spillover effects: based on one-stage SFA. Economic Modelling, 38: 572-580.

Zhang S S, Lin B Q. 2018. Investigating the rebound effect in road transport system: empirical evidence from China. Energy Policy, 112: 129-140.

Zhang Y J, Da Y B. 2015. The decomposition of energy-related carbon emission and its decoupling with economic growth in China. Renewable and Sustainable Energy Reviews, 41: 1255-1266.

Zhang Y J, Liu Z, Zhang H, et al. 2014. The impact of economic growth, industrial structure and urbanization on carbon emission intensity in China. Natural Hazards, 73: 579-595.

Zhang Y J, Peng H R, Liu Z, et al. 2015. Direct energy rebound effect for road passenger transport in China: a dynamic panel quantile regression approach. Energy Policy, 87: 303-313.

Zhang Y J, Peng H R. 2017. Exploring the direct rebound effect of residential electricity consumption: an empirical study in China. Applied Energy, 196: 132-141.

Zhang Y J, Peng Y L, Ma C Q, et al. 2017. Can environmental innovation facilitate carbon emissions reduction? Evidence from China. Energy Policy, 100: 18-28.

Zhao X, Zhang X, Shao S. 2016. Decoupling CO_2 emission and industrial growth in China over 1993-2013: the role of investment. Energy Economics, 60: 275-292.

Zheng X, Yu Y, Wang J, et al. 2014. Identifying the determinants and spatialnexus of provincial carbon intensity in China: a dynamic spatial panel approach. Regional Environmental Change, 14: 1651-1661.

Zhou G H, Chung W, Zhang X L. 2013. A study of carbon dioxide emissions performance of China's transport sector. Energy, 50 (1): 302-314.

Zhou M F, Liu Y, Feng S H, et al. 2018. Decomposition of rebound effect: an energy-specific, general equilibrium analysis in the context of China. Applied Energy, 221: 280-298.

Zhou P, Ang B W, Poh K L. 2008. A survey of data envelopment analysis in energy and environmental studies. European Journal of Operational Research, 189 (1): 1-18.

Zhou P, Poh K L, Ang B W. 2007. A non-radial DEA approach to measuring environmental performance. European Journal of Operational Research, 178 (1): 1-9.

Zhou X, Zhang M, Zhou M, et al. 2016. A comparative study on decoupling relationship and influence factors between China's regional economic development and industrial energy-related carbon emissions. Journal of Cleaner Production, 10 (1): 142-155.